もっと速く、もっときれいに

脱植民地化とフランス文化の再編成

クリスティン・ロス　Kristin Ross　中村督、平田周＝訳

Fast Cars, Clean Bodies: Decolonization and the Reordering of French Culture

人文書院

もっと速く、もっときれいに　目次

凡例

- 本書は Kristin Ross, *Fast Cars, Clean Bodies. Decolonization and the Reordering of French Culture*, The MIT Press, 1995の全訳である。
- 『 』は原書の出版物および映像作品など。
- 傍点は原書のイタリック体による強調（筆者はフランス語表記をすべてイタリック体にしているが、それは原則として強調とは見なさない）。
- 「 」は原書の引用符。
- （ ）は原書に準じる。
- ［ ］内は既訳のページ数および訳者の補足（外国語文献からの引用については、邦訳のあるものは原則としてこれを使用した。ただし、表記統一や文脈の都合から、一部修正した箇所がある）。

もっと速く、もっときれいに——脱植民地化とフランス文化の再編成

ロベルト・クレスピとの思い出に

序文

クロード・シャブロル［一九三〇-二〇一〇年。映画監督。『カイエ・デュ・シネマ』での批評活動を経て、ヌーヴェル・ヴァーグの監督となる］の第二作『いとこ同志』（一九五九年）に、シャルルという青年が登場する。シャルルは法律を学ぶためにパリに来て、冷めている割には世故に長けた「ニーチェ的」な従兄弟と一緒に部屋を借りる。この従兄弟も法律を学ぶ学生である。堕落した生活を送る従兄弟が活発に社交生活を追い求めるのに対して、地方出身の少年は多くの時間を自室で過ごし、故郷の母に愛情を込めて長い手紙を書く。ただ、シャルルは、それにも一時的に飽きたので、バルザックの小説を読むことにする。書店主は、シャルルがバルザックを選んだことがあまりに嬉しく（「他の者はポルノグラフィや探偵小説しか読もうとしない」）、『幻滅』をプレゼントする。

フランソワーズ・ジルー［一九一六-二〇〇三年。ジャーナリスト。創刊当初の『エル』で編集長を務め、一九五三年にはジャン＝ジャック・セルヴァン＝シュレベールと『レクスプレス』を創刊。一九七四年に女性の権利担当大臣を務める］は、一九五〇年代のフランスにおける相次ぐ女性誌創刊の立役者の一人であり、本書の重要な登場人物でもある。ジルーは回想録のなかで、『エル』が創刊されたとき、ジルーと同誌の創刊者エレーヌ・ラザレフ［一九〇九－八八年。ジャーナリスト。第二次世界大戦中にアメリカに亡命し、そこでアメリカのジャーナリズムに触れる］が、いかにして理想の読者を想像したのかを書いている。『エル』のスタッフが想定した読者は、たいてい若く、二五歳から三五歳の間で、戦争中の窮乏にうんざりしており、手軽な楽しみを求めている。そして、アングレーム［フランス西部シャラント県の県庁所在地］に住んでいる。ジルーは語る――「なぜアングレームなのか。覚えていません。たぶんラスティニャック［バルザックの小説『ゴリオ爺さん』の主人公。地方都市アングレームからパリに来て、出世のためなら何でもする野心家のイメージとして用いられる］のせいです(1)」。

アラン・ロブ＝グリエ［一九二二－二〇〇八年。第二次世界大戦後の重要な文学潮流であるヌーヴォー・ロマンの代表的作家］は、一九五〇年代後半にフランス小説の宣言書として読まれることになる一連の論文において、バルザックの時代と比較しながら、自分の生きた時代とその表象のレアリスム的様式を位置づけた。バルザックの時代が「個人の絶頂」に特徴づけられる一方で、今日は「行政番号」の時代である。バルザックの描写に出てくる物は、それによって意味を担わされるすべてに負荷をかけられ、不安定な状態にある。しかし、ロブ＝グリエが描写する物は、それ自体において、それ自体のために存在し、人間的な意味が与えられたりしない。ロブ＝グリエによれば、バルザックは「深さという古い神話」を体現している。ロブ＝グリエが代わって提案するのは「それぞれの事物が自らのみを参照するより他にない平板で非連続的な宇宙(2)」である。

しかし、ロブ＝グリエにとって、もしバルザックや彼の物語の表象様式が、当時の小説があらゆる点でそうなってはならないという見本を提供しているのだとしても、レアリスムに基づいて、正確さと権威とをもって自らの時代を表象したと言うバルザック側の主張は不問のままである。実際、ロブ＝グリエはバルザックたらんとし、バルザックに倣って、「新たな人間」と番号の時代を表象するのに適した新たに近代化されたレアリスム的様式を生み出そうとする。「ヌーヴォー・ロマン」は人間のいない「人間喜劇」になろうとしていたのである。

シャルルの時代にバルザック的であること、ジルーの時代にラスティニャック的であること、現代という時代にリュシアン・ド・リュバンプレ的［バルザックの小説『幻滅』の主要登場人物で、当初文学的成功を夢見るが、後にジャーナリストに転じる］であること。一九五〇年代後半から六〇年代初頭にかけて──本書で検討するのは、大雑把にはこの一〇年、つまり、電力普及以後かつ電子工学普及以前の時期である──、バルザックは、人びとが自らの生きる時代の特定の希望、悩み、恐れ、憧れを示す方法を提供している。バルザックはある種の寓意のなかで繰り返し出てくる人物であるが、こうした寓意にしたがえば、現在は、反復と同時に差異として、連続性の手段と同時に断絶の目印として姿を現すものである。一八五〇年代と同様、再び農村部が衰退する一方で、村人たちは、都市に見られる新たなかたちの雇用、機会、快楽に群がる。

しかし、戦後、新たにパリに来た者は、シャブロルの映画『気のいい女たち』（一九六〇年）やエルザ・トリオレ［一八九六－一九七〇年。作家。一九四四年に女性で初めてゴンクール賞を受賞］の小説『幻の

（1） Françoise Giroud, *Leçons particulières* (Paris: Livres de poche, 1990), p. 123. 本書ではこれを含めフランス語についてはとくに断りがない限り筆者による訳である。

（2） 以下を参照。Alain Robbe-Grillet, *Pour un nouveau roman* (Paris: Editions de Minuit, 1963), trans. Richard Howard as *For a New Novel* (New York: Grove, 1965).［平岡篤頼訳『新しい小説のために』新潮社、一九六七年。］

薔薇』（一九五九年）で描かれる女性のように、店員として働きに来る地方出身の女性であるように思われる。また、高等教育がもはや狭いエリート階層の特権ではなくなり、シャルルのように大卒以上の学位を取得しに来た地方出身の少年もいる。さらに、パリ郊外の自動車工場に働き口を探すアルジェリア移民たちもいる。クレール・エチェレリ［一九三四年－。作家。一九七三年から『レ・タン・モデルヌ』の編集を務める］の『エリーズまたは真の人生』（一九六七年）のなかに出てくるような移民である。

同様に、他のレアリスト的な登場人物たちもバルザックの時代と比較して変化を遂げている。人目を盗んで計算し、視野の狭いバルザック的「類型」たる書士は、別種の究極の算術家に反復されると同時に乗り超えられる。それは、まさにその学問分野の発達によって戦後の急成長の独立要因となるもの、すなわちエンジニアである。「こうして、知識を増やし、自らが作った機械に手を加え、普及させるエンジニアを超えて、物の見方が、そしてすぐに現代を特徴づける考え方全体が、形成されつつある(3)」。不安を抱えぬ老人という、バルザックの時代の裕福で実直なブルジョワが再び現れる。しかし、それはかつてとまったく異なって、無駄なく速く動くかたちのなかでのことである。すなわち、未来志向で勤勉な若きカードル［一般的にはフランスの「管理職」を意味する。反体制的軍事組織においては「指導者」や「幹部」を意味する。詳細は第四章を参照］である。それでもシモーヌ・ド・ボーヴォワールは『美しい映像』のなかで、実直なブルジョワと若い管理職を結びつける階級利害の撚り糸を明らかにし、両者が異なる仮面をかぶった同一の男性であることを示そうとしている。

本書が研究対象とする一〇年の間に頻出するバルザックの寓意の本質は時代区分に関わるものである。それはアラン・トゥレーヌ［一九二五年－。社会学者。社会運動や脱工業化の理論で知られる。社会科学高等研究院研究主任を務めた］によって定式化されたように、現在にも同じ状況があると主張するためにバルザックの時代に画期を成す独自性を見出す議論である。「フランスが産業化を遂げ始めたとき、バルザックは、貨幣の追求や社会変動に気づいていた。しかし、産業労働やプロレタリアートをめぐるあらゆる問題が白日のもとにさらされるには、一八四八年を待たなければならなかった。今日、私たちは、眼前で組織されつつある新しい社会にあって、バルザックが描いた時代に匹敵する時代を生きているのではないか」[4]。トゥレーヌのアナロジーにしたがうならば、六八年五月は新たな一八四八年なのであり、六八年に先行する一〇年間が大規模な社会変動と土地収奪を経験する時代だったことを事後的に確認できる出来事であった。フランス史上最大規模のストライキを伴った六八年五月は、この国の急激な近代化をめぐって生じたすべての問題や不満を白日のもとにさらしたと言える。六八年五月こそこうしたフォーディズムへの加速的移行の政治的な終焉となった。つまり、これはある意味では、フランスの近代化を牛耳ってきた工場のフォーディズム的ヒエラルキーと肥大化した国家統制主義に対する異議申し立てだったのである（経済的な意味での終焉は、その数年後、一九七〇年代初頭の石油危機と不景気をもってして確認されることになる）。

本書が六八年五月という出来事の手前で考察を終えたのは、むしろそれに先立つ一〇年間で生じたフランスの近代化という出来事を考察——すなわち、フランスの近代化を出来事として考察——したかったからである。もちろん、近代化は出来事ではなく過程であり、緩急のついた社会経済的サイクルから

（3）　Francis-Louis Closon, *Un homme nouveau: L'ingénieur économiste* (Paris: Presses universitaires françaises, 1961), pp. 13-14.
（4）　Alain Touraine, *La société post-industrielle* (Paris: Editions Denoël, 1969), pp. 115-116.［寿里茂・西川潤訳『脱工業化の社会』河出書房新社、一九七〇年、九七頁。］

成り立っている。しかし、フランスの国家主導による近代化の推進は異例なかたちで調整され、戦後の新しい生活様式に対する欲望は瞬く間に広まっていった。戦後フランスの近代化の並外れた速度は、ブローデルが出来事の時間性として規定したものの性質を帯びているようであった。それは、一直線で、劇的で、息もつかせぬものだった。戦後、フランス社会を帝国意識の強いカトリックの農村国から、遍く産業化され、植民地を持たない都会的な国へと変えたこの速度は、すなわち、近代化が要求する物事――たとえば、教育を受けた中間管理職、購入可能な自動車やその他「成熟した」耐久消費財、科学的・機能主義的なモデルにしたがった一連の社会科学、あるいは旧植民地出身者による労働力――が、真に新しいものの力やそれに対する熱狂、混乱、恐怖を内包しながらも戦前の価値観を手放せずにいた社会に突如現れたことを意味した。

筆者が関心を持ったのは、まさしくこうした近代化の速度であり、思えば、初めてアンリ・ルフェーヴルを読んだとき、その点に気づいたのである。こうしたフランスの経験を、二〇世紀を通じて涵養されたアメリカ社会の緩慢ながらも着実かつ「合理的な」近代化と対照させながら、ルフェーヴルが思い起こしたのは、マーシャル・プランの結果、ほとんど積荷信仰［南太平洋地域の宗教運動、霊魂が船や飛行機とともに現代文明の産物をもたらすとする信仰］と見紛うような仕方で、戦禍を被ったフランスの家や道路に突然投下された数々の大型電化製品である。戦前は誰も冷蔵庫を持っていなかったようだが、戦後になると誰もがそれを持つようになった。

ミッシェル・アグリエッタが指摘するように（そして本書の構成が反映しているように）、フォーディズム的消費は、二つの商品によって統制される。一つは、個人的消費の特権的な場である標準住宅である。もう一つは、住居と職場との分離に適した交通輸送手段としての自動車である[5]。フランス人は、農業労働者や知識人も同様に、住居と交通の急激な変化の観点から自らの生活の変化を描写するようになった。生活の変化とは、すなわち、道路や家庭、職場や時間割のなかに物──自動車や冷蔵庫といった大型の耐久消費財──が入ってきたことである。一〇年ほどの間に、農村の女性であっても、電力エネルギー、水道水、暖房、冷蔵庫、洗濯機、室外の空間とは区別されたものとしての室内の空間感覚、自動車、テレビのある生活を手に入れ、様々な解放と抑圧をないまぜにして生きてきた。こうした一連の急激な変化による影響は何であったのか。こうした影響はどこに最良のかたちで記録されたのか。変化の費用を負担したのは誰なのか。

　たしかに近代の社会関係はつねに物によって媒介されるものである。しかし、フランス人の社会関係を例にとれば、物の媒介はごく短期間に突如として急増していったように思われる。本書を通じて筆者がジャック・タチの映画に立ち戻るのは、タチの映画によって、物が人びとの身振り──機械的な手順にまったく親しんでおらず、多くの場合アメリカ映画から習得せざるを得なかった身振り──を押しつける空間のなかでますます繰り広げられるように見える日常生活がはっきりと感知できるようになるからである。この時期に発表されたフランス知識人の論考では多く──たとえば、バルトやボードリヤールの初期の（したがってもっとも唯物論的な）著作、シチュアシオニスト、コーネリウス・カストリアディス［一九二二-九七年。思想家。非共産主義的左派の組織「社会主義か野蛮か」を設立し、社会科学高等研究院研究主任を務めた］、エドガール・モランの著作、あるいはルフェーヴルに関するブランショの書評論

（5）Michel Aglietta, *Régulation et crises du capitalisme* (Paris: Calmann-Lévy, 1976), trans. David Fernbach as *A Theory of Capitalist Regulation: The U.S. Experience* (London: New Left Books, 1976), p. 159.［若森章孝・山田鋭夫他訳『資本主義のレギュラシオン理論』大村書店、二〇〇〇年、一七八頁。］

文――が「日常生活」についての理論的考察というかたちをとったわけであるが、それはフランスの近代化に固有の速度を示すものだったのだろうか。あるいは、こうした特殊な局面においてのみ「日常生活」に理論的概念が与えられたのだろうか。理論的カテゴリーは、歴史的内容から離れて、自由に利用可能な分析装置ではない。もし理論的カテゴリーがむしろ経験の形式のうちに自らの起源を持つならば、「疎外」や「日常生活」のような批判的カテゴリーの一時的な重要性や、当時の「物象化」という概念の前景化は、社会関係の変動を別のかたちで示すものであるにちがいない。すなわち「ライフスタイル」、それは日常的に生きられるほとんど知覚できないリズムのことであるのだが、そこに突然、大規模の資本が投入されることで生じた社会関係の変動のことである(6)。

このことはまさに支配的な概念装置にも同様に当てはまる。たとえば、「コミュニケーション」のような重要なイデオロギー的概念は、二〇世紀半ばにおいて、新しい情報テクノロジーの出現だけでなく、近代的な郊外住宅における部屋の理想的な空間配置にも関わるようになった。コミュニケーションは構造主義の発展に寄与した当時の代表的な雑誌の名前でもあった。コミュニケーションという言葉が散見された。しかし、コミュニケーションの経験それ自体は、それを自発的な表現や相互性、そして相互性が存在するために必要とされる隣接性として理解するならば、商品の氾濫と新たなメディア技術の形態のもとで、まさに消えゆく過程のなかにあったものである。商品（あるいは交換関係）はなによりもまず人びとの交流をなくすことである。そして、この時代の支配的な知的潮流である構造主義が「コミュニケーション」を祭り上げるのは、人びとの間での直接的・非媒介的な関係の多様な形態（ラテン語コミュニカーレ *communicare* の意味は、「他者と関わり合うこと」である）が衰退あるいは決定的な変化を経験しているまさにその時期であった。

このときトゥレーヌのアナロジーが有効となる。トゥレーヌが描いた時代は、一八三〇‐四〇年代における産業化の勃興と比較可能な、経済的かつ社会的に新しい時代の開始期に該当する。経済学者たちは、一九六八年に先立つ一〇年ほど――「フランスにおける先例のない資本主義の成長」期[7]、すなわち戦後三〇年におよぶ高度経済成長の頂点に当たる一〇年――の間に行われたフォーディズム体制の強化は、国家の積極介入主義的な性格が極端に強く、それゆえに痛みを伴う経験であったという意見で一致している。たとえば、このフォーディズム体制の強化は、とくに百年前にオスマンが指揮したときと同規模で解体と開発を経験したパリにおいて、早い時期に空間配置を容赦なく破壊していくという代償を支払って行われた[8]。そして、それは、フランス帝国が動揺し、最終的に崩壊に至る一〇年ほどの間に行われたのである。すなわち、一九五四年春のディエンビエンフーの戦いから、その数ヶ月後に起きた、最初の大規模なアルジェリア蜂起、五八年のアフリカ独立の住民投票および六〇年の独立承認を経て、エヴィアン協定に至るまでの一〇年である。

トゥレーヌは、この時代の特異性を説明するのに帝国の終焉について言及していない（同様に、バルザ

（6）『アルギュマン』は、一九五六年から六二年にかけて出版された新マルクス主義の重要な雑誌で、とりわけルフェーヴル、モラン、バルトが寄稿し、六〇年には物象化に関するジョルジ・ルカーチの論考の翻訳が掲載された。

（7）André Gauron, *Histoire économique de la Vᵉ République*, vol.1 (Paris: Maspero, 1983), p.6.

（8）以下を参照。Alain Lipietz, "Governing the Economy in the Face of International Challenge: From National Developmentalism to National Crisis" in *Searching for the New France*, ed. James F. Hollifield and George Ross, (New York: Routledge, 1991), pp.17-42.

ックの時代を参照する際、帝国の開始に触れていない)。このようにトゥレーヌが避けた記述は、今日でも同様であるが、二つの物語、つまり、フランスの近代化およびアメリカ化の物語と脱植民地化の物語の二者択一を迫られやすい当時の多くの記述に特徴的なものである[9]。こうした選択に代えて、本書を通じて試みたことは、入り組んでいるように思われる緊張関係に置かれた二つの物語を、当時生きられ、そして今日までつづくものとして把握することである。この時期のフランスに特有な諸矛盾が理解され得るとすれば、それらを搾取する国でありつつ搾取される国、支配国でありつつ被支配国の矛盾として解してこそである。つまり、植民地住民を搾取しながら、同時にフランス自体はアメリカに支配され、より正確には、ますますアメリカ的資本主義と協力および提携関係を結んでいく国であるという矛盾としてである。実際、本書の最終章で論じられるように、こうした特殊な緊張関係によって、若きカードル、つまり例のフォーディズムの指導者という登場人物と社会類型の出現が、一九五〇年代から六〇年代にかけて近代化を遂げるフランスにとっての国民的アレゴリーのようなものになったのである。経営者と労働者の中間に位置し、プロレタリア労働者を管理するが、自らもタイムレコードを打つカードルは、フランスそのもののようであり、「資本主義的支配に支配された者[10]」だったのである。

こうした二つの物語を一緒に考えるということが意味するのは、一九六〇年代初頭にルフェーヴルやシチュアシオニストが広めたキャッチフレーズ、すなわち「日常生活の植民地化」を真剣に考慮するということである。換言すれば、フランスの事例において、その歴史のなかで植民地主義の実践が継続する様々な様子を考えるということでもある。フランスは植民地帝国の衰退とともに、内的植民地主義という形をとるようになった。植民地において発展した合理的な行政技術が、国内に導入され、本国の社会とその市民の「日常生活」に再び秩序を与えるなかで、広告のような新しい技術革新とならんで用いられることになったのである。

マルクス主義理論は、国際関係論において帝国主義の理論を洗練させるという点で飛躍的に進歩した。ルフェーヴルはいまやその理論を推し進め、国際関係の分析に蓄積された洞察を新たな対象に適用する。たとえば、フランス国内の地域間の関係、あるいは家庭生活の空間と消費の実践といった領域である。ただし、ルフェーヴルによれば、戦後の生活の矛盾が具体化されるにようになったのは、都市、その周辺地域、その社会的地理といった建造環境の不均等性によるものである。というのも、もはや海外に魅力を感じなくなった投機資本の行き先は、建造環境へとますます向けられるようになったからである。つまり、パリという都市そのものが、空間の経営管理を通じて、住民の日常生活を全般的に搾取するための新しい場所となった。外的植民地主義から内的植民地主義への転換は、文字どおり、人員移動によって促進されることもあった。こうして一九六〇年代初頭のパリ改造の議論に関わった市会議員は次のように述べたのである。「フランスは第三世界を脱植民地化した一方でパリを植民地化した。ブラック・アフリカやアジアにおいてキャリアを積んだ、パリの役人について決定をくだす役目を担った委員のトップとして任命権を行使する」[11]。

しかし、こうした字義どおりの人員移動は、同時期に現れた国益に奉仕する買弁商人〔歴史的には、清

(9) リチャード・キュイゼルの近著『フランス人を誘惑する――アメリカ化のジレンマ』は、全体として帝国の終焉を考察することなしに「フランスの経済的奇跡」とアメリカに焦点を当てた政治史・経済史のいい例である(Richard Kuisel, *Seducing the French: The Dilemma of Americanization* (Berkeley: University of California Press, 1993)。
(10) この文はアンドレ・ゴルツのものである。以下を参照。*Critique de la division du travail* (Paris: Seuil, 1973).

朝末期において対中進出や貿易を支援した中国の商人を指し、そこから派生して、より一般的に外国資本に追随し、自国の利益を損なう行為や人物を意味する」と呼ばれうる存在、すなわち金融業者、土地開発業者、販売促進業者、行政官と比べるならば、それほど重要ではない。近代化は、国家がもたらした変化を支配し、そこから利益をあげる新種の社会類型たる中間業者や仲介業者のようなまったく新しい領域を生み出した。若いカードルは企業のヒエラルキーにおいて仲介的な地位へと昇進し、主婦は新たなモダン住宅の技術者ないしは経営者の役割を担うまでになった。こうした社会的優位も、中間層の全般的な「買弁化」の観点から理解され得るのではないだろうか。

今日のフランスで、「二つの物語を別のものとする」傾向は、きわめて深刻な社会的・政治的な結果を招いているように思われる。この結果は、一九八〇年代および九〇年代の移民労働者をめぐって出てきた新人種主義の流行に一役買った。二つの物語を別のままにするというのは、たいていの場合、両者のうち片方を忘却したり、あるいはもう片方を異なる時代に追いやることと同義である。それが実際にいまもなお起きていることなのである。[12] というのも、この観点(今日のフランスで広く普及している観点)に立てば、フランスの植民地史は、どういうわけか一九六二年に突然見事に終息した「対外的」経験に他ならなかったからである。以後、フランスは近代的な高速道路、ヨーロッパ経済共同体、電化キッチンといった新しいフロンティアに向けてひた走った。植民地主義それ自体、アルジェリアの件に関しては決定的に扉を閉め、埃をかぶった時代遅れのものであるかのようになった。まるで植民地主義が二〇世紀にも、今日を生きる多くの人びとの個人史にも生じることがなかったかのように。まるで植民地主義はフランス国民の歴史においてほんの小さな役割しか果たさなかったかのように。あるいは近代フランスのアイデンティティに何の役割も果たさなかったかのように。

本書で主張したいことの一つは、「二つの物語を別のものとする」ことを目論んだ（人種的）排除の論理は、それ自体、同時期にフランス政府が着手した加速度的な資本主義の近代化の結果であるということである。移民問題を焦点化する現代の新たな人種主義は、ディディエ・デナンクス［一九四九年－］。作家。植民地主義などの政治的主題を織り交ぜた作風で知られる］の探偵小説が明らかにしているように、脱植民地化と近代化の時代、旧植民地と旧本国の間の人口動態の逆転、近代的なるものと非近代的なるもの（あるいは伝統的なるもの）——非近代的なるものは人種や怠惰や堕落といった人種的特徴とおそらくは直接的に関連づけられている——の間で当時明確化した葛藤に根を持つ人種主義である。今日のフランスの集合的幻想につきまとう移民は、一九五〇年代および六〇年代におけるフランス社会の急成長とずっと共犯関係にある。旧植民地出身の移民労働者なしには、フランスは、首尾よく「アメリカ化」することも、戦後の産業競争に太刀打ちすることもできなかったであろう。ちがう言い方をすれば、経済成長期に、フランスは植民地に対する自らの国民的優位——旧植民地が新たな国民性を獲得しただけにより急いで仕立てられた優位——を再興し維持するために、「最後にもう一度」植民地を利用したのである。

植民地が労働力を供給していたとしても、燃料は西側から供給される。終戦直後、特殊な幻想が、アメリカから、新製品、技術、アメリカ的資本主義の専門家を伴って、戦争で荒廃したヨーロッパに輸出

(11) 以下より引用。Louis Chevalier, *L'assassinat de Paris*（Paris: Calmann-Lévy, 1977), trans. David P. Jordan as *The Assassination of Paris*（Chicago: University of Chicago Press, 1994), p. 236.

(12) 以下を参照。Etienne Balibar, "L'avancée du racisme en France," in *Les frontières de la démocratie*（Paris: La Découverte, 1992), pp. 19–98.

された。それは、永久かつ均等、無制限な発展という幻想である。資本主義の近代化は、時間のないものとして現れる。なぜなら、資本主義の近代化は、歴史的な意味での始点と終点を進行中の自然化された過程に解消してしまうからである。その過程とは、階級闘争を欠く、規則的かつ不変の社会世界によって与えられる途切れることのないリズムを有するものである。本書で示されるのは、フランスの生活における新たな耐久消費財の到来――繰り返される日々の実践とそれが生み出す新たな媒介――が過去の出来事との断絶を作り出すのに、さらに言うなら、出来事それ自体の一時性を過去の一事象として位置づけるのにいかに役だったのかということである。また、本書は、当時のフランスの知的成果の多く――構造主義からアナール学派にまで至る――がこうした過去との断絶と共犯関係にあるのではないかということも検討している。なぜならば、こうした学問が自らの地平から、ことによると反復の過程を覆すかもしれないすべてを排除する方法を、つまり、出来事を概念的カテゴリーとして放棄する方法を採用したからである。フランスの近代化を一つの出来事として考える本書の多少なりとも変わった捉え方は、こうしたいまだにヘゲモニーをもった実践と真っ向から対立しようとする試みなのである。フランスのアメリカ的大衆文化への移行、すなわちフランスのポストモダニズムの前史を歴史化することで、筆者は、一九五〇年から六〇年代にかけての知的展開と出来事や通時的記述の解消に根ざすポストモダニズムの理論が消し去ろうとする、歴史性の経験を提示することである。

しかし、ここで、近代化による最重要の約束、すなわち均等性について簡潔に立ち返らなければならない。近代化が均等であるのは、それが自らのうちに空間的かつ時間的収斂の理論を含むからである。つまり、少なくとも西洋から見れば、あらゆる社会が自分たちと似たものとなり、すべてがいずれ同じ段階あるいは同じ水準に至り、未来のあらゆる可能性がいままさに生きられているということである。

そこで自分たちの前に並べられた可能性は、技術を信じて滑らかに機能しつつも変わることのない世界である。西洋における発展の過程は完了しているのである。いま出現しつつあるものは、すでに存在していたものである。つまり、あらゆる様式、未来、可能性の支離滅裂な混合主義である。近代化は、終わりなき現在における過去と未来の完全な和解と、すべての沈殿した社会経験が平板化されて貧困が再吸収された世界を約束する。そして、もっとも重要なものとして、階級闘争が過去の一事象、超人的な衛生への取り組みのなかで、豊かさと公正な配分の新水準によって一掃される様々な矛盾の痕跡に過ぎない世界を約束するのである。

それにもかかわらず、ほとんど実験でしかあり得ないような高濃度のなかで行われたフランスの経験には、近代化がこうした約束よりもむしろ社会的、とりわけ人種的な分化の手段であることを示した利点がある。そしてこの分化は、第二章で検討し、第三章で再び取り上げる衛生に関する一九五〇年代の言説に根ざしている。幅広く中間層が程度の差こそあれこの時期に強化されたのは、まさにこの時期にフランスは内外において（旧）植民地から距離をとったからである。それはパリやその他の大都市の社会的境界が急激に再構築されるなかで、移民の大規模な隔離と郊外への立ち退きが行われた時期である。

国民規模の水準で言うなら、フランスが、国内に退き、帝国の地位を返上し、国境内部に活動範囲をせばめるのは、自らの国境が活発な経済力――これにはいかなる移民共同体が持ち得るよりもはるかに「国民文化」というある種の固定観念を破壊する力があるわけだが――に対して透過性を獲得したときと同時期である。この内向きの運動――ある意味で本書の各章に通底する主題であり、カストリアディス、モラン、そしてルフェーヴルそれぞれが「プライベート化」と呼んだ複雑な過程の全体――は日常生活の水準にも影響の及ぶ運動である。この影響は、新中間層が真新しい快適な部屋、電化製品に溢れるキッチン、自家用車に閉じこもり、中間層による消費の新たな単位、つまりカップルという単位に基づく夫婦という考え方や幸福というイデオロギーに囚われ、日々の生活で増大する官僚的管理に応答するかのごとく政治に無関心になることで生じるものである。

近代化によって要請されるのは、こうしてプライベード化が進み、政治に無関心となった広汎な中間層の創出である。以後、国民全体の主観性こそが階級の代わりとなり始める。広く中間層がまさにフランス国民と同義となった現代にあって、旧来の排除の論理や原則が露呈されつつある。結局、階級闘争はある程度議論される必要があるのである。ただ、一度、近代化が開始すると、人は至極単純にフランス人であるか否か、近代的であるか否かしか選択肢がなくなってしまう。すなわち、事実上、排除の仕方が人種に基づくようになったり、国全体に拡大したりするようになる。近代化のイデオロギーは収斂を謳うが――そうすると、あらゆる社会が似たものになる――が、実際にこのイデオロギーが所定の位置に留め、固定するものは、まさにそのイデオロギーによって超克されるはずであった不均等や不平等そのものなのである。つまり、すべての社会が私たちの社会のようになることはけっしてないし、すべての社会が私たちの社会と同等の速度で進むこともけっしてないのである。今日のパリではこの固定された時間的隔たりが空間的配置として立ち現れる。白人が占める城壁内、つまりパリ市内に上流階級の街がある。この街を高速郊外鉄道で長時間かけないと行けない移民の共同体が囲むわけである。

この重大な移行期を表現するという重要な課題を予見し着手した書き手を探そうとすると、トゥレーヌのアナロジーでは心許ない。ロブ＝グリエは、その野心にもかかわらず、結局、彼の時代のバルザックであるとは言えなかった。ディディエ・デナンクスは、現在の諸条件が一九五〇年代から六〇年代の失敗と事件にあるというもっとも鋭い議論を提供する現代作家であるが、当時の作家ではない。おそらく問題はこうである。すなわち、出版におけるマーケティング調査の導入、文庫本の大量販売、映像文化の幕開け、そして、社会生活が新たに細分化していく様を反映するかのように伝統的文学の深刻な危機に特徴づけられる時期には、誰も一人でバルザックの位置を占められなかったということである。とくにロブ＝グリエの小説と理論的考察は、近代化のイデオロギーに深く染まっており、必要とされる批判的視座を提供できていない。ジャック・レナールの研究成果が示唆しているように、ヌーヴォー・ロマンは近代化のイデオロギーや同時代の運動全体の本質である。そこでは、単純で粗雑な唯物論が弁証法的唯物論に取って代わり、心性（あるいは、共有文化、共有価値、「合意」あるいは平均化といった広く普及している様子を指す言葉のいずれか）がイデオロギーに取って代わる。構造主義やアナール学派と同様、ヌーヴォー・ロマンは、部分的とはいえ前衛的なかたちで歴史記述を拒絶あるいは解体するせいで、資本主義の近代化の働きに荷担しているのである。

本書はフランスにおけるポストモダニズムの批判的前史を解明する手がかりを別のところに求めなければならなかった。つまり、当時の状況を歴史化し、近代化をめぐる議論や論争に明確な意見を述べた芸術家や思想家のうちに求めたのである。具体的に言うと、まずはクリスティアーヌ・ロシュフォール［一九一七–九八年。ジャーナリスト・作家］、シモーヌ・ド・ボーヴォワール、ジョルジュ・ペレック［一九三六–八二年。作家。実験的な文学グループ、ウリポに参加した］のようなレアリスムの方法で執筆活動を行う小説家である。次にジャック・タチからジャック・ドゥミに至る映画作家である。最後は、戦後「日常生活」に注意を向けた社会理論の専門家である。彼らは、封建制の長期持続をめぐって延々とつづく夢のなかに迷い込んだ歴史家が避けた現在――つまり、現在の分裂や社会的代価――を説明するという作業を行った。もしある時代の全体性を表現しようとする唯一無二の歴史的なレアリスム作家

――バルザック的な作家――が決定的に過去に追いやられたとしても、いまだに不均等性を描き出すのに最適な記述の文体を見出すためには、レアリスムの方法にこそ目を向けざるを得ない(13)。レアリスムの方法によって試みるのは、人びとが疲労と高揚を同時に感じて生きる瞬間の、まさにその疲労と高揚に折り合いをつけたり、あるいはそれらに歴史的な説明を加えたりすることである。

レイモンド・ウィリアムズ［一九二一－八八年年。小説家・批評家］が示唆しつづけるように、レアリスムによって、近代化の範囲のうち、そのわずか外に置かれた人びと、完全な外部にいる人びと、それにまったく無縁な人びと、あるいは豊かさの陰で生活条件が悪化した人びとの経験がかたちとなって現れる。レアリスムは、近代化とは異なる時間のなかを生きる人びと、支配的な時間の流れに同期しない生活のリズムにしたがう人びとの声を拾う。戦後、レアリスムの方法をとった小説や映画は、真っ先にアメリカ式モデルの消費と大衆文化に揺り動かされながら、一様に繁栄したフランスというお決まりの表象に対してある種の批判を行った。こうしたレアリスムの作品のなかにこそ、現在ある「消費の民主主義」の原形を垣間見ることができるのである。それはつまり、ブルジョワ民主主義の最新形態であり、いわば階級社会のアリバイのことである。

(13) 筆者はこうした議論をディディエ・デナンクスの探偵小説を読解しながら展開したことがある。以下を参照。"Watching the Detectives," in *Postmodernism and the Rereading of Modernity*, ed. Francis Barker, Peter Hulme, and Margaret Iversen, (Manchester: Manchester University Press, 1992), pp. 46-65.

第一章　ミス・アメリカ

自動車の歴史

ビヤンクールの世紀

一九九二年はフランスにユーロディズニーができた年である。しかし、それだけではない。同じ年の三月二七日、パリ郊外南西部のビヤンクール〔正式名称ブローニュ＝ビヤンクール。イル＝ド＝フランス地域圏オー＝ド＝セーヌ県に属し、パリに隣接する都市〕にあるルノー工場の組み立てラインが、九〇年の活動を経て操業停止になったのである。それは半世紀以上にわたり、フランスでもっとも力のある産業――ルノー公団――のなかでも最大の工場であったのに、ここにきて再編を通して国際的な成功を勝ち得た企業のお飾りに過ぎなくなってしまった。一九九二年、ルノーはスウェーデンのボルボと自社に有利な協定を結んだのだった。

ルノーは世紀の転換期にある家の庭の工房から始まり、第一次世界大戦までにはもうフランスで二番目の自動車製造業社になっていた。家族経営を始めた三人の兄弟のなかでも「生とは消費なり」の格言で知られるルイ・ルノーはすぐに頭角を現した。第一次世界大戦中に、ビヤンクールは兵器工場に変わり、戦中に使用された戦車の五五パーセントを生産することになった。第一次世界大戦がルノーを業界最大手の水準にまで引き上げたのである。作業場を拡張するために、ルノーはセガン島の住居と利用可能な土地のすべてを買い上げることに着手した。セガン島は、かつては緑に覆われ牧歌的な風情を湛えていた。コローの絵によって永遠の輝きをもたらされただけでなく、なによりもパリから週末に赴く小旅行先としてもよく知られていたこの場所は、一九二九年までには「未来の工場」と化していた。それは、あるジャーナリストが「数多くの機械が轟音を立て、人びとがラインにしたがって一日八時間同じ正確な動作を行い、もうもうとした煙をはき出すセメントの山」と描写したものになったのである。(1) 長い年月をかけてルイ・ルノーは、川波から島の工場を守るために防護壁を建設し、それゆえビヤンクールは徐々にセーヌ川に浮かぶ強力な城塞のごとき現代的外観を呈した。

ビヤンクールに三万人以上の労働者が集まったことで、この場所は労働組合の闘志を掻き立てる特権的な舞台に変わった。このような労働者の密集地帯がパリからほど近いところに存在することで、工場は、産業アナリスト、雇用者、知識人、ジャーナリストがフランスで生じつつある職業的、組合的、政治的活動の変化を観察するための格好の「実験場」へと変わった。たとえば、一九一三年に、アメリカからテイラー主義――「時間管理法」――がわずかばかり導入されただけで、最初の激しいストライキが生じ、CGT（労働総同盟）[Confédération Générale du Travail の略称。フランス最大の労働組合] の指導者はこのシステムを「労働者の酷使を助長する」(2) ものだと非難した。他方で、ルイ・ルノーは厳格な監視手段を用いることで有名となった。一九三〇年代にルノーはストライキのとき、警察の力ですでに人が立ち退いた工場でさえ繰り返し管理しようとした。(3) ナチスからの国土解放と一九四五年のルノー国営化とともに、自動車産業のシンボルと労働者のシンボルが結びつけられるに至った。つづく「栄光の三〇年」と呼ばれる戦後三〇年にわたる産業の成長を通じて、ビヤンクールの「冶金工」や自動車の工場労働者は労働者階級を具現化する役割を果たすことになった。CGTと共産党は労働者の名において語りかけた。他方でビヤンクールの労働者なら誰もがその発言を注目され、党の高い地位に上りつめる傾向があった。一九四五年にはビヤンクールの労働者の半分がCGTに加入していたのだった。

パリには自動車産業と知的産業の両方が集中していた。それゆえ、ビヤンクールは興味深い会合が多く開催されることになった。二〇世紀のビヤンクールは知識人が「人民」と邂逅を果たす場所であった。誰もが六八年五月にルノーが果たした決定的役割を覚えており、おそらく工場の前でジャン゠ポール・サルトルが写る多くの有名な写真のうち何枚かは見たことがあるだろう。一九六〇年代から七〇年代にかけて繰り返された有名な連帯のスローガン「ビヤンクールを絶望に追い込むな」は、ビヤンクールが労働者階級全体の換喩として機能したもので、サルトルの戯曲で語られた台詞が基になっている。他方、ビヤンクールはシモーヌ・ヴェイユが一九三〇年代の工場労働者の状況を調査した場所でもある。この調査によって「組み立てラインの証言」シリーズと呼ばれるようになる最初の作品「労働の条件」(一九三四年)が書かれた。[4] そしてビヤンクールはここ二、三〇年でフランスのなかで撮られたおそらくもっとも魅力的な写真の主題でもある。なかでも一九五〇年代初頭の4CV[ルノーが一九四六年から一九六一年にかけて生産した小型乗用車の名称]の誕生に関するルネ゠ジャックの記録が挙げられる。[5]

(1) 以下より引用。Guy Herzlich, "Adieu Billancourt," *Le Monde* (March 29, 1992), p. 25.
(2) Emile Pouget, quoted in Anson Rabinbach, *The Human Motor* (New York: Basic Books, 1990), p. 241.
(3) 以下を参照。Pierre Naville, *L'état entrepreneur: Le cas de la Régie Renault* (Paris: Anthropos, 1971).

とはいえ、工場が世間の注目をより多く集める対象となったのは、一九七〇年代初頭の「エタブリ」という毛沢東主義者の実験［「エタブリ」とは、毛沢東が現実の大衆に触れることを知識人に奨励していたことに倣って、知識人が工場への潜入を試みること］が行われていた時期である。この時期に、ソルボンヌの教授たちが工場内で運動を組織するためにラインで仕事をし、シモーヌ・シニョレがハンガー・ストライキを行う人びとを支援するために工場を訪問し、ジャン゠リュック・ゴダール、イヴ・モンタン、ジェーン・フォンダがラインでの労働者のサボタージュ活動に基づいた映画『万事快調』を撮った。毛沢東主義運動の転換点はまちがいなく一九七二年三月であり、解雇されたルノーの労働者ピエール・オベルネが死んだ後のことであった。オベルネは工場の門前で警備員に殺されたのである［同年二月二五日］。オベルネの死後――約二〇万人が葬列でパリの通りを歩いたのだが――、毛沢東主義の過激集団がビヤンクールの人事部長を捕らえ、どことも分からない場所に監禁したが、結局二日後に無傷のまま解放した。労働組合がこうした作戦を非難することはむろん想定内だった。しかし、他の極左集団も非難し始めてからは、事件の沈静後ですら、ビヤンクールで政治活動を行うことは実質的に不可能になった(6)。ピエール・オベルネの死は、オベルネが死んだ瞬間も死後しばらくもトラウマであった。くわえてルノーの労働者の反響がなかったこともトラウマとなった。オベルネの死は工場で新たな革命的労働者の力を構成するという可能性において、ある種の希望が終わったことを意味した。多くの者が述べたように、それはフランスの一九六〇年代の終わりを意味したのだった。

「商品形態」としての自動車

今日では物に備わる物質性に構わず象徴関係を映し出すものを考察することが流行であるが、ここでは二〇世紀の近代化全体の中心的動力たる自動車に綿密な分析を加えたい。二〇世紀中頃、産業で言うと、他でもない自動車産業こそが経済の模範的指標となった。自動車産業の有無で一国の経済水準および経済力が分かるのである。戦後フランスの経済成長は、重要と見なされた生産部門の近代化によって直接的にもたらされた結果である――この部門で最重要であったのが自動車産業である。また、一九四九年以降、フランスの購買力は上昇の一途を辿ったが、それは主として自動車の購入に充てられた。しかし、こうした単純な事実を記すことが、すでに自動車それ自体が二〇世紀においては商品形態として、あると主張することなのである。それは次のことを想起するときよりいっそう説得的になる。すなわち

(4) 以下を参照。Simone Weil, *La condition ouvrière* (Paris: Gallimard, 1951)〔黒木義典・田辺保訳『労働と人生についての省察』勁草書房、一九八六年。〕and Robert Durand, *La lutte des travailleurs de chez Renault racontée par eux-mêmes, 1912-1944* (Paris: Editions sociales, 1971)；このジャンルのより近年の例として以下を参照。Daniel Mothé, *Militant chez Renault* (Paris: Seuil, 1965), and Robert Linhart, L'établi (Paris: Editions de Minuit, 1978), trans. Margaret Crosland as *The Assembly Line* (Amherst: University of Massachusetts Press, 1981). エチェレリの小説『エリーズまたは真の人生』は、彼女が自動車工場で働いていたので、少なくとも部分的には小説化された証言である (Paris: Editions Denoël, 1967, trans. June Wilson and Walter Benn Michaels as *Elise or the Real Life* (New York: Morrow, 1969))。〔佐藤実枝訳『エリーズまたは真の人生』白水社、一九七五年。〕

(5) 以下を参照。*René-Jacques*, edited by Pierre Borhan and Patrick Roegiers (Paris: Editions La Manufacture, 1991).

(6) 以下を参照。Belden Field, "French Maoism," in *The 60s without Apology*, ed. Sohnya Sayers, Anders Stephanson, Stanley Aronowitz, and Fredric Jameson (Minneapolis: University of Minnesota Press, 1984), pp. 148-177.

図 1-1　ルネ＝ジャック、ルノー工場、ビヤンクール、1951年（フランス文化省）。

「テイラー・システムの導入」――組み立てライン、生産の垂直統合、労働者の代替可能性、道具と材料の規格統一――は「大衆のための自動車」を生産する過程において発展させられたのであって、その逆ではないということである。

　自動車がそれ自体で商品形態であるというその事実によって自動車は史的言説の周縁へと追いやられることになる――今日、「フォーディズム」や「ポスト・フォーディズム」といった自動車生産の歴史に由来する言葉を共通語として、二〇世紀の時代区分を行うにもかかわらず。こうした事実は、自動車という物体の遍在性や凡庸性――自動車は日常生活という布地に滑らかに編み込まれている――というよりも、むしろ自動車を規定する三つの「契機」――生産、言説への転化（つまり広告、メディア表象）、消費と使用――のそれぞれにおいて、歴史性がいわば「空にされる」あり方に関係があるように思われる。というのも自動車は、資本によるある種の流動化と関係があるというにとどまらず、こういった構造の再生産に部分的ではあれ積極的に影響を及ぼす要因でもある。こうして自動車は三つの「契機」のいずれにおいても、反復という時間性のなかに埋め込まれているわけである。

三つの契機のうち最初の契機である生産において、反復は組み立てラインそのものの避け難い運動というかたちをとる。組み立てラインの同期化のシステムと同じ行為の正確な再現によって、ラインの労働者のうちに無限に思われるような時間の経験、つまり繰り返し同じ話を聞かされるような経験が作り出されるのである。こうした感覚をロベール・リナール［一九四四年－。パリ第八大学の元講師。高等師範学校時代に毛沢東主義者として学生運動に参加］はこのうえなく巧みに描写している。

組み立てラインは私が想像していたようなものではない。私はそれぞれの作業場での一連の明確な停止と開始を思い描いていた。各自動車が数メートル動いては停止し、労働者が作業し、自動車が再び動き出し、別の自動車が停止し、同じ作業が再び行われるといったように。すべての物事が迅速に、ビラに書かれているように「悪魔的なリズム」でもって、行われると考えていた。組み立てラインという言葉それ自体によって、ぎくしゃくしながらも素早い動作の流れを思い描いていたのである。

逆に、初めの印象はあらゆる自動車がゆっくりとだが絶えず運動しているという印象である。作業自体何ともしようがない一種の単調さとともに行われていた。だが私が思い描いていたような速度はなかった。作業は長い、灰緑色がかった、滑走する運動のようで、しばらくすると、眠気を催させるが、衝突音や光の明滅によって遮られる。すべてが次々と繰り返されるが、作業は一定不変のままである。ラインの形式なき音律、剝き出しで灰色の鋼鉄の車体が滑走する運動、型どおりの動作。私は自分がだんだんと包み込まれ、麻痺させられていくような感覚に陥る。時間がそっと停止する。(7)

（7） Linhart, *L'établi*, pp. 13-14.

自動車の運転と結びついた様々な活動も同じく「時間の外」にある。フランスがモータリゼーションに入る戦後は、ルフェーヴルが「拘束された時間」と呼ぶものが劇的に増加する時期でもある。(8)「拘束された時間」とは、反復される形式的行為と義務の時間のことである——大学のカクテル・パーティーのように、厳密には仕事でもなければ、語のいかなる実際の意味においても快楽とは言えないような義務のことである。通勤の空間‐時間ほど拘束時間と呼ばれるにふさわしいものはない。もっとも歴史的感性を欠く人たる通勤者にそれを取り戻させようとするシチュアシオニストの介入を考慮すれば、通勤の空間‐時間が特権的な位置にあることが分かるだろう。平凡な日々の通勤に由来する自動車の機能とは正反対に、純粋速度の現象学が位置する。それはフランスでは最初にフランソワーズ・サガンによって称えられることで大衆に受け入れられ、今日のジャン・ボードリヤールの称賛にまでつづく。サガンとボードリヤールの二人が指摘するように、高速度の移動はドライバーを暦の外に、自らの個人的かつ感情的な過去の外に、時間そのものの外に駆り立てる効果を持つ。

まずはサガンである。「道路沿いのプラタナスの木々は寝そべっているように見え、夜の給油所のネオンの光は長く伸び、歪み、タイヤはもはや耳障りな音を立てず、突如静かになり、とても張りつめたものとなる。悲しみだって流れ去ってしまう。どんなに狂ったように、そして絶望的に恋に溺れていようと、時速二〇〇キロでは同じようにはいかない(9)」。そして一九六七年にボードリヤールは自動車について次のように書く。「努力のいらない移動によって、一種の非現実的な幸福感が与えられ、生活の一時停止、責任の免除が生じる。スピードは、空間と時間を統合することで、世界を二次元に、一つのイメージに平板化する効果を持つ。この効果によって、世界の深さと生成が失われ、ある意味では、途方もない不動性と瞑想状態が生じる。時速一六〇キロ以上では、永遠性の存在すら見込まれる(10)」。

自動車の三つの契機のうち中間にある「契機」――自動車のマーケティング、販売促進、イメージや市場の構築、一般大衆の反応の条件付け、自動車をめぐる言説装置、要するに自動車の宣伝――を一瞥するだけで、ある言説が浮かび上がるのが見てとれる。過去と未来とを、旧い手法と新しい手法とを両立させるように、固定した時間のまわりに言説が打ち立てられているのである。これはとくにフランス文化のような文化にあっては重要である。フランスの近代化はアメリカとは異なるかたちで経験される。つまりフランスの近代化は、たいていの場合、成熟した職人文化、高度に発達した旅行文化、そして――少なくとも一九五〇年代には――フランス人にも非フランス人にも同様にはっきり観察できた草の根的な国民文化を大いに破壊し、消去するものとして経験される。諸々の製品とその広告の謳い文句によって、数々の伝統、すなわちフランスの生活様式は、保存と同時に超克される。つまり、過去と未来は一つとなり、誰もが変わることなく変わることができるのである。

しかし本当にそうなのだろうか。進歩のパラダイムは近代化に固有の機能障害や苦しみを完全に消し

(8) 以下を参照。Henri Lefebvre, *La vie quotidienne dans le monde moderne* (Paris: Gallimard, 1968), p. 104.〔森本和夫訳『現代世界における日常生活』現代思潮社、一九七〇年、九三頁。〕サッシャ・ラビノヴィッチによる英訳は、この語を「止むに止まれぬ時間」としている (Sacha Rabinovitch, *Everyday Life in the Modern World* (New York: Harper, 1971), p. 53)。

(9) Françoise Sagan, *Avec mon meilleur souvenir* (Paris: Gallimard, 1984); trans. Christine Donougher as *With Fondest Regards* (New York: Dutton, 1985), p. 65.〔朝吹三吉訳『私自身のための優しい回想』新潮社、一九八六年、七四頁。〕

(10) Jean Baudrillard, *Le système des objets* (Paris: Gallimard, 1968), p. 94.〔宇波彰訳『物の体系――記号の消費』法政大学出版局、二〇〇八年、八一頁。〕

去るようにして戦後を支配したのだろうか。サガンの神話の背後にあるアルコールでしゃがれた声さえもが、つまり金、若さ、車、スピードに基づいた時間を超越した生活スタイルを一九五〇年代に商品化するのに役だった声さえもが、最近では次のように語るのが聞こえるのだった。「相変わらずスピードが好きである。しかしいまは昔のように羽目をはずすことはない（中略）。一九六〇年頃はパリ中をスピードを出して走れた。しかし今日そんなことをすればマゾヒストでしかないのである[11]」。

動くイメージ

自動車と近代化

一九五〇年代から六〇年代にかけて、流動性は、経済的領域の至上要請であり、過去との断絶の象徴であった。各個人が経済の命令に応じて、自由に移動させられなければならなかったし、移動可能でなければならなかった。自動車によって移動という自由市場のイデオロギーの最深部に埋め込まれた活動が行われた（し、また行われつづけている）。自動車は「自由にできる人間」――この「自由にできる人間」というのは、移動距離とはさほど関係ない――の新しく複雑なイメージが作り上げられるなかで重要な要素となる。第二次世界大戦以前のフランスではあらゆる人口移動が憂慮すべき「人口流出」と見なされ、あらゆる転職が性格的な問題と受け取られた。しかし、一九五〇年代以降にフランスが示した方向性は流動性と移動に対する態度において革命をもたらした。それは日常生活の全面に広がる革命だった。このとき、自動車は瞬時に新しい「崇高な」日常性、新しい主観性（その領域は家内の限定的な主観性とは異なり、あらゆる場所であると同時にどこにもない場所である）、新たな国民観の中心になった。

さらに一九五〇年代以降のこうしたフランスの方向性は、百年前の変化に匹敵する物理的・社会的再編成のなかで旧来の空間的配置を全面的に解体し、事実上、歴史的都市の終焉を迎えた革命であった。一八五〇年代から六〇年代にかけてのパリの住民と同様、一九六〇年代のパリの住民は、都市が、破壊と再建――再び引き合いに出せば、前世紀のオスマンのパリ改造と同様、都市はもっぱら交通に特化して再建された――の過程のなかで別の都市へと変貌し、消滅するのを目の当たりにしたのだった。この時期、自動車はいかなる商品とも異なる商品として文化的議論の中心を占めるテーマとなった。自動車は、いわば国家主導による近代化の過程をめぐって実際に社会的コンセンサスが欠けていることを大々的に喧伝するための媒介手段となる。それゆえに自動車は大戦以来つづいてきた開発モデルを敵視する多くの者の格好の的となった。しかし、実に皮肉なことに、いま振り返ってみれば、一九五〇年代初頭のプジャード運動は、こうした敵対者のうちもっとも入念に組織された口うるさい者たちが勢力を拡大した結果であるにもかかわらず、自動車に依拠した運動として理解することができる。[12] そうでなければ

(11) Françoise Sagan, *Réponses* (Paris: Editions Jean-Jacques Pauvert, 1974), trans. by David Macey as *Réponses: The Autobiography of Françoise Sagan* (Godalming, England: The Ram Publishing Company, 1979), p. 57.［朝吹由紀子訳『愛と同じくらい孤独』新潮社、一九七九年、六二〜六三頁。］ルイ・シュヴァリエは、パリでの「運転のしづらさ」をもう少し前の時期にまで遡って考えている。「一九五三年から一九五四年の間、おそらくもう少し前の時期から、人びとは、段々と頻繁に、段々と強く、段々とあけすけに、よく言われたように確かな根拠を伝える声で、いかにパリで運転するのが困難であったのかについて語り始めたように思われる。」。（*The Assassination of Paris*, trans. David P. Jordan [Chicago: University of Chicago Press, 1994], p. 52). シュヴァリエが言及しているのは、一九五〇年代から六〇年代にかけて、パリが自動車に適応した街にしようと計画された都市開発のために地固めをする役割を果たした一般的な言説――交通渋滞を緩和する必要性――である。

いかにして、無数の「フランス周遊」のために運転する様子が運動のプロパガンダのなかで描かれたピエール・プジャードが、数百もの地方の小さな町や村にいる小売店主のルサンチマンを結集させながら、すぐにあちこち現れることができたのだろうか。

一九五〇年という新時代の幕開けにルノー工場を訪れた作家のジュール・ロマンは「誰もが同じ影響を受け、それに染まる一団」になるという幻影にとり憑かれる。工場のなかで感じた気持ちを思い出そうとしたとき、ロマンは奇妙なアナロジーを思いつく。工場はユベール・リヨテ［一八五四－一九三四年。フランスの軍人。モロッコ総督（一九一二－二五年）］統治下のモロッコのように感じられると述べ、次のようにつづける。「不意に、誰もがこのような環境との接触がきわめて心地よいことに気づく。誰もが再び夢を見始める。同じ興奮をもって、誰もが国全体を想像する。熱狂を日々の薬のように自らに注入することに慣れている国は楽観的にではなく、（中略）深刻な必要性をもって、その国の未来を描きだすだろう（中略）。偉大な共通計画のもとでともに働くという喜びが不和という苦い喜びに取って代わることになる全国民の未来を」[13]。こうした熱狂的な調子をよりよく理解するためには次のことを考慮すればよい。ロマンは、新たに国有化されたルノーの「団体精神」と自らが見なすものを称賛するだけではなく、アメリカで近代的な企業が成熟して数十年が経ったいま、フランスでも近代的な企業が誕生しているかのようなそんな何かを目撃していたのだということを。

主にアメリカから来たマーシャル・プランの労使関係「使節団」と三〇億フランに達する二〇〇件の生産性向上のための融資のおかげで、自動車部門とその他のいくつかの部門は当時、組織的配置と生産・市場戦略を採用して、大衆市場に向けた製品を生産できる状況にあった[14]。一九五〇年代のフランスを定義した「偉大な共通計画」がとったかたちは、「四つのホイールを持ったヴァニラ色のヒキガエル。

その頭と尾はまったく同じである」とあるジャーナリストが描写したものだった[15]。もともと占領下でデザインされた「楽観主義者の自動車」である「4CV」は、大衆の手が届くように生産された最初のフランス車である。この最初の「大衆車」は、それまで高級品としてうまくいっていた産業、つまり実のところヨーロッパ内でも一番成功していた自動車産業によって生産されたものだった。新たに国有化されたルノーの社長で最高責任者のピエール・ルフォシューは、こうした製品といままでにない「近代的な」フランスとの結びつきを明確にした。「4CVはたしかにこの国の進化の一般的な方針のうちにあり、できるだけ大量かつ迅速に作られなければならないと考えています[16]」。フランスの自動車製造史上初めて、

（12） 以下を参照。Dominique Borne, *Petits bourgeois en révolte? Le mouvement poujade* (Paris: Flammarion, 1977)：「[プジャード主義]の拡大に、自動車はきわめて重要な役割を果たした。運動のプロパガンダは、ピエール・プジャードのフランス一周に関する数えきれないイメージをばらまき、走行距離を念入りに計算することさえした。自動車によって、ある街では検査にひっかかっても、その数時間後には何百キロも離れた街にいることができるようになった。ある県が「包囲されて」いたときでも、プジャードとその一団は、あらゆるところに存在したのである（中略）。運動は噂のように広まった。「それは風だった」と、一九七五年に彼は私たちに語った」(p. 26)。プジャードが以前乗っていた車が事故で壊れた後、支持者たちは、彼のために新車の代金を寄付金で支払ったのである。以下を参照。Stanley Hoffmann, *Le mouvement poujade* (Paris: Armand Colin, 1956), p. 244.

（13） Jules Romains, "Introduction," in *L'automobile en France* (Paris: Régie nationale des usines Renault, 1951), pp. 20–21.

（14） 以下を参照。Richard Kuisel, *Capitalism and the State in Modern France* (Cambridge: Cambridge University Press, 1981), pp. 263–267.

（15） 以下より引用。Jacques Borgé and Nicolas Viasnoff, *La 4CV* (Paris: Balland, 1976), p. 78.

（16） Ibid., p. 65.

図1-2　ルネ＝ジャック、ルノー工場、ビヤンクール、1951年（フランス文化省）。

マーケティング調査の部門が設置され、４ＣＶのマーケティング活動が行われた。実際は生産が需要に追いつくことができなかった。早い時期から自動車販売数の千倍ほどは購入希望者がいたのである。

一九四七年の自動車展示会がピークを迎えたとき、ルノーの広報は「４ＣＶが年間最優秀自動車であり、（中略）それは今後数年変わらない」と主張した。別の初期の広告では、それとペアになる近代化のもうひとつの主力商品であるバスルームを引き合いに出していた。「この新しい車はまさにバスルームのような使いやすさを提供します[17]」。自動車は「男性の女友達」と宣伝された――女友達というのは、ユーザー・フレンドリーということであり、すなわち日常生活に奇妙な巨大機械が侵入してきたことで生じるあらゆる不安を和らげてくれるということである。そして「男性の女友達」は、一般に「女性の男友達」と宣伝されるもの、すなわち家電製品とペアを組むものとされた[18]。「働く者」として、そしてそれゆえ自動車を持たざるを得ない者として、大黒柱となる夫は一つの大きな友を持つことになる。他方、妻は冷蔵庫や洗濯機、電動式コーヒー・グラインダーといった多くの小さな友を持つのである。

自動車に関する言説

一九六三年の論文でロラン・バルトは当時、自動車と同じくらい多くの言説があるのはおそらく食ぐらいだろうと述べている。(19) バルト自身の執筆歴は、一九五〇年代後半の『エクリチュールの零度』(一九五三年)と(後に『現代社会の神話』(一九五七年)としてまとめられる)ときどきのジャーナリスティックな記事をもってすでに開始している。後者は自動車展示会のフロアに並んだ新しいシトロエンDSの紹介、あるいは『エル』のレシピを添えた写真のような日常生活の急激な変化に関するものだった。

一九五五年、やがてフランスの近代化の理論を主導する若き社会学者アラン・トゥレーヌが最初の著作『ルノー工場の労働者の労働の進化』を出版した。一九六〇年代にはナンテール[パリ第10大学]でトゥレーヌの同僚だったジャン・ボードリヤールが、最初の著作『物の体系』(一九六七年)を公刊する。この著作には自動車の「終わり」の崇高さに捧げられた長い節や、自動車と家庭生活の関係に関する節が収められている。さらに一九六〇年には『シチュアシオニスト・インターナショナル』に掲載された論説「交通についてのシチュアシオニストのテーゼ」のなかで、ギー・ドゥボールが自動車は「疎外さ

(17) Ibid., p. 78.
(18) たとえば以下を参照。Romains, "Introduction," p. 4.「自動車は男性であるとして、その女友達たるこうした機械に対して、私はいつも強い愛情を持っていた」。
(19) Roland Barthes, "La voiture, projection de l'égo," *Réalités* 213 (1963). [塚本昌則訳『ロラン・バルト著作集4――記号学への夢』みすず書房、二〇〇五年、三三六〜三四七頁。]

れた生活の最高善である」と同時に「資本主義市場の本質的な生産物」であると断言した。[20]

ただし、バルトが一九五〇年代後半から六〇年代前半にかけての溢れかえる自動車の言説に言及するとき、以上のような書き手――言い換えれば、バルト自身のような書き手、たとえばアンリ・ルフェーヴルにつづいて、日常生活に注意を向けたルフェーヴルの様々な友人や同僚――というよりも、簡単に入手できた通俗的な情報を想定しているように思われる。通俗的な情報とは、雑誌、マーケティング調査、フランソワーズ・サガンの小説のようなベストセラー小説、ヒット映画、広告、あるいはドキュメンタリーといったもののことである。こうした大量の散文とイメージは、フランソワ・ヌリシエによって、「メルセデス、ファセル・ヴェガ、アストンマーティン、そしてジャガーの美しき連禱」と呼ばれた。[21]

一九五〇年代初頭、作家のボリス・ヴィアンとロジェ・ニミエ［一九二五-六二年。作家・脚本家。サルトルら実存主義文学全盛期にそれとは異なる作風で戦後世代を代弁した］はファンとして例年の自動車展示会の開催を待ち望み、その熱狂的な展示会評を『エル』や『アール』のような雑誌に発表していた。ハイ・カルチャーな展覧会やイベントとは異なって、展示会は、きわめて「雑多な」観客を魅了した。展示会は年に一度の国民的な祝祭のようなものになった。そこではラヴァロワの裕福な産業家、アルデンヌの農民、トゥーロンの機械工、パリの映画スター、レンヌのセールスマンがひしめきあっていた。一九五四年にアストンマーティンに乗ったサガンが起こした事故は、何ヵ月、いや何年にもわたって執拗に論じられた。ニミエの最後の自動車事故は『フェミナ・イリュストラシオン』のなかで特集記事が組まれた。個性的な小説家の向こう見ずで、危険を顧みない運転スタイルが取り沙汰されたことで、今度は小説や雑誌の売り上げが伸びた。再起したルイ＝フェルディナン・セリーヌがサガンの一〇分の一以下の売り上げしか出せず絶望していた一九五〇年代に、ニミエはセリーヌが戦争に囚われたままであると皮肉まじりに一喝した。見方を変えれば自動車事故で直ちに知名度は上がるというわけである。一九六二年のニミエ自身と小説家サンシアレ・ド・ラルコヌの酷い事故死は、一九六〇年のアルベール・カミュとミシェル・ガリマール、一九六二年のジャン＝ルネ・ユグナン、その数ヶ月後に起きたアンドレ・マルローの二人の息子とアリ・カーンの事故死、ジョニー・アリディが瀕死の重傷を負った事故と並んで、ショッキングでセンセーショナルな記事を量産した。こうしてある特殊な言説が生じる。それは社会的事実である。ただしそれ以後、その社会的事実が歴史的事実になる。自動車をめぐる時代を反映した言説の豊富さは、おそらく自動車が物としてありふれているということ以上に、ある特殊な歴史的状況を指し示している。

　事実、自動車が当時の映画、小説、出版業界において幅広く注目を浴び始めたのは、自動車がフランス人の生活で平凡なものになるよりも前のことだった。したがって、当時の言説は全体的に未来に関わっていたことになる。魅惑的なものであれ、恐怖心を植えつけるものであれ、いずれの言説も本質的には未来を先取りし準備するものであったが、不安という点では一貫していた。一九六一年には、八人に

（20）Guy Debord, "Theses on Traffic," in *Situationist International Anthology*, ed. and trans. Ken Knabb (Berkeley: Bureau of Public Secrets, 1981), p. 56.［「交通に関するシチュアシオニストの立場」『状況の構築へ――アンテルナシヨナル・シチュアシオニスト1』インパクト出版会、一九九四年、二五四頁。］以下も参照。Roland Barthes, *Mythologies* (Paris: Seuil, 1957), translated by Annette Lavers as *Mythologies* (New York: Noonday, 1972)［下澤和義訳『ロラン・バルト著作集3――現代社会の神話』みすず書房、二〇〇五年。］; Baudrillard, *Le système des objets*［『物の体系――記号の消費』前掲書。］; Alain Touraine, *L'évolution du travail ouvrier aux usines Renault* (Paris: Centre national de la recherche scientifique, 1955).

（21）以下より引用。Marc Dambre, *Roger Nimier: Hussard du demi-siècle* (Paris: Flammarion, 1989), p. 554.

一人のフランス人しか自動車を所有していなかった（アメリカ人は三人に一人である）。また統計が示すところによると、この時期に自動車を購入したフランス人の間で階級分裂が絶えずつづいていた。大量生産された低価格乗用車が誕生していたにもかかわらず、多くの労働者は自動車なしですましていたのである。[22] 一九六〇年代初頭には自動車が贅沢品だという考えはもうなくなっていたが、だからといって誰にでも手が届くものというわけでもなかった。アメリカにおいてのみ自動車は冷蔵庫や洗濯機——習慣的な利用によって言説の領域から実際に取り去られた商品——と同程度に完全に日常の平凡さに組み込まれていた。フランスでは自動車は冷蔵庫や洗濯機ほど平凡というわけではないが、ほとんどのフランス人の視野に入ってはいた。熱狂を伴う贅沢な夢でも、生存要因に関わる「必需品」というわけでもなく、自動車は、人びとの計画に、つまり人びとが次に購入する予定のものになった。いまにも自動車が万人の必須アイテムになりかけているまさにそのときに、映画はもはや自動車を神話上のあるいは不可思議な商品として表象しない。そして交通事故はフランス映画のなかで、また女性作家によるほとんどすべての大衆小説のなかで、筋の仕掛けであることの必然性を失う。

映画のなかの自動車

戦後フランス映画には、高速自動車の悪魔的性質とそれが日常性に転じていく様子が映し出されている。神話上ないしは想像上の対象に対する感覚を創造するという——メディアのなかでももっとも卓越した——映画の能力については、映画研究のなかで何度も議論されてきた。ここでは自動車の奇妙さを強調することに資する当時のヨーロッパ映画のなかで、一般的にみられる多くの単純な道具立てやテクニックを析出するだけにしたい。まずは「路上のたった一台の自動車」というありふれたシークエンス

MORT SUR LA ROUTE
Chaque week-end, des images atroces
C'ÉTAIT LA VOITURE DE ROGER NIMIER :
l'écrivain et une jeune romancière ont été effroyablement déchiquetés sur l'autoroute de l'Ouest

A Alès (Gard)
4 morts et 4 blessés dans un seul accident
(VOIR A LA PAGE 13)

ILS ONT AVOUÉ...
« DANY », L'ENTRAINEUSE : « C'est moi qui ai tiré sur le jeune géologue », mais les enquêteurs ne sont pas convaincus
LE SADIQUE DE LUNÉVILLE : « Je l'ai étranglée, car c'était une jeune fille »
(VOIR A LA PAGE 2)

図 1-3 「ロジェ・ニミエの車はこうだった」、『パリジャン・リベレ』（1962年10月１日）（国立図書館）。

である。ディノ・リージの『追い越し野郎』（一九六二年）で、ヴィットリオ・ガスマンは、自らそう述べるように、「車のなかでのみ快感を得る」病的な暴走族の役が与えられている。ガスマンにとって、スピードは独立と自由の精神の象徴である。冒頭のシークエンスにおいて、彼は、小さなオープンスポーツカーに乗って、猛スピードでイタリアにある多くのよく知られたモニュメントを走り抜ける。同時代の視聴者はショックを受けた。というのも、この場面が早朝であるにはちがいないとはいえ、後に分かるように宗教的な祭日であり、それにもかかわらず彼の車がローマの通りで唯一の車だからである（ちなみにガスマン演じる登場人物は碌でもない結末を迎える。映画のラストで、ジャン＝ルイ・トランティニャン演じる鬱屈した法学部生の親友

（22）以下を参照。Jean-Pierre Bardon, *La révolution automobile* (Paris: Albin Michel, 1977)：一九六〇年には、一〇人に一人が車を所有していたが、一九七二年には、四人に一人が車を所有した（p. 224）。「もっとも自動車保有率の低いカテゴリー（農業労働者、公務員、肉体労働者、サラリーマン）ともっとも自動車保有率の高いカテゴリー（経営者、自由職業、産業化、大型店舗所有者）の間の保有水準の相対的隔たりは一九五三年から六九年まで埋まらなかった」（p. 235）。

が、路上での生活の喜びに目覚めた直後に、ガスマンが彼を車ごと海の絶壁に突然放り出して、殺害してしまうからである)。

二つの非凡なフランス映画、ロベール・デリーの『ミス・アメリカ パリを駆ける』(一九六一年)とジャック・ロジエの『アデュー・フィリピーヌ』(一九六二年)はともに、小さな「伝統的」共同体のなかで最初に自動車を所有した人びとの私的所有をめぐる両面価値的な感情を扱っている。二つの作品とも「路上のたった一台の車」のシーンを引き延ばすことによって、所有の奇妙さと新しさを強調しようとする。また、半数の村人しか参加しないが、それで孤独と空間的な拡張といった感覚が減じられることはない。『ミス・アメリカ』の実に魅力的なシークエンスでは、停車中の車のブレーキが抜けて、無人のまま、車の勢いだけで悠々と丘を下り始め、最後には川の貨物運搬船に乗る。要するに船長には思いがけない幸運である。喜劇や風刺的なレアリスムにいっそう深く関係する別の一般的な映画の技術では、極端なクローズアップが採用されることで、自動車はあたかも顕微鏡のスライド上の巨大な昆虫のように画面いっぱいを占めるようになる。そして画面に背景がわずかに残されることで、物の不可思議な性質がひたすら高められるのである。

ジャック・ドゥミの『ローラ』(一九六〇年)の冒頭では、巨大な白いアメリカ製のオープンカー——それを「夢のような車」だと思ったすべての登場人物が話題にした——が、ナントのみすぼらしい波止場沿いの通りを進むのだが、その豪華な乗り物の動きに沿って、カメラも動く。マルセル・カルネの『危険な曲がり角』(一九五八年)では、ミックの輝く白いジャガーの新車(このなかでミックは死ぬことになる)は、汚い自動車修理店にある貨物用エレベーターに乗った彼の視点(観客の視点)にゆっくりと降りて来る。

図 1-4 『ローラ』

図 1-5 『プレイタイム』

戦後フランスの近代化に関する偉大な分析家ジャック・タチ――タチは、デリーとドゥミと一緒に、変化を前にした一種の滑稽な適応力を解読することに特化した――が記憶にとどめられているのは、おそらくバスビー・バークレーのような回転によるところがもっとも大きい。それは、『プレイタイム』(一九六七年)のような後期作品のなかで、自動車が複雑なシンクロナイズド・スイミングを行うことで生まれる。このようにタチの後期作品の多くでは、焦点がまさに連続性と反復の駆け引きにおいて決定的な要素として自動車に当てられている。これに対して『ぼくの伯父さん』のような初期作品では、信じられない色のピンクとグリーンのシボレー(「全自動!」)が登場する。シボレーの登場はカメラを通して幻想的で奇妙なものの出現として扱われている。家の風景も同じくらい突飛である。自立した技術的物体であるその家は、派手な色によって、出来合いの嗜好、価値、思想のカタログに加えられるだけでなく、風変わりでプライベートな幻想の工場に変えられる。しかし、タチの映画では、自動車が奇妙なものとして現れるのはほんの少しの間に過ぎない。たとえば、自動車は、コーナーを曲がると、子どもを学校で降ろそうとする親のせいで起きた交通渋滞の果てしない列に加わる。実際、当時の状況はこのとおりだった。フランスで自動車がありふれたもの、つまり大衆消費の対象にならんとするまさにそのときに、映画は自動車のアウラを放つ特異性の神話やイデオロギーの産出を促すのである。

戦後フランスの早い時期の映画では、アメリカ製の自動車によって特異性という考えはいっそう強化する――実際、「惑星からの物体」という侵入効果を指し示すもっとも効果的な方法は、外国製の自動車、とくによく好まれるアメリカ製の自動車を使うことである。この意味では、大変な人気を博したクロード・ルルーシュの『男と女』は、すでにノスタルジックなものであった。『男と女』が制作された一九六六年には、特異性とスピードの神話は実質的には崩壊していた。しかし、この映画は、そうした神話が

図1-6 『男と女』

図1-7 『男と女』

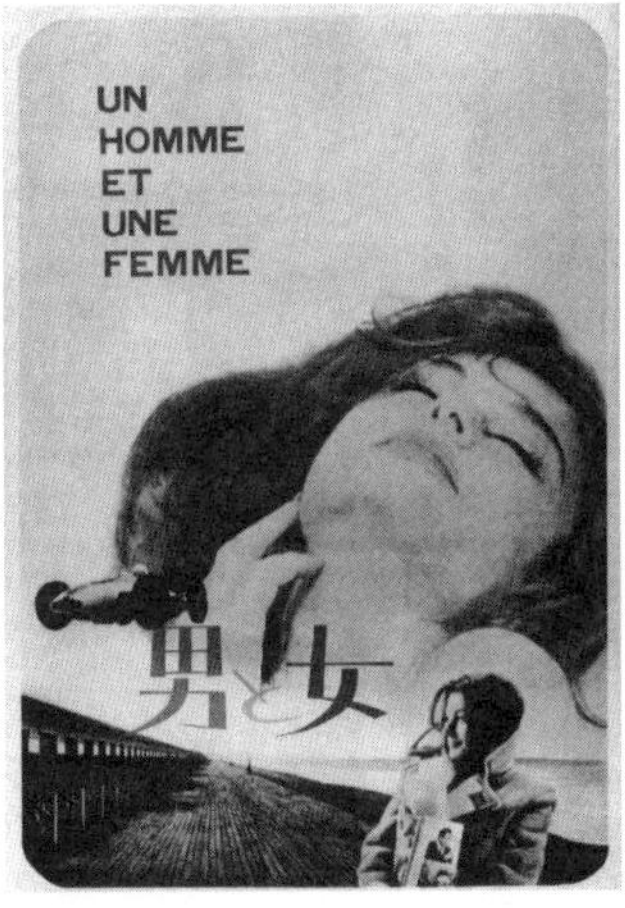

図1-8 『男と女』日本版ポスター

フォードのマスタングと一人の俳優によってノスタルジックな仕方でリヴァイヴァルされることもあり得るということを示している。この俳優——またしてもトランティニャン——は、自動車事故で息絶えるような、技術に対して不要に警戒を示す法学部生ではなく、レーシングドライバーである。レーシングドライバーという職業によって、この俳優は「馬力のある」複雑な機械と自分の身を接触させた状態に置くことが可能となる。マシーンと呼ばれるほど有能な彼の「操縦ぶり」は、スピードと特異性という、ほんの数年前には運転と言えば連想されたのに、徐々に消滅しつつあったはかない神話を再生させるのである。

自動車産業と映画産業

フランスとアメリカにおける運転の歴史と映画鑑賞の歴史は、興味深い共通点や類似点をいくつも示している。第一次世界大戦まではフランスが世界最大の自動車製造国だった。同様に、フランスは世界一映画産業が栄えており、トップの映画会社ゴーモンとパテ［それぞれ一八九五年と一八九六年設立。当初ゴーモンは撮影機器を、パテはレコードを販売した後に映画会社となる］が国際的な配給ネットワークを支配していた。(23) しかし、フランスは、アメリカが第一次世界大戦後に両産業で優位に立ってから、二度とその地位を奪還することができなかった。アメリカがこうして飛躍するなかで、自動車生産の技術上の進歩が映画生産にも同様の進歩をもたらした。言い換えれば、うまく資本化されたアメリカのスタジオは、自動車産業で結果を出していた組み立てラインと科学的マーケティングの技術を即座に理解したのである。

映画史を専門とするヴィクトリア・デ・ガラジアは指摘している。「一九二〇年代から三〇年代にかけて、アメリカの映画産業は、産業モデルに基づいて文化的生産を組織するために完全に新しいパラダイムを提供した。フォーディズムとグローバルな自動車製造の関係は、ハリウッドのスタジオ・システムが国際的に市場を広げた大量生産の文化的商品の生産と築いていた関係と同じなのである」[24]。しかし、ガラジアのアナロジーはかならずしも正しいというわけではない。というのも、フォーディズムは単に一連の合理化された技術であるだけではないからである。フォーディズムの主たる成果は、労働者を自らが作り出した商品の消費者に変化させたことにあるが、このことは映画にはまったく当てはまらない。さらに、フォーディズムが諸々の技術、経営管理組織、そしてヨーロッパの製造業に自社製品の大量生産を始めるように競争的圧力を課した一方で、映画の場合、アメリカの商品は、たいていの場合自国製品に取って代わったのである。この違いを別言すれば、一九五〇年代後半のフランスで実際に購入されたアメリカ自動車の数は非常に少なかったのに対し、アメリカ映画については膨大な数の作品が鑑賞されたということである。一九四六年にレオン・ブルム〔一八七二－一九五〇年。政治家。人民戦線内閣首班。第二次世界大戦後に再び首相を務める〕とアメリカの国務長官ジェームズ・バーンズ〔一八八二－一九七二年。トルーマン政権下の国務長官を務める〕によって交わされた仏米間の与信契約によって、ハリウッドとその傘下のヨーロッパの会社は、戦後ヨーロッパの映画市場で実質的に完全な優位を占めることになった[25]。

こうした文化の衝突に関する最良の映画史研究者デニス・ターナーは、次のような言葉で両者の関係

(23) 以下を参照。Victoria de Grazia, "Mass Culture and Sovereignty: The American Challenge to European Cinemas, 1920–1960," *Journal of Modern History* 61 (March 1989), pp. 53–87.

(24) Ibid., p. 56.

を述べている。「戦争で創出した真空地帯に進出して、その地域の製造業が供給できない必需品を売った他のアメリカの産業とは異なり、映画産業は各地に足を踏み入れ、そこの観客がけっして実現することができないであろう生活様式を普及させたのである」(26)。フランス人は、他国に比べればうまくアメリカ映画の侵攻の勢いを食い止めた。とはいえ、統計的に言えばフランスの映画産業にとっては、ナチスの方がアメリカよりまだましであった。すなわち一九四七年までにアメリカ映画はフランス国内にあふれかえっていた。ターナーが示唆するように、戦後——アメリカが、貿易相手国に対する前例のない政治的、軍事的、経済的優位を享受していた時期——に、八つのハリウッドのスタジオによって行使された影響力を、企業の成功という観点ではなく、「アメリカ的ライフスタイル」を広めるための準公式的なプロパガンダ装置としての役割という観点から測ることができる。

戦後ヨーロッパのスクリーンは、アメリカ的資本主義がもたらす歓喜と恩恵のイラスト入りカタログで満たされていた。スクリーンのなかで、アメリカの家庭にあるありとあらゆるもの、すなわち、物やガジェット、それらが作り出すライフスタイルが、こと細かに日常的なもの——説得力のあるレアリスム的な物語の背景や装飾——として見せられたのである。しかし、日常的で平凡な物であっても、それがヨーロッパの映画館で上映されれば必然的に目立つことになる。かつて、自動車が生産されるなかで映画への道が切り拓かれた。今度は映画がヨーロッパのモータリゼーションに向けた諸条件の創出に役立つことになるだろう。要するに、二つの技術が互いを強化し合ったのである。それぞれが共有する性質——運動、イメージ、機械化、規格の統一——は、映画と自動車を、ヨーロッパの消費パターンと文化的習慣の完全な転換を担う重要な商品にしたのだった。

物の知覚の変化

以上のような変化の多くは、知覚の変化を、より具体的に言うと、物が見られるあり方の変化を伴うものだった。ヴォルフガング・シヴェルブシュは、一九世紀ヨーロッパの日常生活における鉄道旅行の開始と影響について論じながら、鉄道と鉄道によって可能となったと同時に表象された商品流通の加速化が、視角を変化させたことを論じている(27)。人びとが鉄道旅行に慣れると、従来の知覚が「パノラマ的知覚」に取って代わられた。パノラマ的知覚とは、鑑賞者に世界を体験させる装置を通じて、物や風景を眺めるときに優勢になるタイプの知覚であり、鑑賞者がもはや知覚される物と同じ空間に属さないときに生じるものである。したがって、パノラマ的知覚は鉄道旅行者と同程度に自動車のドライバーにも関連する。

しかし、戦後フランスでは自動車旅行の普及は映画の普及と時を同じくしていた。たとえば、ジョルジュ・ペレックは、一九六〇年代における若者の特徴がいかに歴史的に新しいかを、若者と映画の関係

(25) この契約条件で、フランスはアメリカから六億五〇〇〇万ドルの借款とアメリカの余剰物資購入を含めた七億二〇〇〇万ドルの融資を手にすることになった。さらに、アメリカは、約二〇億ドルの未払いの武器貸与為替を無効にした。見返りとして、フランスは、戦前からある価格均等化の措置と保護関税を撤廃し、またとりわけ、「一九三九年以来初めてフランスへのアメリカの映画産業の進出を容認すること」に同意した。

(26) Dennis Turner, "Made in the USA: Transformation of Genre in the Films of François Truffaut and Jean-Luc Godard," Ph.D. dissertation, University of Indiana, 1981, p. 3.

(27) 以下を参照。Wolfgang Schivelbusch, *The Railway Journey: Trains and Travel in the 19th Century* (New York: Urizen, 1979).［加藤二郎訳『鉄道旅行の歴史——一九世紀における空間と時間の工業化』法政大学出版局、一九八二年。］

から示している。「なによりもまず彼らには映画があった。これだけはおそらく、彼らの感覚が自らすべてを学びとり、誰の模倣もしなかった唯一の領域だった。年齢の点でも、教育の点でも、彼らは映画が一つの芸術というよりも大前提となった最初の世代の一員なのである」[28]。たしかに、急成長する二つのテクノロジーは互いに作用することで強化され、パノラマ的知覚に急速に質的な変化をもたらすことになった。というのも、自動車も映画もともに知覚の運動を作り出すからである。自動車と自動車が作り出す動きは、ドライバーの知覚に統合されることになる。換言すれば、鑑賞者は動いている物だけを――映画のなかにあるかのように――見るのである。相対的に受動的な鑑賞者が、引き剝がされ浮遊する世界を知覚することは、はかないリアリティであるとはいえ、規範となる。それは一九世紀にあっても例外ではなかった。

シヴェルブシュは一九世紀ヨーロッパのパノラマ的知覚の出現を列車の物理的速度とそれが輸送する物の商品的性格に関連づけている。実際、輸送が商品を作り出す。カール・マルクスが『経済学批判要綱』で指摘したように、地理的な点と点の間の移動こそが物を商品にする。「生産物の市場への搬送――これは生産地点そのものが市場である場合を除けば、生産物にとって必要条件である――というこの場所的な契機は、生産物の商品への転化と見なされることができるだろう」[29]。つまり、鉄道の出現は、品物の流通に新たな水準の速度がもたらされることで、生産と流通の複合体の質的変化と同時に生じた。流通は運搬手段の物理的速度と正比例して品物の商品的性格を強める。

しかし、戦後の自動車に関してはどうだろうか。少なくともフランスでは自動車は近代化の画期を成した。自動車は消費社会として知られることになったものの実例であると同時に推進力であった。とはいえ乗用車は、鉄道とは異なり、品物を輸送することは稀である。ただ、乗用車は労働者が商品である限りにおいては労働者を輸送する。人民戦線以前は自転車が労働者に好まれた輸送手段であった。戦後の近代化と産業の独占的競争のなかで行われた再建によって、流動的な労働力の必要性が出てきたのである。この必要性は三〇年前のアメリカでの産業支配の時期を特徴づけた必要性と同一のものである。こうした必要性から生まれたのが大衆車であった。自動車と映画によって生み出された「動くイメージ」は、商品生産や流通のかつてない加速を反映したものである。とはいえ、そうなるのはおそらく、労働者たるドライバーをよりいっそう徹底的かつ完全な商品へと化すことによって、つまり、絶えざる移動による労働者自らのアイデンティティの改変をさらに推し進めることによってなのである。こうして人は使える人（自由にできる人）になる。移動可能かつ利用可能な人は、市場の新しい需要や銀幕に描かれる想像上の世界、そして新たに商品化された田舎での余暇と、ファミリーカーによってそのアクセスが提供されるヴァカンスの制度化という魅力を進んで取り入れるのである。

こういうわけでジャン＝リュック・ゴダールの映画では、パノラマ的知覚の戦後版が再生産され、組み立てられることになる。映画鑑賞と運転の無意識的な切り替えがこの監督によって全面的に用いられるように組み立てられるのである。ゴダールは、カメラに向かって「運転する」車の前部座席のアンナ・カリーナとジャン＝ポール・ベルモンド――様々な色の照明は二人に攻め込むかのように――を正

(28) Georges Perec, *Les choses* (Paris: René Julliard, 1965); trans. David Bellos as *Things* (Boston: Godine, 1990), p. 55.［弓削三男訳『物の時代・小さなバイク』文遊社、二〇一三年、六六頁。］

(29) Karl Marx, *Grundrisse: Foundations of the Critique of Political Economy*, trans. Martin Nicolaus (London: New Left Review, 1973), p. 534.［資本論草稿翻訳委員会訳『マルクス資本論草稿集2　一八五七－五八年の経済学草稿　第二分冊』大月書店、一九九三年、二〇八頁。］強調は原文による。

図 1-9 『死刑台のエレベーター』

図 1-10 『新のんき大将』

面から映す『気狂いピエロ』(一九六五年)の高度に作り込まれたシークエンスに言及したうえで、次のように述べる。「夜のパリをドライブするときに目にするものは何かと言えば、赤、緑、黄色の信号だ。私はこうした要素を見せたかったのだが、しかし、かならずしもそれを現実にそうであるように配置せずに見せたかった。もっと、それが記憶のなかで現れるように見せたかった。たとえば、赤い染み、緑や黄色のかすかな光が過ぎ去るように。私がある感覚を作り直そうとしたのは、その要素になっているものを用いることによってである[30]」。映画というのは、運転を表象するというよりも、一種の知覚を、つまり映画と運転によって生じた曖昧な感覚を表象するのに向いているのである。

運転と映画の世界に関する他の独特な融合と言えば、当時の映画産業のライフスタイルに織り込まれている。若き監督ルイ・マルは、スポーツカー・マニアの作家ロジェ・ニミエを雇って、一作目『死刑台のエレベーター』(一九五七年)のための台詞を書いた[31]。「マルとニミエはともに速い車と深夜の即興的な外出への情熱を共有することになった[32]」。完成した映画は、自動車のスピードに魅せられた二人の一〇代の若者を主役にしている。二人はインドシナと北アフリカの植民地戦争から帰還したシニカルな元

(30) Jean-Luc Godard, *Jean-Luc Godard par Jean-Luc Godard* (Paris: Editions Pierre Belfond, 1968), p. 383. [奥村昭夫訳『ゴダール全評論・全発言I——1950-1967』筑摩書房、一九九八年、六四二頁。]
(31) 「フランスのジェームズ・ディーン」として知られたニミエは、「ガリマール様、私はインクをガソリンに変えたところなのです」という言葉でガストン・ガリマールに自己紹介したと言われている。後に、ガリマールはニミエにアストンマーティンを贈り、ニミエはこの車を「ガストン・マーティン」と名づけた。以下を参照。Dambre, *Roger Nimier*, p. 515.
(32) Ibid., p. 463.

落下傘兵の車を盗む。助手席のボックスから人殺しのために使う拳銃が取り出される様子は、あたかも静かなよそ者のライフスタイル（ないしはアメリカのノワール・フィルム）の装飾品や小道具が映画の登場人物たちの振舞いを条件づけ、決定する力をもっているかのようである。ニミエが他に唯一企てた映画は自動車事故がテーマであった（ジャン・ヴァレール［一九二五－二〇一七年。映画監督。マルセル・カルネなどのもとで助監督を務めた後、映画監督としてデビュー］の『大人たち』（一九六一年）の脚本）。ちなみに彼自身、一九六二年九月に自らのアストンマーティンを運転して亡くなる。シモーヌ・ガリマールに「私が高速道路で死んでいるのがそのうち見つかるだろう」と言った数週間後のことである。[33]

アメリカ化への順応と抵抗

ジャック・タチの喜劇『新のんき大将』（一九四九年）は、映画と走行スピードの関係を直接的な主題とした最初期の大衆映画の一つだった（タチの作品は、全体的にいって、過去三世紀にわたるブルジョワ文化の発展は現在における交通の発展と密接に結びついているというシヴェルブシュの主張を支持するものである）。フランソワという地方の郵便局員は、アメリカにおける郵便サービスの近代化を喧伝する映画を見に行く。この作品のなかに、止まることを知らないアメリカ人の配達人がヘリコプターから飛び降りて、郵便物を配達するシーンがある。フランソワはこの教訓を心にとめて、近代化、スピード、効率性というモットーを自分自身のモットーとする。すぐに村人全体はフランソワが「アメリカ的様式で物事をなす！」様子の観客となるだろう。

フランスのアメリカ化に関してかならず議論になるのは、二つのイデオロギー対立ではなく、同じ哲学的枠組みのなかにある二つの異なる経済的組織の対立である。アメリカはフランスに映画を売り込むことで巨大な経済的利益を享受した。結果として、戦後フランス人映画監督は、フランスの消費者に強く押しつけられたアメリカ神話と折り合いをつけられるような観点を打ち出さざるを得なかった。それゆえ、採算が取れる戦後ただ一人の監督であるタチが、映画のなかでフランスの日常生活がアメリカ化される様子を扱ったのだが、それは実際のところ映画産業が置かれていた状況をテーマにしたものだったのである。タチやその他のフランス人監督がアメリカ的なアイコンやステレオタイプ、そして各ジャンルのお約束ごとを使うのは、アメリカ人との安易なあるいは明快な同一化のためではなく、フランス人映画監督たちが自文化との間に感じていた距離が、ある意味ではアメリカ人の所産であるように思われたからである。ジャック・ベッケル［一九〇六－六〇年。映画監督。一九三一年から一九三六年にかけてジャン・ルノワールの助監督を務め、一九四二年に長編デビュー］のような少し上の世代に属する監督は防衛的な愛国心をもって反発した。[34] 自国映画の遺産にはほとんどあるいはまったく関心を示さなかったより若い監督――ゴダールやとトリュフォーのような自意識が強い理論的な映画監督を含めて――からすれば、アメリカ映画こそが単純に世界で一番いい映画であった。ゴダールは次のように述べる。

私たちがフランスで映画を作り始めたとき、フランス映画は絶賛されていた。こうした態度への反発として、私たちは次のように言ったものである。「長い目で見れば、商業的なアメリカ映画は、どこそこのフランスの芸術映画よりいい。（中略）ハリウッドのちょっとしたギャング映画は、大学人によっ

（33） Ibid., p. 552.
（34） 以下を参照。Jacques Becker, "Enquette sur Hollywood," *Cahiers du cinéma* 54 (December 1955), p. 73.

て書かれたり、アンドレ・ジッドの小説を脚色してできたフランス映画よりもずっと大事だ」と。（中略）しかし、これは、ただの反発であった。現実に進行したのは、私たちがアメリカ映画の神話の下で生きることになったということである。（中略）それこそがあまり変わらなかったことである。予算的に映画は世界中どこでもアメリカ映画になった。[35]

一九五〇年代末から六〇年代半ばまで、ゴダール自身が作品のなかで追求した方向性には興味深い変化が見られる。この時期に撮られたゴダールの全作品が、直接的であれ間接的であれ、アメリカ文化のヘゲモニーと対話するかたちになっている。しかし、一九五九年に撮られた第一作目『勝手にしやがれ』から、六、七年後の『ウィークエンド』や『メイド・イン・USA』のような映画に至るまでの道程には意味がある。『勝手にしやがれ』の頃、ゴダールは「アメリカ的なものには、自らの存在を創出するような神話的な要素がある」と述べていた。[36] 映画の主人公であるミシェル・ポワカールは、ティー・バードとキャデラックだけを盗み、ハンフリー・ボガードを崇拝している。映画のスタイルは、まるで監督が映画の主人公の「アメリカ的なもの」への魅惑を共有しているかのように、ハリウッドとパリの間を不規則に行き来する。しかし、延々と八分間もつづく自動車事故のトラッキング・ショットでもっとも記憶にとどめられている『ウィークエンド』では、ゴダールが映画批評家時代に敬服したアメリカ映画に着想を得た技術処理との完全な決別が記録されている。

とはいえ、一九五〇年代後半には、若いフランス人映画監督と映画ファンはともに、組み立てラインのような規則性にしたがって低予算かつ小規模で制作および配給されたアメリカの作品を好む傾向にあった。フランス人からすれば、アメリカのスタジオ映画というのは、一種の技術的優位を真新しく野生的な環境の表象と結びつけたものであった。たとえば、比較的単純な道徳世界とともに物語の信用性を強化したプロ使用の光沢がそうである。技術的洗練の幻影と開放的な空間の野性的気高さの結合は、自動車に加えて、自動車に基づく「アメリカ的ライフスタイル」が生み出した結合なのである。

マルセル・カルネの『危険な曲がり角』（一九五八年）の主要登場人物であるミックは、「ディーンみたいに死んだって構わない、若く、猛スピードで」と述べる。一九五五年にパソロブレスに向う寂れた路上をポルシェで走るジェームズ・ディーンは、そのなかで亡くなった。彼は不安に苛まれた流動性の伝説を、スピードと自由というアメリカ的神話を実に魅力的に包み込んで提供した。反抗的で独立心の強いティーンエイジャーは、文明にも大人の世界にも安らぎを覚えられず、安住することができず、ディーン以前であればハック・フィン〔マーク・トゥエインの小説の主人公。奴隷制下のアメリカで黒人のジムとともに自由州へと旅立つ〕のように「別の土地に逃げ出した」のだが、ディーンの死後数年は、フランスや日本のような急速に近代化を遂げる国々の人たちに大きな反響をもたらした[37]。

『危険な曲がり角』の登場人物ミックは映画のなかで願いをかなえる。一六区の世紀病に――不満の多いパーティ参加者たちがバルコニーの下の2CV〔一九四八年にシトロエンが自動車展示会で発表した小型大衆車〕の布張りの屋根に火のついた煙草を落とすあるシーンに――覆われたこの映画はミックとボブの情事を描く。しかし精神的葛藤が別の二人の登場人物によって表現される。一人は、働き者で、既

（35）Jean-Luc Godard, *Introduction à une véritable histoire du cinéma* vol. 1 (Paris: Editions Albatros, 1980), p. 92.〔奥村昭夫訳『ゴダール映画史（全）』筑摩書房、二〇一二年、一八五～一八六頁。〕

（36）Jean Narboni and Tom Milne, eds., *Godard on Godard* (New York: Viking, 1972), p. 183.〔奥村昭夫訳『ゴダール全評論・全発言I』前掲書、五一三頁。〕

図 1-11 『勝手にしやがれ』

図 1-12 『気狂いピエロ』

図 1-13 『気狂いピエロ』

図 1-14 『ウィークエンド』

婚の自動車整備工であるミックの兄で（「インドシナ戦争を終えて自動車整備を学ぶまでの間に、私は若者でいる時間などなかった」）、もう一人はニーチェ主義者で、若い友人の間では自由至上主義を信奉する落ちこぼれのリーダー的人物であり、金銭的自由が十分あるにもかかわらず、サン＝ジェルマン＝デ＝プレ［パリ六区の第二次世界大戦後の知的・文化的中心地］のカフェ・フロールからリュムリーに至る狭く人通りの多い道をぶらつくアランである。(38)死を「家庭の装飾品や4CVでの日曜のドライブ」と定義するアランの影響の下、ミックは、「最高の車」、白いジャガーに狙いを定め、それを手に入れるために複雑な非合法取引を行う。ミックの兄は「俺がお前の歳のときには、女の子たちはドレスに興味をもってい

---

(37) たとえば以下を参照。フランソワ・トリュフォー、「故ジェームズ・ディーン"Feu James Dean,"」『アール（*Arts*）』（一九五六年九月二六日）。さらにジョルジュ・ウルダンによる一九五七年四月二七日付『ル・モンド』の記事「生きることの不幸と怒り」も参照。この記事は、部分的にそれぞれの自動車事故を用いて、ディーンとフランソワーズ・サガンとの比較を行っている。「小説家と俳優は、彼らの芸術や生活に対する姿勢のなかで、互いを置き換えた」。一九五九年一月に、『コンバ』は、「フランスのジェームズ・ディーン」と呼ばれたロジェ・ニミエの肖像を掲載した。ニミエより一週間早く自動車事故で亡くなる小説家ジャン＝ルネ・ユグナンと映画作家エリック・ロメールは一九五〇年代後半に『アール』にディーンに関する記事を掲載した。少なくとも一九五七年だけでもディーンについての本がフランス語で二冊も出版された。Yves Salgues's *James Dean ou le mal de vivre* および Raymond de Becker's *James Dean ou l'aliénation insignifiante*。この二冊の本に対して、トリュフォーは、『アール』（一九五七年四月二四日）で怒りを込めた書評を掲載した。

(38) カルネが、冷めた若者たちのために、サン＝ジェルマンを歓楽街の舞台として選んだことは驚くことではない。終戦直後の全盛期の地区、大学というよりも出版社があることで知的・文化的生活の本拠地であったサン＝ジェルマンは、一九五〇年代中頃にはすでに進行していた急激なジェントリフィケーションの最初の標的となった地域の一つだった。

た」という。しかし、ミックは「二つの戦争の後じゃ、そうはいかない」と言い返す。映画は、深夜の、おそらく計画された致命的な自動車事故の後で、ミックの命を救えなかった医者に次のように語らせることで閉じられる。「この子どもたちはどうかしたのだろうか。人生を拒否し、共同体に入っていこうとしない」。

古典的な詩的レアリスムのフランス映画『天井桟敷の人びと』の尊敬に値するクリエイターが監督をつとめた『危険な曲がり角』は、一九五〇年代後半においてまちがいなくもっとも大衆に受け入れられた映画だった。『危険な曲がり角』は国内に激しい議論を巻き起こした。実際、『レクスプレス』の一九五八年一一月号を含むすべての雑誌の特集が、この映画によって引き起こされた激論の検討に割かれた。この映画は、多くの人びとにショッキングだが新しい「若者の運動」の出現を先駆的に告げるものとして考えられたのだった。こうした見解に対するきわめて激しい非難は共産主義者の青年からなされたものであった。この青年は、サン＝ジェルマン＝デ＝プレの裕福な一〇代が抱く倦怠とニヒリズムが、どんな種類であれ、ティーンエイジャーの普遍的な表現であるとされたことに怒りを感じたのだった[39]。それでも、この映画を観た多くの者は、映画のなかで実際に現れる社会的差別（ミックや彼女の兄のような労働者階級）を曖昧にする傾向があり、世代間の分裂を明白なものとしてより力強く反応したのだった。

モータリゼーションの拡大

同時期に撮られたまた別の大衆映画、ロベール・デリー〔一九二一‐二〇〇四年。映画監督・演出家・俳優。「レ・ブランキニョル」の設立者〕の『ミス・アメリカ』は、モータリゼーションが引き起こした様々なライフスタイルの対立を描いたものであるが、最後は幸福な和解で締めくくられる。この喜劇では何らかの交通手段を求めていた若い労働者のカップルが、本当に偶然、最高級のアメリカ産オープンカーを手にすることになる。二人が車で家のある地域に帰ると、この異様な車のせいで狭いスクエア全体が一杯になる。つまり、近隣の住民が車に集まり、子どもたちはそれを触り始める。しかし車が一連の災いを引き起こす。夫のマルセルは工場を解雇される。車のせいでマルセルは仕事に遅れ、また上司が彼の車を妬んだためである。そうしてカップルは車を利用しようと試みる。つまり、マルセルは短期間タクシー運転手になるが、それはひどいものであった。つづいて夫婦は「優雅な自動車」を競う上流階級向けのコンテストに車をエントリーして落選する。というのも、カップルは勝つだけの重要な要因を揃えているのだが、自動車が表象するライフスタイルを引き立てるもの（たとえば手入れの行き届いたプードル）を持たないからである。ある場面で夫と妻は急に泣き出す。二人の「美し過ぎる車」で生活が滅茶苦茶になったからである。「みんなを幸せにしようと思っていたのに」とマルセルは言う。「どうしようもない悩みの種は、こんな車を持っているのは私たちだけであるということ」。どうしたらカップルは昔の生活に戻ることができるのだろうか。カップルを救えるのは事故だけである。軽卒にも、妻は、二人が住む地域にいる多くの人びとの生計を支える、馬に引かれたアイスクリーム・カートに向かって車をバックさせる。カートは壊れ、車は動かなくなった。映画は看板や道具一式で美しく飾り立てられ、近所の子どもたちに取り囲まれた車のクローズアップで終わる。看板には次のようにある——「地域の新しい「近代的」アイスクリーム・カート、『ミス・アメリカ』」。

(39) 以下を参照。Hervé Hamon and Patrick Rotman, *Génération: Les années de rêve* (Paris: Seuil, 1987), pp. 49–51.

図 1-15 『ぼくの伯父さん』

デリーの映画は、タチの『ぼくの伯父さん』のように、映画の葛藤を演出する空間装置に依拠している。すなわち、映画は、統合されていない二つの世界の並置に依拠している。カップルは、パリ市内の村と言っても良いような伝統的で「職人の多い」地域で暮らす。つまり、カップルの活発な近所付き合いの向こうに広がっているのは、異質な縄張りであり、よそ者の生き方である。この地域ではすべてがすぐ近い所にある。中心にはカフェがある。古いが上品で問題なく動くコーヒーマシーンを備えたカフェが中心にあり、（マルセルにとっては自転車ですぐの距離にある）労働の空間、休息の空間、食事の空間、気取らずに人と付き合える空間が、内と外が溶けあっているのが特徴的な静かな田舎のライフスタイルに無理なく浸透している。その地域は中心に「村」、村の中心にカフェを持つことで、核家族——ある意味で世界を同心円的に表象するのだが——よりも堅固で複雑な、多様な世代からなる社会的組織を表象している。こうした雰囲気のなかに登場するのが、他のなによりもこの時代の不均等性を暗示する物として映画が強調する自動車である。そして災難に終止符が打たれるのは、外からの侵入物を支配あるいは領有する——それを村の平穏な仕事として扱いながら——何かしらの方法が見出されたときである。その方法は地方特有のものでよい。考えられる限り最高に幸せな結末である。アメリカの良き特徴をそれが駄目になるのを避けながら我がものとすることができる者もいれば、国（や地方の）アイデンティティを失うことな

く近代化を果たした者もいるのである。(40)

デリーの映画に流れる楽観主義は、ある社会の消滅にフランスのモータリゼーションがある社会の消滅にすでに刻み込まれた方法と正面から対立している。すなわち、自動車によって、自動車のために構造化された空間と時間の創出を通じて、前述のような「伝統的な」社会が破壊されたことに対してである。この点、フランスとアメリカのモータリゼーションのそれぞれの経験の隔たりはそれほど重要ではない。アメリカにおいて、モータリゼーションは産業インフラの発展とほとんど同時期に起こった。これは二〇世紀の都市化と時を同じくしていた。

フランスのモータリゼーションは、二つの世界大戦によって中断され、一九三〇年代の恐慌で伸び悩み、あまりにも遅れたため、産業化と都市化の発展に関連づけて記録されなかった。したがって、急激かつ広大なモータリゼーションの影響は、戦後に自動車の交通量が劇的に増加したパリやその周辺で強

(40) ジャック・ドゥミの『ローラ』(一九六〇年)は、同軸和解という楽観的な物語を選択する。この映画の大半で、アヌーク・エメが扮するバーの女性ローラは、とりとめもなく二人の恋人の間を揺れ動く。一人はカサールである。そのフランス人気取りはアンニュイと自由という、使い古されて陳腐になった実存主義的な言葉遣いに特徴づけられる。もう一人は気立ての良いアメリカ人水兵フランキーである。ローラのジレンマは、最初の恋人で、彼女の子の父親であるミシェルが再び現れることで解決される。というのも、彼は、大きな白のコンヴァーティブル(「夢のような車」)に乗って、彼女をサッと連れ去るからである。ミシェルがいることでローラは、フランス人とアメリカ人、両方の長所を手に入れることができる。つまり、アメリカ人のように、アメリカ人の必需品(車とカーボーイハット)を持っているミシェルは、いまでも「最初の恋人」であり、真正の恋人なのである。ミシェルと比べるなら、その後の恋人は誰しもが影を潜め、満足を与えられない複製品でしかなく、「母語」を正しいアクセントで話すことのできない人間なのである。

く感じられるようになった。第二次世界大戦の直前、パリ一帯に五〇万台ほどの自動車があったが、一九六〇年代にはその数は倍、一九六五年にはさらにその倍の二〇〇万台に増えた。こうしたことが世紀転換期から道路面積は一〇パーセントしか増えていない都市で起こったのである[41]。セーヌ県知事でかつてのオスマンと同等の地位にいたポール・ドゥヴリエ［一九一四－九五年。高級官僚。戦後の経済成長期のなかパリの開発計画を立案した］は、オスマン以来つづく都市計画にある支配的な思想の潮流を引き継いだ。その思想によれば、道路を使った流通のニーズは他の都市に関する懸案事項よりも優先される。ドゥルヴリエは次のように書いている。「もしパリが時代とともにあることを望むならば、都市計画に従事する者たちはいまや自動車とともにあらねばならない[42]」。ドゥルヴリエはジョルジュ・ポンピドゥ［一九一一－七四年。政治家。ドゴール政権下で首相を務めた後、大統領（一九六九－七四年）に選出］のうちに自分の考えの熱烈な支持を見出した。というのもポンピドゥは次のように断言したからである。「パリは自動車に適応しなければならない。われわれは時代遅れの美学を捨てなければならない[43]」。

市街地を取り巻く高速道路や外周環状道路の建設は、ここ数十年のパリで行われたもっともスペクタクル的で重要性の高い建設のように考えられるが、その開始は一九五六年のことに過ぎない。また、セーヌ右岸の高速道路が完成したのは一九六七年である。一九七二年には一日当たり一七万台の車両が外周環状道路を利用し、一日平均あたり一キロ毎に事故が起きていた。外周環状道路は旧城壁を、ある意味、通行可能な壁に置き替えたのである。このせいで、魅力的な「壁の内側に」住んで働くパリの人びとは、郊外を何か不定形なマグマのようなものとして、一千万が住む灰色の同じ建物群から成る砂漠として、楽園であるパリを取り囲む煉獄として、感じたのである。こうした内側からの見方（そして、帝国の終焉によるフランス本国内部、電化キッチンと近代的浴室を備えた新しい快適な家庭生活内部、カップルに基づく婚姻関係の新たなヴィジョンと幸福のイデオロギーの内部、車という金属製の乗り物の内部、こうした内向きの運動）では、郊外は「彼方にある」茫漠とした土地になる。すなわち、郊外とは、永遠に再構築される舞台装置、暫定的な空間、あるいはペレックが「様々な空間」と名づけたものなのである。

自動車、カップル、カードル

新たな自動車の神話

都市と郊外の空間が組織され、自動車中心のライフスタイルが確固たるものとして再生産された頃までには、神話は、スピード、馬力、幹線道路と関連づけられた空間の解放と古い神話に取って代わるようになっていた。この時期に、『一緒に年を取りたくない』のような一九七〇年代前半に典型的な商業的フランス映画では、マルレーヌ・ジョベール〔一九四〇年－。女優・作家。舞台で活躍した後、ゴダールの『男性・女性』（一九六六年）でデビュー〕とジャン・ヤンヌ〔一九三三－二〇〇三年。俳優。一九七二年に公開された本作でカンヌ国際映画祭男優賞受賞〕演じる二人の主要な登場人物は、全体で四〇分間、出発前あるいは到着後に、車のなかで座ったままである。二人は説明し合い、危機に直面し、過ちを認め、幻

（41） Norma Evenson, *Paris: A Century of Change, 1878–1978* (New Haven: Yale University Press, 1979), pp. 54–55.
（42） Ibid., p. 58.
（43） 以下より引用。Pierre Lavadon, *Nouvelle histoire de Paris: Histoire de l'urbanisme à Paris* (Paris: Hachette, 1975), p. 536.

想を語り、和解する。全幅に広がるこうした感情の交換が運転の前後の場面に濃縮されている。長編映画の半分が停車中の映像である。ドアは開いていることもあれば閉まっていることもある。エンジンが動いていることもあれば停止していることもある。並列駐車の場合もあれば森のなかに駐車している場合もある。いずれにせよ、こういった違いを超えて、それぞれの場面が、話のうえでは凡庸さの極みであるものに意味を持たせている。

スピードとセンセーションという、より古い神話の生産者であり生産物でもあるフランソワーズ・サガンはいまや次のように書く。「現代のもう一つの贅沢が孤独である。いつでも一人になれない。オフィスにいるか、家族と一緒に家にいるか。既婚の友達にこう言われたことがある。「ラッシュ？　分からないのか。そういう時こそのんびりできる。人生で一人でいられる唯一の時間だ」と。（中略）そこで一時間だけ一人になって自由になれる、渋滞のなかとはいえ」[44]。クリス・マルケルのドキュメンタリー『美しき五月』（一九六二年）の冒頭に出てくる正装したセールスマンはこの点に同意している。映画製作者の「いつが自由ですか」という質問に、セールスマンは「仕事に行く途中」――セールスマンが彼の妻や上司からうるさくいわれることから守られる唯一の場所――と答えている。通勤――アンリ・ルフェーヴルは当時、日常生活を圧迫する「拘束された時間」の一例として、通勤を挙げていた――は、小休止に、すなわち避難先になったのである。自動車は奇跡を起こす物体であり、それ自体が生み出した破壊を償うことができる。つまり、自動車はそれによって築かれた環境から運転手を守り、運転手に安堵まで与えるのである。この点で自動車は資本主義の既存の秩序にしたがっている。自動車こそが二〇世紀における資本主義の象徴であるとはいえ。

マルク・アンジュノが指摘しているように、資本主義の既成秩序で生き残るためには「私はそれを望まなかった」と繰り返し、資本主義がもたらした混乱に身を置きながら、安定を取り戻すために周囲を見回すしか方法はない[45]。自動車の償いの神話では保護された車内が価値を持つ。その価値とはまるで家のなかにいるかのような（しかし家の外でもある）自動車の機能である。家のなかでありかつ外であるというのは、そこが家から離れながらも家のようなものとして、一人でありながらも親密さが得られる場所であるという理由からである。ルイ・シュヴァリエが述べている。「都市をドライブする快楽は、都市が段々と消失していくにつれて、その純然たる快楽に、すなわち自動車の自動性となるだろう[46]」。大衆車の消費が引き起こす実際の可動性の衰退に伴って、車体は多少脆弱になったといはいえ、かつてスピードによって約束された社会的拘束からの自由をいまでも提供することができるのである。

サガンと自動車

自動車に関して、その内側にいる感覚の神話あるいは「親密性」の神話は、レアリスムを特徴とする女性の作家によって形成された。女性作家にとって、小説や雑誌といった活字メディアは、映画のようなメディアよりも断然利用しやすいものだった。フランソワーズ・サガンの華々しい成功は『悲しみよ、こんにちは』とともに始まったわけだが、同時期に廉価なペーパーバック版市場が興隆していた[47]。フランス初のペーパーバック・コレクションは一九五二年にアシェット社から発売された。アメリカでペー

(44) Françoise Sagan, *Réponses*, p. 121.〔『愛と同じくらい孤独』前掲書、一三八頁。〕
(45) Marc Angenot, *1889: Un état du discours social* (Quebec: Editions du préambule, 1989), p. 332.
(46) Chevalier, *The Assassination of Paris*, p. 49.
(47) 一九六二年に『悲しみよこんにちは』はフランスでは八四万部を。翻訳で四五〇万部を売り上げた。

バーバックが発売されてから二〇年後のことである。ペーパーバックの誕生には様々な団体から激しい不満の声があがった。マルセル・プルーストの本は革張りの装幀でのみ販売されるべきであるという主張があった。[48]しかしサガンはプルーストではなかった。そして彼女はいまでこそ（一九五四年四月の彼女自身が死にかけた自動車事故と、それ以上ではないにしても、それと同じくらい、その最初のベスト・セラーの華々しい結果に由来しているといっていい）危険やスピードの神話ゆえによく知られているが、その著作は、ほとんど無名に近いが大量に出回っている女性の「三文」小説家による著作として、日常生活という、とくにカップルに顕著な生きられた感情の関係の網の目のなかに徐々にドライブを取り入れることにも役立ったのである。

一九五八年のオットー・プレミンジャー監督［一九〇五－八六年。映画監督・プロデューサー］、アメリカ人女優ジーン・セバーグ［一九三八－七九年。女優。ゴダール『勝手にしやがれ』（一九五九年）に出演］出演で映画化された『悲しみよ、こんにちは』で、車（アメリカの白いオープンカー）が出てくるのは、車のなかのものを断崖絶壁から海へと落下させるシーンである。しかしその前に自動車は一〇代の退屈した語り手が経験するわずかな情緒的感化のための場所としても使われている。「もう父は私から離れていっていた。テーブルにいる私から目を背けたときの、当惑しきった父の顔に傷つけられた。私たちが夜明けにパリの人通りのない道を通って一緒に家まで車でドライブしたときに企んだいたずらや陽気な笑いといったすべてを思い出したとき、涙が目にこみ上げてきた」[49]。またもっと先では次のように語られている。

午後六時半頃、私たちはアンヌの車で出かけた。私はアンヌの車が好きだった。それは大きなアメリカのオープンカーで、彼女の趣味というより、店の広告のためだった。たくさんの光った金具、音を立てず、世間から切り離されたような（中略）車は、私の趣味に適っていた。その上、私たちは三人とも運転席に座っていたし、私はどこよりも、車のなかほど人に対して友情を感じる場所はないのだ。三人とも運転席に乗り、ひじをつけ合い、速力と風との同じ快感に、もしかしたら同じ死に身を委ねているのだった（pp. 97-98［一一六〜一一七頁］）。

サガンの別の初期の小説『ブラームスはお好き』では、車内のラジオへ手を伸ばすという女性の何気ない身振りが長くつづいた関係における愛の反復の換喩となる。こうした車内の取るに足らない些細な身振りのすべてが同棲生活を構成する。

ロジェの車のなかで、彼女はうわの空でラジオのスイッチをひねった。彼女は、ダッシュボードのかすかな光に映った、自分の細長くて、手入れの行きとどいた手をちらっと見つめた。静脈が手の甲にひろがり、指を伝って不規則な模様を描いていた。自分の人生の絵のようだわと彼女は思ったが、す

（48） 量販される「古典」のペーパーバック版をめぐる激しい論争については以下を参照。François Maspero, "Livres de poche et culture de masse," *Partisans* 16 (June-August 1964), pp. 65-70. さらに、この論争に捧げられた『レ・タン・モデルヌ』の特集号（一九六五年四月）も参照。

（49） Françoise Sagan, *Bonjour tristesse* (Paris: Julliard, 1954); trans. Irene Ash as *Bonjour tristesse* (New York: Dell, 1955), pp. 52-53.［朝吹登水子訳『悲しみよこんにちは』新潮社、一九五五年、七一〜七二頁。］英語版の訳文は変更した。

ぐにその絵はまちがえていると思い直した。彼女には好きな仕事が、悔いのない過去があって、いい友達がいた。それから長続きのする情事があった。彼女はロジェのほうを振り向いた。
「何度、私はこれを繰り返しただろうか。あなたの車のラジオをつけてから、一緒に夕食を取りに行くということを」(50)。

数ヶ月後、ロジェとポールが別れてからしばらくして、ロジェはポールの何気ない振舞いを繰り返す。そうすることで自らが苦しみ続けている感情的な喪失がいかに大きいかを思い知る。「しばらくの間、ロジェは黙って眉をしかめて車を走らせていた。それから、ラジオに手を伸ばして、思い出した。愛する、愛する、と言えるのは、ポールと自分の間でだけだと、ロジェは思った。ロジェにとって人生には何の味わいもなかった。ロジェはポールを失ってしまったのだ」(p. 101［一三八頁］)。

小説のなかの広告的な言葉遣い

クリスティアーヌ・ロシュフォールの『ソフィーに宛てた詩』とシモーヌ・ド・ボーヴォワールの『美しい映像』という一九六〇年代半ばに出版された二つの小説では、自動車が、結婚の象徴としても出てくる。結婚神話とその崩壊というかたちで。両作品における中心的な事件は夫婦を和解不可能な二つの類型に分かつ自動車事故である。一方はテクノクラートの夫、他方はイデオロギー操作に批判的なヒューマニストの妻である。両作品がともに同時代の言葉遣いを捉えたり再現したりすることに関心があるのは明らかである。その言葉遣いとは、時代の先頭に立つ代表者たちが用いるような、新しい「テクノクラート的」言葉遣いである。成功を手にした知的職業をもつ新中間層、すなわちカードルの言葉遣いなのである。ボーヴォワールは自らの計画を次のように描写した。「私は、こうした技術社会を扱う初期の計画に舞い戻った。この社会から、私は可能な限り一定の距離を置いている。それにもかかわらず、私はそのなかで暮らしています――新聞、雑誌、広告、ラジオなどを通じて、それは私をあらゆるところから取り囲む。私はこの社会の何人かの既知の成員を取り上げ、彼らの特殊な経験を記述するような意図は持っていなかった。私がしようとしたのは、その〔社会の言説の〕話し方を再生させることだった。」[51]。

ボーヴォワールとロシュフォールだけが、はっきりと新しい、歴史的に意義深い言説のリアリティとそれに対する民族学的とも言える自分たちの関係に焦点を定めたわけではない。二人の計画はほぼ同時期にアンリ・ルフェーヴルが「発見」した日常生活の概念についての逸話を思い起こさせるものである。この概念がルフェーヴルに浮かんだのは、本人が述べるように、妻が洗濯洗剤の箱を抱えながらアパートに入ってきて、実に真面目に「これは本当に素晴らしい製品」と述べたときのことだった[52]。さらに、ジョルロシュフォールとボーヴォワールの二作品における半ばドキュメンタリー的とも言える転回は、

(50) Françoise Sagan, *Aimez-vous Brahms* ... (Paris: René Julliard, 1959); trans. Peter Wiles as *Aimez-vous Brahms* ... (New York: Dutton, 1960), p. 11.〔朝吹登水子訳『ブラームスはお好き』新潮社、一九六一年、一〇頁。〕英語版の訳文は変更した。

(51) Simone de Beauvoir, *Tout compte fait* (Paris: Gallimard, 1972), trans. Patrick O'Brian as *All Said and Done* (New York: Putnam, 1974), p. 122.〔朝吹三吉・二宮フサ訳『決算のとき（上）』紀伊國屋書店、一九七三年、一二八～一二九頁。〕「ここでは沈黙に語らせるというのが問題――私にとっての新しい問題――だった」。

(52) Henri Lefebvre, *Le temps des méprises* (Paris: Stock, 1975), p. 34.

ジュ・ペレックの『物の時代』（一九六五年）と際立った類似を生み出している。消費者たるカップルの生活に関する別の風刺小説のような作品の『物の時代』は、ペレックが述べるように、「広告の言葉遣いが私たちのなかに反映される」方法を探求しようと試みたものである。[53]

しかし、二人の女性作家とルフェーヴルが日常生活がどれほど不均等に男性と女性の肩にのしかかっているのかに焦点を当てるのに対して、ペレックは夫と妻を分かつジェンダー的な区別を認めずショッピングを通じて夫婦は三人称複数の代名詞「彼ら」としてまとめられる。さらにペレックは会話を用いることなしに同時代の言説を表象するという直観に反した決定を下している。つまり、小説のなかで口から発せられる対話文がたった一行もないのである。他方で、ロシュフォールとボーヴォワールはほぼ全面的に対話から小説を構築している。たとえば、演じられたやり取り、雑多な無駄話、上の空でふと耳にするあちこちに話が飛ぶ会話、登場人物たちの口端から思わず漏れ出る会話上のクリシェなど。

ボーヴォワールは小説を書き始める前に自らの周囲にあるテクノクラシーの言説に関する「面白くもつまらなくもあるような」[54]ゾラ風の説話集を編集した。言い換えれば、ボーヴォワールは、メディアと、戦後の鉄道システムを近代化した責任者で、アメリカ化の偉大な伝道者であったルイ・アルマンやミシェル・フーコーのような「権威」から集められた近代化のクリシェに関する一種の『紋切り型辞典』を編んでいたのである。

ロシュフォールも辞書のような形態に魅力を感じていた。しかし、ロシュフォールはその編纂作業を小説の語り手であるセリーヌに割り当てる。労働者階級の若き女性であるセリーヌは、知らないうちにテクノクラートのフィリップと結婚し、結婚という何とも言えない行き詰まりを「セリーヌとフィリップの」の辞書のなかに描き出す。セリーヌによる辞書編纂の計画は、結婚後に周囲（たとえば義母）が広告的な構文と調子で正確に会話をしているという意識が大きくなるにつれて、少しずつかたちをとっていく。「手刺しの刺繡を施した服は、本当に魅力的」とエニャン夫人は述べる。「とくに寝室には。でも、もしあなたがより統一された外観を望むなら、ナイロンのヴェールがいい、それだったら、洗うのがもっと簡単で、めったにアイロンをかける必要がないから[55]」。セリーヌは、辞書の別の見出し語では、フィリップの友人の奮闘を記録する。彼は商品化された話し方をわがものにするべく、主観性の記号を付け加えてみせる。少なくともフランス語では頻出する表現「私に言わせれば……」を何にでも付け加えるのである。「たとえば、「私に言わせれば、いま売り出し中の車ではヴィクトリーが最高だと思う」とジャン゠ピエール・ビジョンは言った。ところが、彼は何かについて一家言あるような人物ではない。「あの車のコンプレッションは……」。この後につづくことの詳細が知りたければ、自動車メーカーのパンフレットを見ればいい。何が素晴らしいかって、あの人たちは「私に言わせれば」と口にするや、どこかから拝借してきたことを一句たりともちがわずに繰り返すのである。内容も、構文も、語彙も」(p. 120)。男性も女性も皆が「広告的な語り口」に身を任せているのだが、それでも、ここで引用した例はロシュフォールによれば夫婦を規定する厳密な性別領域区分を示している。たとえば、女性には二重カーテンとナイロンのヴェールのある室内、男性にはテクノロジーやそれに類するものという具合に。

(53) ペレックの言葉は以下より引用。David Bellos's introduction to the American edition of *Things*, trans. David Bellos (Boston: Godine, 1990), p. 9.［引用はデヴィッド・ベロスによる英語版の序文からされているため邦訳の『物の時代・小さなバイク』には存在しない。］

(54) Beauvoir, *All Said and Done*, p. 122.［『決算のとき（上）』前掲書、一二九頁。］

(55) Christiane Rochefort, *Les stances à Sophie* (Paris: Grasset, 1963), p. 68.

二人は一緒になることで新たに息を吹き込まれた消費エネルギーの単位となる。この単位こそが『物の時代』の中心的舞台でもなる。カップル、すなわち若い夫婦（セリーヌの辞書の見出し語）である。

ロシュフォールの小説におけるジェンダー

ロシュフォールによれば夫婦における男女間の困難は乗り超えられるものではない。ロシュフォールの小説では、全般として自動車が「男性の女友達」だとするなら、自動車は「女性の敵」とされなければならない。ロシュフォールの初期作品の一つ『世紀の子どもたち』は、パリ郊外のＨＬＭ（適正家賃住宅）に住む労働者階級のカップルを扱っている。カップルは、出産補助金を通じて人口増加を狙った戦後政府の「家族手当」計画に物質的動機を刺激された。その結果、カップルが次々と子どもを産むことで生活水準の向上に努める様子が描かれる（「ポーレットは「私の冷蔵庫はここにあるの」と言って、他の女性たちの前で彼女のお腹を叩いている」）。[56]

この作品の世界では自動車とそれをめぐる言説は男性の領域に属する。「ニコラ［の誕生］のおかげで、私たちは洗濯機を修理できるし（中略）テレビを取り戻すことだってできる。その後、ちょっと運が良ければ、車だって考えられるかもしれない。これぞ、冷蔵庫以上に、彼らが現在に向けていた眼差しの内実なのだ。母は冷蔵庫を欲しがっていたが、父は、快適さはいつも母だけのものというわけじゃない、今度は自分の番だと言った」（pp. 20–21）。スピードと孤独という快楽は、子どもが多く、４ＣＶに乗る労働者階級の父親には初めから閉ざされているが、この快楽はやはり激しく競争を煽る言説に取って代わる。似た者同士の家族が集まるヴァカンス先で、女性たちと子どもが話す一方で、男性たちは一歩先を行く車の知識を騒々しくひけらかすことに興じる。ロシュフォールは父親の会話に六ページに及ぶ残酷なパロディーを割いている。会話の相手は、「知の源泉でもある他の男たちである。誰も、どんな主題であれ、あの男たちを黙らせることはできない。彼らは威厳をもって何ごとについても語る。各人がそれぞれに対して自分は間抜けではなく、しかも、とりわけ車については一家言あるということを示そうとした。だから、最後にはいつも車の話に戻った」(p. 63.)。小説の父親がいつも乗る車と大家族という点で劣勢に立たされているとしても、それにもかかわらず、父親は会話上のドラッグレースでは勝っているのだ。「父は会話のレースに勝利した。そしてそれこそが重要なことだった」(p. 66.)

ロシュフォールの『ソフィーに宛てた詩』(一九六三年)に出てくる成功を手にした男性たち――セリーヌの夫フィリップと彼の友人ジャン゠ピエール――はレースを会話のなかで行う必要はなかった。都市計画の立案者として――フィリップは「地方分権」に、ジャン゠ピエールは「再編成」に取り組む――二人の役目はともに、産業をパリから低開発地域に移すことにある。二人はスピードの出る車を所有し、贅沢な休暇を取る余裕がある。ジャン゠ピエールは、海岸に向う途上、スピードを出し、危険な追い越しをして、2CVに衝突する。その結果、妻(彼女とセリーヌは恋仲にあった)を死なせ、追突した車に乗っていた子どもに大怪我を負わせる。以後、セリーヌは完全に覚醒する。彼女はイタリア人の農民と関係を持ち(小説が暗示するには、南イタリアの農村にはいまでも本当の男性がいる)。セリーヌは、「男気は都市化が進むにつれて薄れていくように思われる」(p. 106)という。あるいは小説の表現を借りれば「ブルジョワジーの世界を抜けると、すぐに再び男の存在に気づいてしまう」(p. 236)。小説はセリーヌが(文字どおり)結婚に終止符を打って終わる。

(56) Christiane Rochefort, *Les petits enfants du siècle* (Paris: Grasset, 1961), p. 84.

ロシュフォールは、国家主導の近代化がいかにしてイデオロギーに染められていくのかが暴かれていた時代に、もっともそれを明白に主張した人物の一人である。彼女の小説が記録しているのは、その代償、すなわち、労働者階級とすべての女性——少なくとも妻——に払わされる代償である。今日、その作品を読み返すと、社会学者リュック・ボルタンスキー［一九四〇年 - 。社会学者。ピエール・ブルデューの指導を受け、後にポスト・ブルデュー派の社会学者となる。社会科学高等研究院研究主任を務める］の理論を教科書的に説明してくれるものとして利用できると言っても良い。ボルタンスキーの理論によれば、少なくともフランスでは道路空間を領有するためのレースは、たいていそれとしては分からない階級闘争に単純化できるという。要するに、ドライブは、程度の差こそあれ、社会的組織の直接的な反映である。それゆえイデオロギーは、ドライブのような様々な方法で課される振舞いのなかに、また、社会が生み出した商品によって個人と社会の間に生み出されたつながりのなかに、その痕跡を辿り直すことができる。ボルタンスキーにしたがうなら、男性を巻き込む道路事故の大半は、「時間面で最大限の利益を上げられるのと同じように、空間面で最大限の利益を得ようとする」[57]ドライバーによるレースの結果として分析することができる。ロシュフォールは語り手に、階級的アウトサイダーで、テクノクラシーの言説の証人、くわえて「若い夫婦生活」をほんの一時だけ送ったセリーヌを選ぶことで、男性を彼らの所属する階級による謀略とイデオロギーの代表者とするのである。

ボーヴォワールの小説における新旧ブルジョワジー

シモーヌ・ド・ボーヴォワールの小説『美しい映像』はもっと複雑である。この小説は、ロシュフォールの作品のなかでそれぞれを現実的なものにする二つの類型の間にある単純なジェンダー的対立を無効にする。つまり、その対立とは、自然な欲求への応答としてどんな場合でもテクノロジーの価値を暗に高める人びと（男性）と、テクノロジーに「規範化」という望まれたイデオロギーの効果による操作の口実しか見出さない他の人びと、つまり女性たちの間の対立である。ボーヴォワールは苦心しながら自分が考えるロシュフォールの立場と自分の立場を区別しようとした。彼女は、ロシュフォールは程度の差こそあれラッダイトのごとき技術嫌悪者と変わらないとする。「私は、クリスティーヌ・ロシュフ

（57） Luc Boltanski, "Accidents d'automobile et lutte des classes," *Actes de la recherche en sciences sociales* (Match 1973), p. 31. 以下のリュック・ボルタンスキーの論文も参照。"Les usages sociaux de l'automobile: Concurrence pour l'espace et accidents," *Actes de la recherche en sciences sociales* (March 1975), pp. 25-49. ボルタンスキーの研究が分析しようするのは、他の社会学者が記録することにのみ甘んじたもの、すなわち、フランスにおける膨大な自動車事故による死者数である。この数は一九六〇年代半ばまで同じ社会経済水準にあるどの国の死者数よりも多かった。以下を参照。Jacques Vallin and Jean-Claude Chesnais, "Les accidents de la route en France. Mortalité et morbidité depuis 1953," *Population* 3 (May-June 1975), pp. 443-478. フランスの運転が国際的に風刺される対象となったのは、とくに著名人を巻き込む一連の事故より後のことである。一九六〇年代は、アルベール・カミュとミッシェル・ガリマールの命を奪った一九六〇年一月五日の事故で幕を開けた。毎週月曜日に新聞が黒枠で、「前の週よりもいっそう血に塗られた」先週の自動車事故による死亡者数を囲んで強調した（Hamon and Rotman, *Génération*, p. 291）。しかし、このことで、『ル・モンド』のような新聞が、この粉砕機に特権を与える個々の事故を報道するにあたって、ぞっとしながらも率直に魅了された調子を採らなくなったわけではない。「馬力のある車が加速したとき――証言によれば、時速一三〇キロ――、道路は完全な直線なのにもかかわらず、車は突然道路脇に飛び出したのだった。」「彼が運転していたとき、車は、これといった理由もなく恐ろしく急カーブをした」。この一九六〇年代初頭の同紙の引用は以下の文献による。Jean-Pierre Quélin, "Vitesse Grand V," *Le monde* (August 24, 1991), p. 10.

ォールがそうであったような仕方で、技術的進歩に対する反乱のなかにいるのではまったくないということに注意してください。私はジェット機、美しい機械、ハイファイ・セットが好きです[58]」。

『美しい映像』の若い妻ローランスは、彼女の視点から物語を語るのだが、イデオロギーによる操作に関してきわめて鋭く分析する。しかし、それもそのはずで、というのも、ローランス自身が成功した広告の担当重役であり、したがってローランスを取り巻くあらゆる美しい映像の生産そのものと共犯関係にあるからである。「私は木材のパネルを売るのではない。私は安穏な生活と成功、それに少しばかりの詩情を売るのだ[59]」。ボーヴォワールはなぜそのような語り手を選んだのかについて説明する。「これ[テクノクラシーの言説]を示すために、いくらか距離をおいて考察する必要があった。私は、結婚した若い女性の眼を通してこれを検討することにした。この女性は、この世界を裁くには周囲とあまりにも馴れ合いの関係を持ち過ぎている。しかし、この馴れ合いに不安を感じるぐらいには十分に正直なのである[60]」。

一二年ぶりの作品で、おそらくボーヴォワールの最高傑作でもある『美しい映像』は一二万部以上を売り上げ、一二週にわたってベストセラー・リストに入った。しかし、テーマがボーヴォワールにはそぐわないとする批評家たちに攻撃された。批評家たちは彼女がサガンの縄張りに侵入したのに、その点でサガンよりも劣っているという。二人の間には明らかにある種の類似点が存在する。サガンの小説に出てくる思春期の語り手たちのように、ローランスは車のなかでのみ親密性を感じることができるのである。

カップル。ローランスはジャン＝シャルルを観察する。彼女は彼の横に座ってドライブするのが好きだ。彼は注意深く道路を見つめ、彼女は彼の横顔を見る。一〇年前に彼女をあれほどまで感動させ、いまでもまだ彼女の心にふれる横顔。正面からでは、ジャン＝シャルルはすっかり同じではなくなる。つまり彼女にとって彼は同じようには見えないという意味である。彼の顔は聡明で精力的だが、何と言ったらいいだろう、あらゆる他の顔のように、作られているように見えたのだ。それが横顔だと、うす暗がりのなかで、口元はより不明確に見え、眼はより夢みるような表情を帯びる。そんなふうに彼女は一一年前に彼を見た。そんなふうに彼女は彼が不在のときに、そしてときどき彼女が彼の横に座って車にいると、ふと彼女は彼を見たのだ。二人は黙り込んだ。沈黙は馴れ合いの感情に似ている(61)(p. 24.［二一～二二頁］)。

しかし、『美しい映像』におけるボーヴォワールの関心は、主題のうえでサガンと類似点があるとはいえ、実際にはむしろルフェーヴルの関心に近い。ルフェーヴルとボーヴォワールが関心を寄せる以下

---

(58) Simone de Beauvoir, entretien avec Jacqueline Piatier, *Le monde*, Sélection hebdomadaire (December 29-January 4, 1966).
(59) Simone de Beauvoir, *Les belles images* (Paris: Gallimard, 1966), trans. Patrick O'Brian as *Les belles images* (New York: Putnam, 1968), p. 28.［朝吹三吉・朝吹登水子訳『美しい映像』人文書院、一九六七年、二五頁。］本書はオブライアンの訳を変更した箇所もある。
(60) Beauvoir, *All Said and Done*, p. 122.［『決算のとき（上）』前掲書、一二九頁。］
(61) きわめて視覚的なこの引用部分は『悲しみよこんにちは』のドライブシーンや当時の他の映画を思い起こさせ、ドライブと映画の間には他の共犯関係がることを示唆する。すなわち、ドライブと映画が共謀することで一九五〇年代末は「横顔の時代」になったのである。

のような問題は、サガンの作品では提起されていない。戦後の近代化のプロセスは、それにかならずつきまとう苦しみと破壊の記憶を抑圧しようとするのだろうか。「実践的惰性態」――ルフェーヴルが「日常生活」と呼んだもの――のなかに捕えられた個人はいかにして状況に応じた何らかの自律性を獲得することができるのだろうか。ボーヴォワールは、陳腐な表現、クリシェ、ステレオタイプを終始用いることで、特徴のないユーモアによってローランスを取り囲む環境を構築する。それゆえ語り手自身がそのいくつかを使わざるを得ない。「ローランスは微笑する。ジャン゠シャルルには結局のところ、あまり欠点がない。そして二人が並んでドライブするとき、彼女はいつも、二人は「あなたのために生まれたの」といった類の罠にけっして捕らえられることはないのだが、そうした幻想を持つ」(p. 108.［一一六頁］)。

この作品では対立は二人の登場人物、ローランスの父と彼女の夫であるジャン゠シャルルを通じて表現される。ローランスは二人の間で引き裂かれそうな立場にある。二人の対立は、本質的に時間観念とライフスタイルをめぐる対立である。つまりそれは共有された問題に対する異なる対応のうちに現れる。その問題とはいかにして人は現時点における自らの特権の社会的コストに関して最大限、認識しないでいることができるのかというものである。過去に退却することによってか、それとも未来に自分を投げ込むことによってか。ボヘミアン的なところのあるローランスの父――Hi-Fiオーディオではなく、愛用のクラシック・レコードをコレクションとしている――は、「人は自らの根を失った」と信じており、赤貧状態で暮らすギリシャの小作人の「質素な幸福」(p. 200［二一九頁］)を崇拝している。他方で、ジャン゠シャルルは砂漠が小麦とトマトで覆われ、世界中の子どもたちが微笑むような完璧な技術で覆われた未来を思うときに熱くなれる。ローランスは父の味方に立つことが多いとはいえ、ジャン゠シャルルのように生きている。「ジャン＝シャルルはすでに一九八五年に生き、パパは一九二五年を哀惜している。パパは少なくともかつて存在した世界、彼が愛した世界について話しているが、これとは逆に、ジャン＝シャルルはまったく実現しないかもしれない未来を思い描いている」（p. 50.［五〇頁］）。

しかし、娘のカトリーヌが苦しむ心理的危機によって、ローランスは現在と向き合うようになり、夫との間に距離が生まれる。この距離はローランスが自転車をよけるためにハンドルを切り、車が全壊する事故を起こした後により広がることになる。ジャン＝シャルルは、ローランスが自転車の少年が怪我をしないようにしたことで八〇万フランかかったことを責める。しかしながら、ローランスは、父のノスタルジックな世界に完全に自らをゆだねることもできない。念願であった父とのギリシャ自動車旅行が明らかにしたのは、たしかに農民の生活が質素であり、なによりもまず貧しく、とくに幸福でもないということである。ローランスは父と夫の両方から疎外された結果、小説の最後で、正確な意味での自由ではなく、より自律した態度を築き上げる地点に立つのだ。

ボーヴォワールは小説のなかで、ローランスの父と夫に対して同時に生じた幻滅を描くことで、二種類のブルジョワジー――絶対的な道徳的価値を信じる父の旧来の伝統的ブルジョワジーと、効率、能力、専門技術という刷新された価値観の新しいテクノクラート的ブルジョワジー――が実際にはまったく同一であることを示そうとした。古いタイプのブルジョワジーと新しいタイプの「肩の力の抜けた」ブルジョワジー――『レクスプレス』［一九五三年創刊。一九六四年に『タイム』や『ニューズウィーク』を模したアメリカ的なニューズマガジンに変わる］を購読するが、凝った料理にありつく時間を持たないようなスタイル――のどちらもが、大規模な神話の生産と共謀に関与し、近代化のプロセスの背後には膨大な数の人がいることを失念させようとするのであった。

しかし、この小説は、新しい「テクノクラート」的ブルジョワジーを描き出すことに十分に成功し、それゆえに、多くの読者はボーヴォワール自身の立場をローランスの父のノスタルジックで懐古趣味的な立場と同一視することになった。実際、ボーヴォワールは、自らが作り出した登場人物のようにジャック・エリュール［一九一二‐九四年。テクノロジー批判によって知られる知識人］的な技術嫌いではなかった。それどころか、ボーヴォワールの伝記を書いたデェドリー・ベアによると、彼女はネルソン・オルグレンとの長い関係の破局後、傷心を乗り超えるために、自分自身でも述べたように、別の対象――彼女の新しい車――に愛情を注ぐことにしたのだった。「ガリマールはボーヴォワールに車を買うための金を貸し、ジュネは車探しを手伝った。そして彼女は新車のシムカ・アロンドの誇り高き所有者となった。彼女は運転がとても下手で、近いうちに何度もこすったり大事故に巻き込まれたりすると思われていた」(62)。

ボーヴォワールは新車のシムカを買ったが、それでも『レクスプレス』の創設者の一人ジャン゠ジャック・セルヴァン゠シュレベール（一九二四‐二〇〇六年。ジャーナリスト。一九五三年に『レクスプレス』創刊）は、『アメリカの挑戦』のなかで過去を懐かしむ「年上世代のエリート知識人」の例としてボーヴォワールを選んだ。その理由はおそらくボーヴォワールが作中で『レクスプレス』を明らさまに非難したからである。小説の主人公を通じてとはいえ、ボーヴォワールは雑誌の経営やイデオロギーを強く批判する。「ローランスは『レクスプレス』を広げる。小さな記事に細切れにされたニュースはミルクのように容易に飲み下される。ひっかかる箇所はまったくない。注意を惹くこともなく、傷つけられることもない」（p. 124.［一三五頁］）。セルヴァン゠シュレベールからすれば、ボーヴォワールは次のような人びとを完全に体現していた。

消費社会の行き過ぎについて語り、消費者が自らのニーズを決める権利を実際に非難する人びと。こうした瑣末ではあるが、貴重な経済民主主義の側面を非難することによって、「啓蒙専制主義」の再来が指し示されているのだ。自らの知を確信しているエリートは、特有の抑制を通して、自らの好みを課す権利があることを確かだと思っている。さらには、自由な雰囲気の増大がもたらす道徳的危機から大衆を守るために、欠乏状態を再び作り出す用意さえあると言い出すかもしれない。

シモーヌ・ド・ボーヴォワールの言葉を聞いてみよう。[63]

つづけてセルヴァン゠シュレベールは、テクノロジーの影響が及ばないサルディーニャの共同体の優れた点に関してローランスの父が語ったことさら理想化された言葉を引用している。

戦後の知識人カップルの交代あるいはその消滅

『アメリカの挑戦』は『美しい映像』の一年後に執筆された。『アメリカの挑戦』では、ルイ・アルマンのような同種の専門家たちによる言葉が大量に引用されるのだが、そうした専門家の予言や発言こそ、ボーヴォワールがノートに書き集め、小説のテクノクラートに語らせるものであった。それでも「歴史書ではなく、あわよくば、行動を呼びかける」(p. 278〔二六一頁〕) 本として上梓された『アメリカの挑

(62) Deirdre Bair, *Simone de Beauvoir* (New York: Simon and Schuster, 1990), pp. 431-432.
(63) Jean-Jacques Servan-Schreiber, *Le défi américain* (Paris: Editions Denoël, 1967), trans. Ronald Steel as *The American Challenge* (New York: Atheneum, 1968), p. 257.〔林信太郎・吉崎英男訳『アメリカの挑戦』ライムライフインターナショナル、一九六八年、二四〇－二四一頁。〕

戦』は、フランスが進歩を追求するよりもむしろ、進歩に受け身でありつづけていることを批判した。セルヴァン゠シュレベールは、卓越したアメリカ化を通じて、とりわけアメリカの柔軟な経営スタイルの導入を通じて、フランスは救済されると説いた。「アメリカ人が他の国の人びとより賢いということはない。だが、ヒューマン・ファクター――高度な適応能力、組織の柔軟性、チームワークによる創造力――がアメリカの成功の基礎にあることは否めない」(pp. 251-252.［二三六頁］)。

旧来の専制的な言論人／知識人のなかにシモーヌ・ド・ボーヴォワールを位置づけるセルヴァン゠シュレベールの企図が正しいかどうかを議論するよりも、彼がそうすることで何を主張しようとしたのかを検討する方が興味深いだろう。問題はいわば知的守護者の交代である。つまり、戦後に影響力を持った知識人カップル、サルトルとボーヴォワールに、「日常生活」を支配する新たなカップルが取って代わることなのである。そのカップルとはセルヴァン゠シュレベールと『レクスプレス』の編集長をともに務めた女性である。この女性は、自らの回想録で述べているように、セルヴァン゠シュレベールが「ある程度作り上げた」女性――フランスワーズ・ジルーである。(64)

戦後のサルトルの影響力はよく知られている。実際、一九五七年に『レクスプレス』が行った若者を対象とした意見調査では、大半の人がサルトルをもっとも影響力のある知識人であると考えていることが示された。(ゴンクール賞に輝いた)ボーヴォワールの『レ・マンダラン』(一九五四年)の出版は、このカップルの伝説的地位の絶頂を示すものであった。しかし、二組のカップルの対比とそれらのカップルが表象するものは、一九五〇年代初めから六〇年代半ばにかけてのおよそ一五年間の話であった。それを記述する方法は多くある。たとえば、『レ・タン・モデルヌ』［一九四五年にサルトルやボーヴォワールらにより創刊。知識人の「政治参加」を呼びかけた］とフランス初の大量部数のニューズマガジン『レクスプレス』の間の対立。「人民」と「プラクシス」が関連しあう、たしかに中心的な用語であったヒューマニズム的な左翼行動主義と、自ら左翼を名乗るが、全面的に市場経済を受容し、それゆえ左翼と右翼のあらゆる従来の区分からもはみ出る政治との間の対立。サルトル陣営の反「アメリカ帝国主義」のレトリックと、少なくとも政治権力が現出するスタイル——それが実質でなくとも——を変えるためにアメリカ資本、テクノロジー、象徴性を使うことに『レクスプレス』のスタッフが抱く信念の間の対立。(65)ジルーとセルヴァン＝シュレベールが、一九五〇年代初頭にサルトルとボーヴォワールが持っていた「偉大な知識人カップル」というステータスにけっして届かなかったのは、部分的にはジルーとセルヴァン＝シュレベールがこうしたカテゴリーの衰退を告げるものであったという理由からである。

それでもジルーとセルヴァン＝シュレベールが長い闘争の勝利者となったのは、二人がスタイルの水準での闘いに成功したことによって判断できる——すなわち『レ・タン・モデルヌ』の禁欲的な散文か、それとも『レクスプレス』の魅惑的な新たにアメリカ化されたジャーナリズムの形式か。「日曜日のミサのために着飾る口うるさい女性がするような髪型で、そこにアクセサリーを着け、知性的で美しい顔を打ち負かす者として(66)」ジルーが早い時期に描いたボーヴォワールのイメージもそうである。(『アメリカの挑戦』の英語版における序文でアーサー・シュレジンガーが「ケネディの世代とスタイルのヨーロッパ人(67)」[p. xii] と描写する) セルヴァン＝シュレベールやアメリカ製の白い小型のオープンカーに乗るジルーの

(64) Françoise Giroud, *Leçons particulières*, (Paris: Livres de poche, 1990), p. 149.
(65) サルトルとボーヴォワール自身は、終戦直後、それ以前に文化的かつ政治的なカップルの地位を保持していたエルザ・トリオレとルイ・アラゴンからその地位を奪い取っていた。
(66) Françoise Giroud, *Françoise Giroud vous présente le Tout-Paris* (Paris: Gallimard, 1952), p. 298.

イメージと比較されるシムカのサルトルとボーヴォワールのイメージもそうである。実際のところジルーのオープンカーに対する愛着は、ボーヴォワールに対する競争目的に適っていたに過ぎない。ジルーは回想録のなかで運転中に自分のなし得た重要な知的・政治的誘惑の数を考慮すれば、彼女の車は歴史遺産に登録されたにちがいないと述べる。そのときまで厄介で無愛想な人物として知られていたフランソワ・モーリヤック［一八八五 - 一九七〇年。作家。一九五二年ノーベル文学賞受賞。カトリックの代表的な論客］に変化があった。

八月一五日、私はモーリヤックをムジェーヴからパリまで送った。彼は私とは別の誰かの車に乗せてもらうはずだった。そしてその日は天気のいい朝で、彼は静かに私の車に、小さなアメリカのオープンカーに座っていた。（中略）そして出かけた。人は一緒にドライブしていると、道すがら親密感が自ずと醸し出される。数時間の移動と昼食のうちに、人は数年の付き合いのうちで話す以上のことをしばしば話すことになる。（中略）同じ車のなかで、私はフランソワ・ミッテラン［一九一六 - 九六年。政治家。数々の大臣職を歴任し、大統領（一九八一 - 九五年）を務めた］と夏の一日を過ごした。彼は「ドライブに出かけよう」といって、何の計画もないままに私たちは出かけたのだった。(68)

一九五三年に『レクスプレス』が創刊されて数年内にそのイデオロギーが十分に共有されたことで多様な知識人が集まるようになった。カミュ、モーリヤック、メルロ＝ポンティ、サルトル、マルローといった知識人である。サルトルはフランス共産党との決別を告げる記事を掲載するために『レクスプレス』を選んだ。しかし、ジルーによれば、そのときですら対立は終わっていなかった。「サルトルと私とはいつも個人的に大変に良い関係にあったけれども、私がサルトル陣営には好まれていないのは確かだった。あの時期、シモーヌ・ド・ボーヴォワールがモーリス・メルロ＝ポンティを「人民の大義を裏切るブルジョワ」といって非難していたということが語られなければならない。メルロ＝ポンティもまた『レクスプレス』のために書くことにしたという理由で」[69]。

ジルーのボーヴォワールに対する実に激しい批判は「アメリカの挑戦」におけるセルヴァン＝シュレベールによるそれの繰り返しである。ボーヴォワールは「日常の女性」が置かれた境遇に一切関わりをもたない。それにもかかわらず、ボーヴォワールは、女性がしたがうべき一連の振る舞いを指図しているように思われたのだった。

かつて私は、シモーヌ・ド・ボーヴォワールの立場に苛立ちを覚えたことがある。彼女の発言内容に対してではなく、他の女性に自由を獲得するよう励ましている女性が、経済的には国立高校、大学の教授資格者の俸給に恵まれ、そして精神的には、一人の男性の永遠の支えを得ていることに対してである。「もし、サルトルと二年後にアクロポリスで待ち合わせをしたとしても、彼がそこにいることは、私には分かっていた（……）私はどんな不幸も彼からやってくるはずがないことを知っていた（……）」

（67）セルヴァン＝シュレベールの弟ジャン＝ルイは、回想録のなかで次のように書いている。「ジョン・ケネディと同一化するのは自然なことだった。というのも、ケネディは、アメリカ、若さ、成功、美、未来といった私たちの主要な考えを具体化したのだから。」*A mi-vie: L'entrée en quarantaine* (Paris: Stock, 1977), p. 137.

（68）Françoise Giroud, *Leçons particulières*, pp. 164–165.

（69）Ibid., p. 172.

『娘時代』]。

誰がこうした自由を望むというのか。それは私が「そこそこの自由」と呼びたいもの、つまり物質的保障です。それはあえて言うなら、保護され、保障された職人的な仕事である（……）。シモーヌ・ド・ボーヴォワールの私生活はきれいごとです。なぜなら、これほど成功した人間関係は稀だから。しかし、それにもかかわらず、女性一般に関して、無意識によるものだとしても欺瞞を働いている。だから彼女は「私のようになさい」とは言えないはずである。彼女が手本になるとすれば、一人の男性のために、一人の男性によって生きているという手本に過ぎない。そして作品を精読してみれば、彼女は、著作の実現のために、この男性との関係を犠牲にしたわけでもない。彼女は、羨ましくも妬むにたる成功者なのかもしれない。しかし、厳密に言えば、だからこそ、真似のできない、「それぞれの女性」の人生の建設には、石一つもたらさない成功者なのである。日常の女性の人生はあまりにもつらい。だから彼女たちを欺く権利は、ボーヴォワールといえども持ってはないはずである。中絶を経験し、結婚せずに生きたとしても、誰もシモーヌ＝サルトルにはなれない。同じクリームを使ったからといって、ブリジット・バルドーに誰もなれないのと同じように。[70]

ジルーによればボーヴォワールが自らの特権的なカップルという領域のうちで考える仕事や愛情の条件とは、「保護され」、「保証された」労働力に等しい。言い換えれば、保証された市場のなかで甘やかされた女性職人による労働に過ぎない。そうした権利資格は競争にさらされた新たな大衆たる女性あるいは「日常」を生きる女性には実質的に価値を持つものではない。サルトルとボーヴォワールは、ギリシアの神オリンポスのような高みから、人民の名の下に語り、いかに人びとが生きるべきかを指示した。

それに対して、どのように人びとは生きるのを望むべきかを見通しながら、セルヴァン＝シュレベールとジルーは、指図をすることなく新興ブルジョワジーの言葉を使った。

『レクスプレス』と言えば、オフィスをすでに家族向きの職人工房から単一生産工場へと変えていたのである。[71] この雑誌の毎号似通いながらも、変わりやすく、なによりも粗雑なフォーマットは過去のも

（70） Françoise Giroud, *Si je mens* ... (Paris: Stock, 1972); trans. Richard Seaver *as I Give You My Word* (Boston: Houghton Mifflin, 1974), pp. 130–131.［山口昌子訳『もし私が嘘をついたら――フランソーズ・ジルー、生きた歴史を語る』サイマル出版会、一九七六年、一〇八頁。］訳文は変更した。ボーヴァワール的な人物像に対するジルーの強迫観念が明らかであるのは、ジルーの自伝のなかにも見出すことができる。たとえば、インタビューのなかで、ジルーが過ちを犯したと認めることができないと揶揄されて、「私をシモーヌ・ド・ボーヴォワールだといいたいのですか」（p. 204［一六四頁］）と反駁するときである。後の著作のなかでジルーは、彼女のフェミニズムに関する見解をボーヴォワールのそれと関係づけることが求められているという気がするという。「男性による女性支配の歴史のような長い歴史は、シモーヌ・ド・ボーヴォワールが書いたそれより精緻な分析を要求していたように私には思えた。たしかに多くの女性が彼女のおかげで、自分たちの可能性や、人生の道筋から外れることを強いるような圧力について意識することができるようになったであろう。しかし、同時に私は『第二の性』に関わりがあると感じなかった。私自身が一人の女性であると感じるあり方は、上部構造だとか、私を歪めるような地点へと強いる位置づけだとかとは何の関係もなかった。それはまったく正反対のものだった。私にある女性的な部分は、本質的な部分、根本的な部分であって、他のすべての残りの部分が支えられているような骨組みだった。」（*Leçons particulières*, pp. 126–127）

（71） ジルーは、『エクスプレス』から何年かいなくなり、また戻った。「日中から閉まっているシャッターと電気の光の使用だけでなく超アメリカ的なスタイルの装飾にも衝撃を受けている」。（Serge Siritzky and Françoise Roth, *Le roman de l'Express 1953–1978* [Paris: Atelier Marcel Jullian, 1979], p. 340).「雰囲気はもう大家族の雰囲気ではなかった」（p. 331）。

のとなった。仮にサルトルが一九六四年以降の『レクスプレス』に書くことを望んだとしてもかなわなかっただろう。『タイム』［一九二三年創刊。アメリカで創刊された世界初のニュースマガジン］から借りた新しいレイアウトは、標準化された分かりやすい文体で書かれた、無署名の短いニュースを大量に乗せることを特徴とした。記事は、何のテーマを問題にするにしても、組み立てラインの原理にしたがって、典型的な説明、短い引用、人を楽しませる逸話といった同じ要素を含み、同じ方法で作られなければならなかった。手順は簡単だった。リポーターが情報を集め、取材原稿を送る。別の誰かが十分に注意して事件の概要を抽出する。そして別の誰かが構成を考え、記事の校閲者が人物や名前を確認する。こういう具合であった。セルヴァン＝シュレベールは、（同時代の構造主義の展開をしっかり反映させて）自分のオフィスに大きな紙を貼った。そこにある言葉は「私は存在しません」であった。(72)

セルヴァン＝シュレベールの『アメリカの挑戦』は、発売から三ヶ月間で、戦後フランスで出版された、フィクションかノンフィクションかを問わず、どの本よりも多く売れた。『レクスプレス』は、アルジェリア戦争の終結後は一時的に部数を落としたが、その後、回復し、記録を更新していった。一九六六年までには彼とジルーは日常生活を支配するカップルというステータスを手に入れたのだが、これは国家主導の近代化に関して議論する時代が終わったことを告げる象徴であった。しかしその象徴は他にもあった。つまりフランスが自動車と自動車によってできた新しい地理を文化的かつ心理的に我がものとしたことである。少なくともこの時期、フランスの利害とアイデンティティに関する共有された表象が普及していたのである。

(72) Siritzky and Roth, *Le Roman de l'Express*, p. 328.

第二章　衛生と近代化

男性客「アルファ・ロメオは素晴らしい。（中略）全輪のディスク・ブレーキ、その乗り心地のよさ、ロード・ホールティングのよさといったら。やはり比類ないグラン・トゥーリズモです。確かで、速く、快調に運転できて、しかも頑丈、バランスはよいときている」。

女性客「すがすがしさは心安ぐ。石鹸で洗い、オーデコロンでスッとさせ、香水で香りをつける。脇の下の汗の臭いを防ぐために、化粧の仕上げでプランティルを使用している。プランティルには噴霧器型（これでまったく爽快）、スチック、壜入りがある」。ゴダール『気狂いピエロ』（一九六五年）［柴田駿（採録・構成）『気狂いピエロ』蓮實重彥・柴田駿（監訳）『ゴダール全集　ゴダール全シナリオ集2』竹内書店、一九七一年、二三八〜二三九頁］

清潔さへの欲望

戦後のフランスが大量消費社会に熱狂的に変化していくのを説明するとき、次のようなよく知られた生物学的メタファーが持ち出される。ドイツ占領下で飢え、貧しかったフランスはいまでは腹を満たすことができる、フランスは空腹だったがいまではたらふく食べることができる、といった具合に。つまり、全体的に栄養不足であったためにやせ細った有機体は、豊かさと繁栄を新たに見出し、それを貪るように吸収することが可能になったという。戦時の困窮という、ほとんどどこにでもあるこうした物語のなかにあって、フランスは自然界の有機体として、すなわち貪欲な動物として現れる。フランス人はごく短期間に完全にライフスタイルを変え、新しい近代的な消費物の獲得が規定する、それまで馴染みがない一連の習慣や振舞いを受け入れなければならないが、それこそが自然で、必然的な発展だと見なされるのである。

この時期の回想録からほとんどランダムに選んだ次のような文章が示すのは、クリシェの必要性——それに依拠せずに戦後フランスについて語ることはできまい——と同時に、クリシェの漸次的な変化である。すなわちクリシェは食べ物に対する文字どおりの飢えから消費そのものに対するより一般的な欲求へと変化していったのである。戦後すぐの一九四六年の雰囲気をアルフォンス・ブーダール［一九二五−二〇〇〇年。作家・脚本家。主に犯罪小説で著名］は次のように説明する。「それからというもの、六年間にわたっていつもこうした終わることのない食料問題があり、（中略）配給の問題があった。（中略）占領から解放されても、腹を空かしたフランスでは、肉や牛乳がなく、フライパンには油をひくことができなかった」[1]。解放直後のパリの日々を思い起こしながら、フランソワーズ・ジルーは書く。

当時フランスにいなかった者には、ナイロン製のストッキングから冷蔵庫、レコードから自動車に至る消費材に対する渇望が何を意味していたのかを理解することはできない——車を買い戻すためには、当時は購入許可が必要とされたし、さらに一年は待たなければならなかった。（中略）この飢えはとても単純な理由による。一九四六年にフランスには文字どおり何もなかったのである。[2]

フランソワ・マスペロ［一九三二－二〇一五年。作家・翻訳家・ジャーナリスト。一九七〇年代には自らの名を冠した出版社を設立］は最近出版した自伝のなかで戦時下の窮乏による影響を記している。「長い間（中略）戦時期に子どもであった者は、自らのうちにごくわずかではあれ執拗につきまとう恐怖を宿らせていた。その恐怖とは、再びすべてが中断するかもしれないという、記憶の片隅に根を下して取り憑いている不安のことである。戦時期に子どもであった者は、ガスも、中央暖房も、電気も、湯もない日々を経験したからである。食べるものが何もない日々を、石鹸や靴下といった物がない日々を経験したからである」[3]。しかし、こうした説明そのものが、すでにして、戦後フランスがアメリカ的大量消費の習慣

（1） Alphonse Boudard, *La fermeture* (Paris: Editions Robert Laffont, 1986), p. 14.
（2） Françoise Giroud, *I Give You My Word*, trans. Richard Seaver (Boston: Houghton Mifflin, 1974), p. 108.［『もし私が嘘をついたら』前掲書、九〇～九一頁。］
（3） François Maspero, *Les passagers du Roissy-Express* (Paris: Seuil, 1990), pp. 171–172.

費のイデオロギーである。

ロラン・バルトは、一九五六年のスキン・クリームについての短い記事（一年後に出版される『現代社会の神話』に所収）のなかで、言説上の現実にすでに蔓延していたイデオロギー要素を用いている。それを精緻化することで「飢えたフランス／満たされたフランス」という物語を超えた議論が可能になるように思われる。バルトが示唆するように、フランスの空腹は、食べ物のためでも、マスペロのような戦時下の子どもたちが不安定に思った飲食物のためでもない。国民の深層心理として求められたのは――バルトはそのように名づけたものの、分析してはいないのだが――きれいになりたいということである。「「老廃物が（歯、皮膚、血、息から）出て行きます」。フランス全土が清潔さを大いに渇望（fringale）しているのである」[4]。

フランガル fringale というフランス語には、どうしようもない激しい飢えという意味と、抗し難い欲望という意味がある。つまり、フランスは清潔さに飢え、きれいになることを望んで止まない。洗濯洗剤の試論、漂白剤の記号論的分析、皮膚衛生（深部と表面）の解釈学、シトロエンの最新モデルの滑らかで軽やかな光沢をめぐる魅力的な想起、こうした内容を含む『現代社会の神話』は、フランス人が新しく質的に経験した清潔さとの関係と無関係であるわけではない。当時、生きられた社会的現実について検討した他の著作（バルトであれば日常生活をめぐる他の初期の記事）を一瞥すれば、驚くべき事実を知ることになる。様々な著者がいるが、戦後の社会において広告が果たした新たな役割を議論しようとすると、それぞれが最初の例として洗濯洗剤の広告を用いるのである。

先述のように、ルフェーヴルはアパートで妻が特定ブランドの洗剤を賛美したときの声の調子のおかげで「日常生活」という概念全体を発見したのだという。ボードリヤールは『物の体系』のなかでパックスの洗剤の宣伝に関する分析に長い節を当てている。この分析によって『消費社会の神話と構造』（一九七〇年）で引き継がれることになる広告の一般理論を展開することが可能になったのである。(5) しかし、このように洗剤という例、あるいは例としての洗剤の話題に意味有り気に立ち返っているものの、いずれの著者も、バルトの射程の広い、しかし分かりにくい一般化と同様、フランスが清潔になろうとする巨大な欲望を抱えているという以上のことは言えていない。要するに誰もこのことを説明していない。戦後フランスにおける清潔さと近代化の関係は何なのか。なぜこうした国民的な規模の欲望が歴史的にこの時に現れることになるのか。いかにして清潔さの文化は新しい国民概念の要因となるのだろうか。

（4） Barthes, *Mythologies*, trans. Richard Howard as *The Eiffel Tower* (New York: Noonday, 1979), p. 49.［『ロラン・バルト著作集3』前掲書、一三七頁。］

（5） 以下を参照。Jean Baudrillard, *Le système des objets* (Paris: Gallimard, 1968), pp. 249-252.［宇波彰訳『物の体系』前掲書、二二一〜二二三頁。］ボードリヤールは、広告が、想定される集団を想像上に作り出すために、社会の現実的矛盾に関するいかなる表象も除外すると主張するような方法で、パックスの宣伝を分析する。「パックスの例は次のことをはっきりと示す。広告は、ひとつの製品を基盤にして個人間で連帯を創出しようとするのだが、その製品の購入と使用によってこそまさに、諸個人は個人的領域に連れ戻されるのである」(p. 251［二二二頁］)。集団的ノスタルジー、あるいはむしろ、いくらか失われた想像の集団へのノスタルジーが、個人間の競争を煽り、ルフェーヴルやカストリアディスたちが「プライベート化」と呼んでいたものの実現あるいは促進を助けるのである。

リシャール夫人の道徳的漂白とロブ＝グリエの文学的漂白

「フランスは生まれ変わりつつあった。四年にわたるドイツ占領で残ったあらゆる汚れが洗い流されようとしていた」[6]。たしかに、解放直後の（粛正あるいは「浄化」と呼ばれる）追放と、国民からドイツ占領やペタン主義者の妥協ないし共犯関係の痕跡を除去しようとする試みは、国民的純潔性を新たに強調しようとする雰囲気を作りあげていた。歴史家のロバート・パクストン［一九三二年-］。アメリカの歴史家］は、戦後の追放、つまり対独協力者やヴィシー政権に妥協した者たちが罰せられ、公職を解かれる過程を記述するとき、期せずして道徳的汚点にまつわる語彙を用いる。「公式には、ヴィシー体制と、ヴィシー体制が行ったことはすべて、解放時に、歴史からあっさりと抹殺された。（中略）［しかし、］善かれ悪かれ、ヴィシー体制は、フランス人の生活に消すことのできない刻印を刻んだのである」[7]。すなわち除去できない汚点があるということである。さらに解放期には「粛正裁判が休みなくつづけられる」一方で、パリ市議会議員（女性初のパイロットの一人）であるマルト・リシャールが、別の社会衛生キャンペーン、すなわち売春宿閉鎖キャンペーンを展開していた。「道徳的な清潔さを！　浄化を（中略）。悪はその根から引き抜かなくてはならない！」。パリにある一七七の娼館が閉鎖されると、リシャール夫人は「通りや歩道を清掃する」という次のステップに移った。リシャール夫人は一九四五年一二月の市町村参事会の施政説明で「清潔さと道徳的進歩という目的に向けて私たちが歩む時が来たのだ」[8]と述べた。

一九五〇年代半ばに、アラン・ロブ＝グリエが、『新しい小説のために』というタイトルで集成され、現代の高級文学を変えようとする一種のマニフェストになった短いエッセイを執筆したとき、頭のなかで思い描いていたものが道徳的進歩であるようには見えない。しかし、リシャール夫人と同様、ロブ＝

グリエもまた贖罪的な衛生のキャンペーンに参加していたように見える。今日、そのエッセイを読み返してみると、小説に向けたロブ゠グリエの提言でもっとも印象的なのは「明日の世界と人間を築き上げるのを根本的に妨げる」[9]足かせやアルカイズムとなっているレアリスムの小説形式という、いわばアウゲイアス王の牛舎［ギリシア神話においてヘラクレスが与えられた課題のひとつである家畜小屋掃除の現場。汚い物の喩え］をきれいにしようと提起するときのエネルギーである。ロブ゠グリエによれば、その目的は、深みのない新たなるいまとここ、すなわち大衆の時代に表象可能な散文形式に到達することである。大衆の時代は、「行政番号の一つ」であり、バルザックのような作家と結びつけられる初期の興隆したレアリスムのように、成熟した個性豊かな登場人物がどれだけ典型であっても（p. 29［三三頁］）、もはや登場人物によって特徴づけられない。ロブ゠グリエは、小説家というのは、時代遅れのロマンティシズムという隠しきれない汚点に絶えず警戒し、用心しなければならないという。というのも、そうした汚点は、物を擬人化するような描写に用いられる形容詞やメタファーのかたちとなって染みついているか

（6） Boudard, *La fermeture*, p. 16.

（7） Robert Paxton, *Vichy France: Old Guard and New Order, 1940–1944* (New York: Columbia University Press, 1972), pp. 330–331.［渡辺和行・剣持久木訳『ヴィシー時代のフランス――対独協力と国民革命1940–1944』柏書房、二〇〇四年、三〇五～三〇六頁。］

（8） 娼館の閉鎖に関する一九四六年四月一三日法の責任を大部分担ったリシャール夫人は、一人でそれを求めたわけではなかった。フランス共産党のレイモン・ボシュは、「パリは世界の主要首都としての地位を維持し、これ以上汚されることを許容してはならない」ことに同意していた。以下より引用。Boudard, *La fermeture*, p. 45.

（9） Alain Robbe-Grillet, *Pour un nouveau roman*, (Paris: Editions de Minuit, 1963); trans. Richard Howard as *For a New Novel* (New York: Grove, 1965), p. 9.［『新しい小説のために』前掲書、一〇頁。］

らである。「人間と事物は、体系的ロマンティスムの垢を洗い落とそうとする」(p. 39〔四五頁〕)。深さ——すなわち、人間的な意味——のあらゆる投影は、次のような世界の全体像にたどり着くために取り除かれなければならない。その世界とは、すなわち、「意味もなければ不条理でもない。ただ単に、そこにあるだけである。(中略)私たちを取り巻き、(中略)事物がそこに存在している。事物の表面は鮮明で、滑らかで、手もつけられていない」(p. 19〔二一～二二〕)世界である。

こうした漂白化の過程は完璧でなければならない。「この清掃作業にあたって、何ひとつゆるがせにしてはならない」(p. 57〔六五頁〕)。しかし、どのようにそれは成し遂げられるのだろうか。第一は文学的言語を徹頭徹尾、漂白することである。つまり、小説家は、本能で出てしまうような形容詞やメタファー、すなわち、物の世界を悲劇的にしたり、いかなるかたちであれ、人間的な意味を伝えるものとするあらゆるアナロジー的ないしは感情移入的な言葉の言い回しも取り除かなければならない。意味——ロブ＝グリエによれば、本質ではなく、擬人的な添加物である意味——は、無益な余剰である。「説明というのは、(中略)事物の現前を前にしては、余計なだけである」(p. 40〔四六頁〕)。比喩的表現が抜本的に漂白化されたとき、次に「われわれを取り巻く世界は、再び意味も、魂も価値もない滑らかな表面となり、そこでわれわれはいかなる手がかりももはや持たなくなる」(p. 71〔八一頁〕)。要するにそれは価値なき欲望の世界である。

しかし、いかにして文学的言語をメタファーで汚染される傾向から救済する作業に取りかかるのか。ロブ＝グリエの答えは単純で「視線の浄化力」(p. 73〔八三頁〕)を信頼することによってというものである。小説家というのは、(「結局、私たちの最良の武器である」)視覚に全面的に依拠しなければならない。とはいえ、この新種の夢想家は、言葉に伝統的に結びつけられている幻想的だったり、実行不可能だったり、思弁的だったりする特徴のいずれをも持ち合わせていない。ロブ＝グリエ自身が農業技術者の訓練を受けており、新たな予見者はその教育を受けた名残を示すのである。つまり、ロブ＝グリエの空想的な活動は本質しか残されていない。というのも、彼の空想そのものが、効率性に基づいた技術的で、ほとんど行政的でさえある活動を実行するための一連の道具となるように、漂白され、焦点化されているからである。「視線の浄化力」は、単に測定し、位置づけ、限界画定し、定義し、視察することに限定された慎ましい力である。しかし、実際のところ、この力の影響はもっと大きい。ジャック・レナールは『嫉妬』を読解するなかで、小説を支配する視察活動や強迫的な視覚による監視活動が植民地状況の抑圧された文脈を作り出していると論じながら、終わりつつあった植民地主義の雰囲気のなかにこうした「病的な幾何学主義」を位置づける。レナールは言う。すなわち、「見られることなく見られる権利」[10]は植民地問題の縮図であると。

しかし、このような道徳的浄化、国民的純化、文学的洗浄といった一般に広く認められた戦後の雰囲気にあって、一九五一年、ジャーナリストのフランソワーズ・ジルーは、後に自分が期せずして原因となった唯一のスキャンダルと呼ぶものを引き起こした。そのスキャンダルは創刊直後の『エル』のなかで「フランスの女性は清潔か」と題する調査を公表することによって起こった。おそらくある種の人び

(10) 以下を参照。Jacques Leenhardt's *Lecture politique du roman* (Paris: Editions de Minuit, 1973). 以下も参照。Fredric Jameson, "Modernism and Its Repressed," in *The Ideologies of Theory*, vol. 1 (Minneapolis: University of Minnesota Press, 1988), pp. 167-180.［(訳者：ジェイムソンの以下の邦訳は抄訳のため、ロスが参照している論文は収録されていない) 鈴木聡・篠崎実・後藤和彦訳『のちに生まれる者へ――ポストモダニズム批判への途1971-1986』紀伊國屋書店、一九九三年。］

と（ドイツ人たち）は汚点をフランスに残した。おそらくある種のフランス人（対独協力者たち）は追放・粛正されなければならなかった。おそらくある種のフランス人女性（娼館のオーナーや売春婦たち）は堕落していた。おそらく文学的言語は絶望的なまでにメタファーに満ちていた。それゆえ、こうした汚れをよくこすって落とす必要があった。しかし、フランス人女性の個人的な衛生を問題とする理由はあるのか。ジルーは「調査が実際に挑発する狙いがあったことを認めたい」と言い、まったく道徳的な動機は否定する。「清潔さのような事柄を扱っているときに、女性に次のような真実を告げるのは興味深かった。「あなたがドレスを買うのは、見かけを良くして、人に気に入れられようとするからですよね。しかし、服の下で何を着ているのですか。ガーターベルト（ストッキングは存在していなかった）は、二年間も洗われていません。それが国民の平均。それだから、食事の前に手を洗わないからって、子どもをしかるようなまねはしていけません。あなたも汚れた人間なのですから[11]」」。

歴史的記録の抹消は、外国の占領者を追い出し、国民の身体から道徳的に病的な要素や腐敗した要素を洗浄して外科的に除去することで可能となる。しかし、なぜ女性が標的とされるのだろうか。それは社会そのものの最深部の構造を標的とするのに等しいからである――フランツ・ファノンがほとんど同時期にアルジェリアを植民地化するためのフランスのキャンペーンについて語ったのと同様である。そのよく知られた文句は「女性を落とそう。そうすれば残りの者がつづく[12]」であった。

ここで植民地の状況を想起することには意義がある。ここで提示したいのは、一九五〇年代半ばから一九六〇年代半ばにかけてのおよそ一〇年間――帝国の終焉および消費と近代化の勃興を経験した一〇年――のうちに、植民地がある意味で「置き換えられ」、かつて植民地の住民と状況を維持管理し、規律を与えることに向けられていた努力が、今度は本国における生活の特定の「水準」に向けられるようになったということである。要するに、努力は日常生活に向けられる（これこそが、当時、シチュアシオニストやアンリ・ルフェーヴルによって提示された謳い文句「日常生活の植民地化」が意味することに他ならない）。

女性は、社会的再生産の最初の犠牲者かつ裁決者として、日常性の主体でありながらそれにもっとも服従させられる人びととして、消費の重責を担う階級を構成しながらも人間の社会生活が生産・再生産される複雑な運動の責任を担いもする人びととして、まさに日常的なものそのものとして存在している。換言すれば、女性は日常的なるものを管理すると同時にそれを具現してもいるのである。植民地の政治経済学から国内‐家庭の政治経済学への転換によって、家庭生活の管理に新たな力点を、つまり世帯の政治経済学に新たな力点を置くことになった。効率的でうまく切り盛りされた仲睦まじい家庭は国民の資産である。家庭環境の質は国民の身体や健康に大きく影響するというわけである。ここで等価性の連鎖が作動し、支配的な論理が以下のように立ち現れる。もし女性が清潔であれば、家族は清潔であり、ひいては国民も清潔である。もし女性が汚れれば、フランスは汚れた後進国となる。しかしフランスは

（11）以下を参照。Giroud, *I Give You My Word*, pp. 127–128.［『もし私が嘘をついたら』前掲書、九三〜九四頁。］ジルーの調査が明らかにしたのは、フランス人女性の二五％がまったく歯を磨かず、三九％が一月に一度しか体を洗わなかったということである。

（12）Frantz Fanon, "L'Algérie se dévoile," in *L'an V de la révolution algérienne* (Paris: Maspero, 1959), trans. Haakon Chevalier as "Algeria Unveiled," in *A Dying Colonialism* (New York: Grove, 1965)：「そこで植民地行政府は明確な政策を規定することができる。「もしアルジェリア社会の構造やその抵抗力を破壊しようというのなら、まず女性を征服しなければならない」」（pp. 37-38）。［宮ヶ谷徳三・花輪莞爾・海老坂武訳『革命の社会学』みすず書房、二〇〇八年、一八頁。］

そうあるわけにはいかない。それは植民地の役割であるからである。ただ、植民地はもう存在しない。アルジェリアが独立国となるなら、フランスは近代的国家にならなければならない。つまり、いまおな両者の間には何らかの区別がなければならない。いわば、フランスは家をきれいにしなければならない。というのも、この家を再発明することは、国家を再発明することだからである。

　こうして一九五〇年代の新しい室内を見る必要が出てくる。国民の福祉の基礎としての住宅。子どもと労働者を効率的に世話する主婦。すなわち管理者や行政官でありながら犠牲者でもあり、植民地の状況下で、進化し、教育を受けた現地人におおよそ相等する地位を占める。あるいは、少し後の時代の歴史的発展を遂げるなかで出てくる入念に作成された商品カタログ的な幻想。すなわち『物の時代』の冒頭で登場するモダン・リヴィングの新しい豪華さ、安らぎ、艶かしさ。この本を読む者は、物や家具ばかりが描かれたページをあてもなくめくり、それから人間がいることに気づく。人間は可視化されずに保存や管理は自然化され、周囲の一部と化すのである。「こんな環境での生活は、さぞや便利なことだろう。日常生活のあらゆる雑事、あらゆる問題が、自ずと解決を見いだすにちがいない。毎朝、清掃婦がやって来る(13)」。

女性誌の五つのカテゴリー

　女性誌は、国家主導の近代化に向けた活動を広め、定着させていくにあたって、指導的な役割を果たした。フランスでは一九三〇年代にはっきりと女性読者をターゲットとする雑誌が生まれた。ただ、雑誌が号数、発行部数、読者層の面で急激な成長を迎えるのは、第二次世界大戦後一〇年の間である(14)。一九四四年に『マリー・フランス（*Marie-France*）』が、その一年後には（フランソワーズ・ジルーとエレーヌ・ラザレフによって)『エル』が創刊される。一九五〇年に『ファム・ドージュールドュイ(*Femmes d'aujourd'hui*)』(「現代の女性」の意)が創刊され、『マリー・クレール』が一九四〇年代の長い休刊を経て一九五四年に再刊された[15]。

初期の『エル』にまつわる物語はいくつもの点で典型を示すものである。創刊者エレーヌ・ラザレフは、アメリカで『ハーパー』を含む有数の雑誌社で五年ほど働いた。ラザレフがアメリカから持ち帰った技術革新のなかに、フランスでは知られていない完成された色の使用法があった。ラザレフはフランスで最初にカラー写真を用いた編集者となった。同僚であるジルーは次のようにラザレフを描写している。「アメリカ文化によってラザレフは近代性の媒介者となったのであり、それは善かれ悪しかれ、フランス社会を侵略することになった。ラザレフは使い捨てライターやワンシーズンしかもたない服、ビニール包装の世界のために生まれてきた。荒廃したフランスで、消費社会はいまだにはるか先のことだったが、エレーヌはすでに、変化を求めるあまりヒステリックに陥っていたフランスの代弁者だったのである[16]」。

(13) Georges Perec, *Les choses* (Paris: René Julliard, 1965); trans. David Bellos as *Things* (Boston: Godine, 1990), p. 24. [『物の時代・小さなバイク』前掲書、一七頁。]

(14) たとえば、一九六一年には『エル』の各号は七五万五〇〇〇部、『マリー・クレール』は一一三万二〇〇〇部売れた。以下を参照。Evelyne Sullerot, *La presse féminine* (Paris: Armand Colin, 1983), p. 83. 雑誌の読者層を特定するのはより難しい。というのも、一般的に言って、一冊の雑誌は一人以上の人間に読まれているからである。『エル』によればフランス人女性の六人に一人が一九五五年に『エル』を読んでいたという。

(15) 『マリー=クレール』の戦後再刊号は、キヨスクでほんの数時間で売り切れになった。次号では五〇万部売れたと報告された。

図 2-1　ヘレナ・ルビンスタインの広告、『エル』（1955年5月）。

ジルーとラザレフは、一緒に『エル』の理想とする読者に関して色々な要素を寄せ集めながらその肖像を描いた。二人は理想とする読者を「アングレームの読者」と呼び、戦争で奪われた青年期のフラストレーションと満たされない欲望を与えたのだった。しかし、たとえターゲットとした読者がアングレームの若い女性だったとしても、この雑誌が築きあげた女性像は、むしろ編集長ラザレフの愛着と関係が深かった。すなわち、ジルーが「当時のあの国〔アメリカ〕に由来する生きる喜び、オプティミズム、寛大さ」と呼んだラザレフの愛着である。まずもって、アメリカは「オプティミズムとダイナミズムとの同量の配分で作られるアメリカ的健康」を持つ「幸福の国」である。ジルーによれば、当時のアメリカ人女性が投影するイメージは、衛生面における自信のイメージであった。「当時アメリカ人女性と言えば、いつもきれいに洗われ、櫛で解いた髪を持つ人だった」。ジルーが書くように、『エル』の成功は「フランス社会の大きな変化、つまり戦争や消費財の不足からの断絶の始まりと時を同じくしていたのであり」[17]、さらに「軽薄さや、戦争がもたらした、服飾面での趣味の変化に対する欲求に」対応していたのである。

ルフェーヴルが「女性誌の世界にある家庭的なものにされた崇高さ」[18]と呼んだものは、一九五〇年代後半から六〇年代前半にかけて、日常生活を分析する者全員の注意を引きつけた。モラン、バルト、そしてルフェーヴル自身を含む各人がこうした現象に、数ページにわたる得てして思弁的な文章を書いた[19]。一九五九年に『エスプリ』に掲載されたメニー・グレゴワールの論文は、より体系的な分析に着手したもので、主要な四つの雑誌の内容を恋愛、ファッションと美容、料理、実用的助言、文化という五つのカテゴリーに分けた。さらにグレゴワールは、それぞれのカテゴリーに与えられた紙面の量に関して統計的な分析を行った。グレゴワールの分析が暗に示すのは、これら五つのカテゴリーそれだけで、女性の生活、すなわち女性の予定表と時間割を作り上げるという雑誌の方針である。女性誌は、なによりもこうした予定表を埋めることを提案し、ショッピング、家事、ファッションを必要とする女性生活に関する日々の物語を提供する。そうして日々の生活が充実する。読者は、達成、充実、満足の既成モデル

(16) Françoise Giroud, *Leçons particulières* (Paris: Livres de poche, 1990), p. 122.
(17) Giroud, *I Give You My Word*, pp. 106–108.〔『もし私が嘘をついたら』前掲書、八九～九〇頁。〕
(18) 女性誌に関するルフェーヴルの議論を知るためには以下を参照。Henri Lefebvre, *Critique de la vie quotidienne*, vol. 2 (Paris: Arche, 1961), pp. 84–91.〔奥山秀美・松原雅典訳『日常生活批判I』現代思潮社、一九六九年、二七〇～二八一頁。〕
(19) バルトの『現代社会の神話』とルフェーヴルの『日常生活批判第二巻』にくわえて、とりわけ以下を参照。Edgar Morin, *L'esprit du temps* (Paris: Grasset, 1962).〔宇波彰訳『時代精神（1）――大衆文化の社会学』法政大学出版局、一九七九年；宇波彰訳『時代精神（2）――できごとの社会学』法政大学出版局、一九八二年。〕

を見出す。雑誌は、世論調査（この時代に初めて現れたものである）や読者アンケートを多用することで、読者に順応し、地域差があるにせよ典型的な女性に宛て、そうすることによって反感を買わずにいられた。グレゴワールが書いているように、一九五九年のフランス人女性はショックを受けやすく、ショックは何としてでも避けられなければならなかった[20]。したがって、女性誌というのは、市場調査によって作られた一連の技術の結果であると同時に、その技術の日常に対する適用であったのである。

　こうした五つのカテゴリーが女性の生活を構成するのだとして、除外されたものはないのだろうか。グレゴワールによれば、第一は職業的キャリアに対する野心である。たとえば、連載小説に登場する女性に与えられたこの種のあらゆる関心は愛情の開始とともに消滅する。第二には支持政党があろうとなかろうといわゆる政治である。一九五五年に『エル』に掲載されたジルーの「政治を学びなさい」という記事は例外的に思えるかもしれない。しかし、実際にはこの記事はグレゴワールの結論を追認するかたちになっている。記事は「フランス人女性は政治に興味があるのか」という問いに答えようとする非公式の調査である。ジルーは、女性が追求すべき理想を作り出して議論を閉じているが、この問いには否定的な回答を与えている。政治家になるのではなく、むしろ女性になること。「霧のなかに自らの道を見出すことに成功した、演じているという自覚なしに——演じようという欲望なしに——ある意味でいわば「ゲームにしたがう」ことができる[21]」女性であること。要するに、女性は、自らの政治的無知が広がらないような誰かにならなければならない。第三は、事実上、消費財のおよそ六〇％を購入する女性に、科学的ないし経済学的な情報が何も与えられていないということである。

　キャリア、政治、科学的・経済的情報は、そこへのアクセスに対する厳密な性的区分が敷かれ、立ち入ることが禁じられる領域となる。「フランスでは政治は機械である。女性たちは機械工が大嫌いである」[22]。ジルー自身のジャーナリストのキャリアが好例である。一九五二年まで『エル』の編集長だったジルーは、当時ジャン＝ジャック・セルヴァン＝シュレベールに見込まれ、新情報に基づくマガジン『レクスプレス』を共同で運営することになった。実際、セルヴァン＝シュレベールがアルジェリアやまた別の場所に長期滞在するときには、度々ジルーが独りで指揮をとるなど、七年にわたって雑誌の経営に携わった。一九六〇年五月、彼女が同誌を去るとき、経営は行き詰まっていた。

しかし、『レクスプレス』の最大の損失となるのは、女性編集長がもつ知的開放性だった。ジャン＝ジャック・セルヴァン＝シュレベールは政治にしか興味がなかった。ジルーは、雑誌の地平を広げ、文学、映画、哲学、そして日常生活を扱うようになった。この欠落を誰よりも痛感したのはセルヴァン＝シュレベールである。

「私たちは、政治を除くすべてを任せられる、フランソワーズの代わりとなる人を見つけなければならない。それが女性であることは疑いようがない[23]。」

(20) グレゴワールの発見のなかでももっとも興味深いものの一つは、セクシュアリティの扱われ方に関する当時のフランスとアメリカの雑誌の比較に由来するものである。アメリカの雑誌はフランスの雑誌に比べて女性の性的快楽、生殖、中絶に関してはるかに明示的な情報を提供する。他方、グレゴワールの主張によれば、フランスの雑誌は、地方の慣習にしばられ、田舎にショックを与えることは避けなければならない。以下を参照。Ménie Grégoire, "La presse feminine," *Esprit* (July-August 1959), pp. 17-34.

(21) Françoise Giroud, "Apprenez la politique," *Elle* (May 2, 1955).

(22) 恋愛相談欄でもっとも人気のある助言者の一人マルセル・セガルの言葉。以下に引用されている。Grégoire, "La presse feminine," p. 26.

結局、セルヴァン＝シュレベールは別の女性を見つける。つまり、もう一人のフランソワーズである。小説家であり若者の代弁者として成功を欲しいままにするフランソワーズ・サガンが、三週間後にはジルーに取って代わって「政治以外のすべて」を扱うようになる。サガンはほんのわずかの間しか『レクスプレス』にいなかった。

しかし、サガンが同誌に公表した最初の論説は、予想外にも、拷問されたＦＬＮ（アルジェリア民族解放戦線）の囚人ジャミラ・ブーパシャの事件を扱ったものであった[24]。この論説はまさに、政治と日常生活、技術とセクシャリティ、男性の領域と女性の領域、軍人と文人といった間の厳密な区別が、拷問のフランスとアルジェリア戦争のなかで崩れ始めていることの指標となる。二年後、つまり、アルジェリア戦争が終結して『レクスプレス』がまた売上の不調に直面すると、セルヴァン＝シュレベールは、新中間層の読者を獲得しようとして、レイアウトを全面的に近代化する。この雑誌は「工場のように力強くなければならない。そして、産業的法則を守らなければならない[25]」。しかし、マガジンはなによりもまず読者がもう手を汚さなくてもすむようにオフセット印刷で刷られなければならない。

女性誌における家事特集

グレゴワールの統計分析によれば、女性誌で最多の話題は恋愛――失恋した者へのアドヴァイス、恋愛の連載小説、星占いもまた「恋愛」のカテゴリーであるが――であり、次にファッションおよび美容がつづく。通常、第三位に来る実用（ないしは家庭）の助言に特化する雑誌は『ファム・ドージュールドュイ』のみである。このカテゴリーには、家事、清掃、家庭問題、衛生と健康、要するに、当時劇的な復活を遂げていた伝統的な女性の仕事が含まれる。「女性は、実につまらなく、単調かつ孤独な作業をする仕事のことになると、自らの時間や面倒を管理するための助力を易々と受け入れる」[26]。フランス人女性が、取り乱しはしないまでも、大熱狂のうちに迎えたのは、一九五八年に創刊された『ファム・プラティック（*Femme pratique*）』（「実用的な女性」の意）と『マダム・エクスプレス』である。

両誌ともにすでに飽和した市場だと思われていた実用相談に向けられた雑誌である。『マダム・エクスプレス』は、『レクスプレス』の「配偶者」として短期間出版されていたが、後に別々になって異なるフォーマットになった。『ファム・プラティック』は、恋愛の助言コーナーや短編小説をなくし、「主婦のための実用雑誌」あるいは「家事仕事の評論誌」として宣伝されることになった。『ファム・プラティック』の創刊号は二五万部、第二号は四五万部、印刷された。同様に『マダム・エクスプレス』も目覚ましい部数の増加を経験した。

こうした家事の技術に関するより専門性の高い雑誌が創刊された背景には、一般的な女性誌における清潔さや家事の特集に向けられた新しい注目があった。たとえば、一九五四年一〇月に再刊された『マリー・クレール』は、「女性が現代に安らぎを感じられる一助となる」意向を掲げた。さらに同誌は次の

（23） Serge Siritzky and Françoise Roth, *Le roman de l'Express 1953-1978* (Paris: Atelier Marcel Jullian, 1979), p. 202.

（24） 以下を参照。Françoise Sagan, "La jeune fille et la grandeur," *L'express* (June 16, 1960); 以下に再録されている。Simone de Beauvoir and Gisèle Hamini, *Djamila Boupacha* (Paris: Gallimard, 1962); trans. Peter Green (New York: Macmillan, 1962), pp. 245-246.

（25） ジャン＝ジャック・セルヴァン＝シュレベールの言葉。以下で引用されている。Michel Winock, *Chronique des années soixante* (Paris: Seuil, 1987), p. 66.

（26） Grégoire, "*La presse feminine*" p. 24.

ように書く。現代は「原子力の時代であるだけでなく、豊かさ、解放、社会進歩の時代であり、明るく通気のいい家、健康な子ども、冷蔵庫、低温殺菌牛乳、洗濯機の時代であり、快適さ、質、バーゲンの時代なのである」と。一九五五年一月一〇日の『エル』は、「美しい「白」、「白い」赤ん坊、「白」を飲む」——すなわち、漂白剤、白い新生児用品、低温殺菌牛乳を飲む子ども——といったような具合に、総特集として「白さ」に焦点を当てている。ある記事は女性のための「理想的なリネンクローゼット」の作り方を特集している。「皆さんは、家族の寝具をきっちりと整頓できるような実用的で愛らしいリ

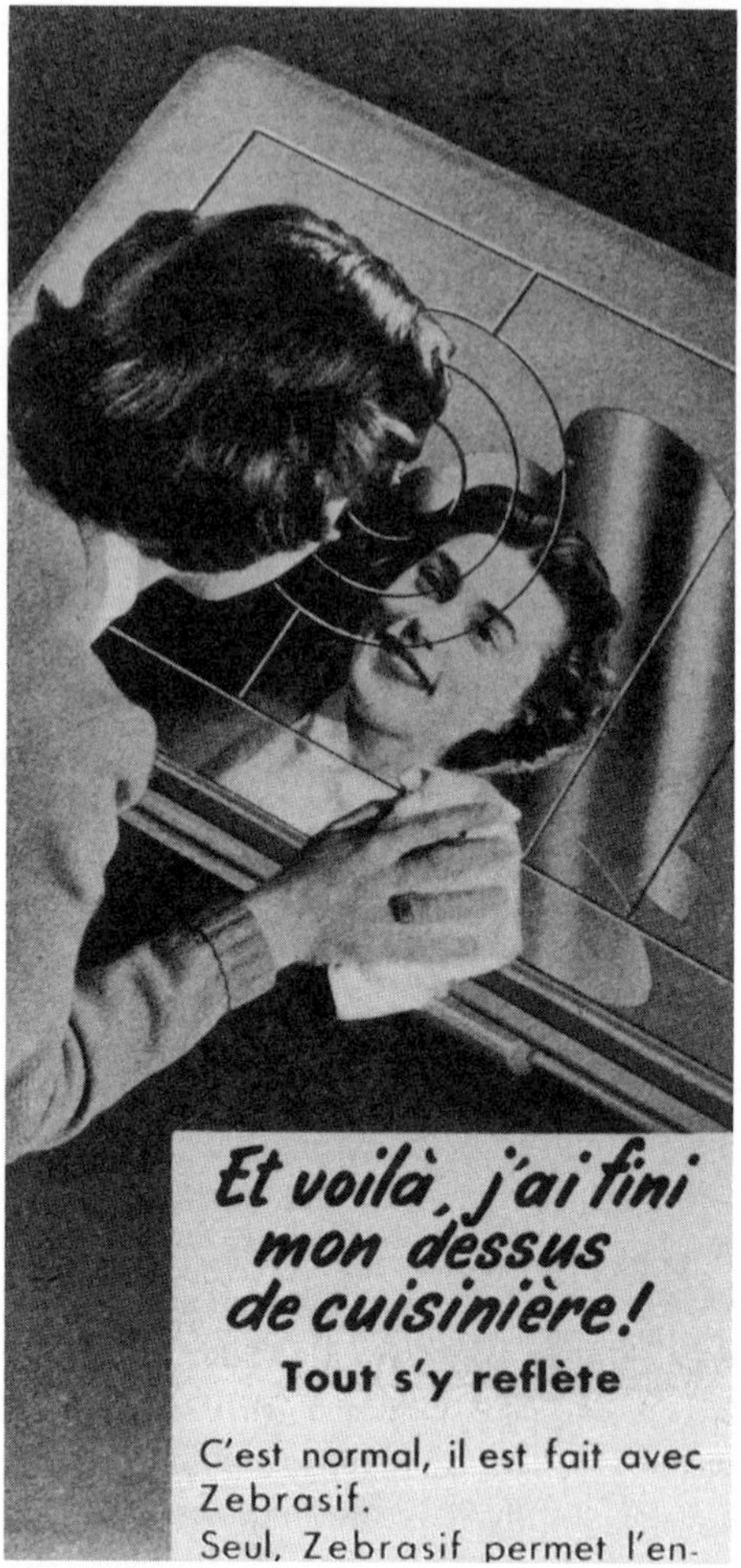

図 2-2　ゼブラジフの洗剤の広告、『マリー・クレール』(1955年 4 月)。

ネンクローゼットをいつでも夢見ています。私たちが新アイディア、最適価格、最高品質を選び、皆さんの夢を実現しました」。ある広告には、きれいに磨かれたコンロ台に映る光輝く自分を見つめる女性が描かれている。キャッチコピーには「ほら、私はコンロ台を磨き上げました。何もかもが反射して映っています！」とある。

しかし何がここに映っているのか。フランスで商業化が始まった時代に関するゾラの小説『ボヌール・デ・ダム百貨店』にあるよく似たイメージのなかに、女性の一団が、百貨店でセール中のカラーシルク売り場をうろうろし、うっとりしているところが見られる。「女性たちは欲望で色青ざめ、自分の姿を見ようとするかのように、身をかがめていた。すべての女性が、この解き放たれた大瀑布を前にして立ちすくんでいた。あまりの奢侈の横溢に虜になってしまうことをひそかに恐れながら、いっそここに身を投げて、わが身を滅ぼしてしまいたいという抗い難い欲望にとらわれていた」[27]。女性のナルシシズム的な自己満足を示すこの二つのイメージを隔てる百年ほどの間に、多くのことが変化した。ゾラの作品では、女性は、大量のシルクのなかに映し出される自らの姿を見て、そこに飛び込んでしまいたいと願いながらも抵抗している。女性と商品との関係は、境界喪失、すなわち贅沢さと快楽を通じた自己規定の過度なエロティシズムに充ちた関係である（シルクは「幸福なパリ」と呼ばれる）。一九五〇年代の広告では、輝いているが硬く変化することのないコンロ台の表面が、覗き込む女性に映し返すのは完成のイメージである。すなわち表面の弾力性も、触覚的次元も、想像される次元さえもなく、ただただ滑

---

(27) Emile Zola, *Au bonheur des dames* (Paris: Gallimard, 1980), trans. anonymously as *The Ladies' Paradise*, intro. Kristin Ross (Berkeley: University of California Press, 1992), p. 93.［吉田典子訳『ボヌール・デ・ダム百貨店——デパートの誕生』藤原書店、二〇〇四年、一六〇〜一六一頁。］

らかな輝きのみである。ここで与えられるナルシズム的な満足感とは、所有と自己所有の満足感なのである。すなわち、きれいな表面と幾何学的な角のなかに現れるイメージである。家事を終えることで女性が完成する――すべてがここで映し出されるのである。すなわち、家政学と事物のフェティシズムという両極の中間で浮かび上がる女性である。

一九五五年五月の『マリー・クレール』には「衛生上の闘いに勝利する」ための手引書が収録されている。たとえばある記事は、書き手が「清潔さに対する条件反射」と呼ぶものを獲得するために、次世代の子どもを社会化する最良の方法について書かれている。幼児期の清潔さが内面化され、自動的な反応となるための秘訣は、子どもに数多くの儀礼化された身振りを毎日反復させることである。汚れた手と病気の関連を子どもに理解させるために、たとえば、午後中ずっと子どもに白手袋をつけさせ、日の終わりに、手袋についたあらゆる「微生物」を見せることが大切である。「毎朝戸棚からきれいなハンカチを取り出す行為が、学校でノートをとる行為と同じように自動的なものでなければならない[28]」。

この『マリー・クレール』の記事は、教育省の下部組織である「清掃局」の活動報告書に触れて締めくくられている。一九五三年初頭、清掃局は、八歳から一四歳までの生徒を対象とした「体の清潔さ」をテーマとしたコンテストを後援した。この記事の書き手によれば、おそらく、浴室石鹸の消費が一九五四年の間に一人当たり八一グラム増加した――年間四三二グラムに達する――のはコンテストの成功を受けてのことである。実際に、健康や個人衛生に関連する商品の需要が急速に伸びていた商品であった。具体的に言うと、商品の消費は一九五〇年代に八六%も上昇した[29]。生徒だけが国の衛生コンテストに参加したわけではない。最良の主婦を選ぶコンテストは、そもそも大戦間期に始まったものであるが、一九五〇年代には多大な影響力を持つことになった。女性は伝統的な女性の仕事の枠内で互いに競い合うように促され、最高に清潔で健康的な家庭を家の者に提供することが求められた。公平な条件での競争は、適切な装身具や道具だけでなく、それらを使用するための知識を持つということを意味した。

家庭器具展示会という教科書

クレア・ダッチェンは、こうした試みのなかで家庭科の教科書が持つ重要性を強調した――ポレット・ベルネージュの『家政の方法』のような数巻にわたる教科書は、最初は一九二八年に出版されたが、一九五〇年代に学校の家庭科のために再版された。「家の管理、衣服や下着の縫製や手入れ、漂白やアイロンがけといった家事の合理的な手配（中略）、子育てや衛生の理論的かつ実践的な教示に加えて、家族の心理や道徳の手引きに[30]」当てられた内容であった。しかしながら、一九五〇年代初頭まではパリの女性の多くは他にも年に一度の家庭器具展示会を待ち望んでいた。この展示会では新しい未来志向的な装置が、理想的に配置され（一九五三年の展示会の様子を報じるニュース映画で、アナウンサーが「家庭は神に祝福されている」と淡々と伝える）、白い手袋をつけた技術者による実演指導があった[31]。一九五三年のニュース映画では、それを見る者は、「住むアパルトマンを見つけた」、いわば戦後の住宅危機を乗り越えたデュポン夫婦――統計的にもっとも多いフランス人の姓――に展示場を案内してもらう設定である。

---

(28) Anon, "La propreté de l'enfant," *Marie-Claire* (May 1955), pp. 98–99.
(29) Jean-Pierre Rioux, *La France de la Quatrième République*, vols.1 and 2 (Paris: Seuil, 1980–1983), trans. Godfrey Rogers as *The Fourth Republic 1944–1958* (London: Cambridge University Press, 1987), p. 370.
(30) Dominique Ceccaldi, *Politique française de la famille* (Paris: Privat, 1957). 以下より引用。Claire Duchen, "Occupation Housewife: The Domestic Ideal in 1950s France," *French Cultural Studies* 2 (1991), p. 4.

図2-3 「オール電化の家」、『マリー・クレール』（1955年5月）。

この夫妻は「より良い生活術を学び直すために、家庭器具展示会に押し寄せた。かつてはレストランで食事をしていたのだが、改めてよいフランス料理のレシピを学ぶことになる（中略）。冷蔵庫や洗濯機の前で、デュポン夫人は彼女の親友が覚えたであろう嫉妬心を思い浮かべた。親友のアパート全体がデュポン夫妻の新しい浴室にぴったりおさまってしまうからである（中略）。一九五三年のアパルトマン、それはすべてがシンプルでくつろげる理想的な場所である」[32]。ちなみにペレックは次のように書いた。「ここでは、生活は快適で、シンプルでしょう」と。ニュース映画は、デュポン夫妻が購入を決めて、「長い間、大切にしていた夢」に急いで向かうところで終わる。その夢とは「「わが家での」最初の晩」である（「わが家」は英語でアット・ホームと表現される）。

ニュース映画のナレーションはこれから徐々に取り上げることになる重要な機能、すなわち過去と未来を和解させるという機能を果たしている。おそらく、デュポン夫妻のような人びとは、キッチンのない生活を余儀なくされるような住宅危機を生き延びた後、いまでは伝統的なフランスのレシピを再び学ぶことになるだろう。祖母の暗鬱で幾分湿気たキッチンではなく、新しく恵まれた技術環境においてである。真の生活術は合理化された近代的な設備と完全に両立し得る。実際に、こうした「妻の友」たる未来の設備こそ過去の料理を再創造する最良の方法なのである！　人は無駄なく未来にアクセスすることができる。何も残されず、何も無駄にならない。

短いニュース映画のナレーションは近代化の不安を和らげるのに大いに役立っている。「家庭的なものにされた崇高さ」（「そこでは崇高なものが親密に語られ、親密なものが崇高なものを語る時の口調で語られる」）[33]についてのルフェーヴルの言説の見事な事例であるこのナレーションによって神が家庭に持ち込まれ、夢と理想は浴室や設備と同等のものとなる。家庭環境の枠組の内部でこうした最先端の技術装置を所有することから生じ得るいかなる恐怖も解消される。つまり、家の内部は、きわめて急激に発達する技術を取り込み、再び包み込む目処が立っている。内側に再び包み込むこと――真のフランス的生活（古くからのレシピ）と家庭生活が営まれるプライベートな室内に――つまりこの再プライベート化は、もちろん、すべて技術によって知らず知らずのうちに多国籍製品とアメリカ化に開かれることで可能と

(31) パリの住民が家政学に夢中になったのは一九二〇年代に遡る。毎年行われることになる展示会は一九二三年に初めて開催され、一〇万人を迎え入れた。一九二六年には家庭器具展示会はグラン・パレのより豪華な建物に移った。展示会は、一九三九年から四八年の間は開催されず、その後、再開されると訪問者数は急増し、五五年までにおよそ一五〇万人の訪問者を集めた。以下を参照。Yvette Lebrigand, "Les Archives du *Salon des arts ménagers*," *Bulletin de l'institut d'histoire du temps présent* (December 1986), pp. 9-13.

(32) 一九五三年家庭器具展示会、ゴーモンのニュース映画。

(33) Lefebvre, *Critique de la vie quotidienne*, vol. 2, p. 88.［『日常生活批判Ⅰ』前掲書、二七六頁。］

なっている。それゆえ、ニュース映画は、「彼らの家」(chez eux) というフランス語ではなく「アット・ホーム」(at home) という英語で締めくくられるのである。

『美しき五月』というパリの日常生活を撮った一九六二年のドキュメンタリー映画のなかで、クリス・マルケルからインタビューを受ける若い夫婦は、カップルに向けて新たにプライベート化された家庭生活に関するイデオロギーを信奉している。政治的出来事に思いを巡らすかどうか問われると――時代は八年間におよぶアルジェリア戦争終結のエヴィアン協定の直前である――、この若い夫婦は否と答える。こうした事柄は二人にまったく関係がないという。二人は「室内を充実させる喜び」以外に何も求めていないのである。こうした幸福の定義の限界に関するマルケル自身の評価ははっきりしている。マルケルは家庭器具展示会の一場面を挿入する前に「夢は既製のまま消費される」というサブタイトルをつける。明確にマルケルは、プライベート化されながら消費活動を行うカップルの新たなイデオロギーを国民的目標と関連づけてもいる。映画は六角形の監獄のイメージで終わるのである。

こうした日常生活の再プライベート化は――ここでは戦後の住宅不足がピークを迎え、そこから徐々に解消に向かう一九五〇年代初頭に定めることができるかもしれない――、現代フランスの日常に変化と同時に確証を与えるものである。日常生活に変化と確証を与えるというこの二つの作業は女性の肩の上に直接のしかかった。結局、設備は女性の友であった。つまり設備によって、設備を作り出した社会と女性の新たなつながりが形成されたのである。そして設備は新たな一連の振舞いや行動を課すことになった。『マリー・クレール』の広告に現れる女性は、光輝くコンロ台のうちに、充足感と満足感の新しい基準、すなわち新しいアイデンティティが映し出されるのを見ている。同様に、デュポン夫人が購入しようとしている洗濯機のうちに、友人の嫉妬心が映し出されるのを見ている。商品形態は現代の社会関係を象徴化するだけでなく、社会関係の主だった発生源でもある――この場合、商品形態は、女性同士の新たな競技場である。しかし、フランス人女性にとって、最終的な競争相手は、はるか彼方の地平にいる、毎日髪を洗うアメリカ人女性だった。近代性は、アメリカン・スタンダードとの比較で測られたのである。アメリカから輸入される原材料――ステンレス鋼、耐熱性合成樹脂、プラスチック――は、近代性を示すというだけでなく、それで簡単にきれいにもなれるという理由からも、高く評価されたのである。

農村女性の解放と従属

その後、家庭器具展示会のニュース映画フィルムは、案内人のデュポン夫妻が去り、代わりに二人の女性が見る者を展示会に連れて行くシーンへと入る。おそらくこの二人の女性は、家庭の単位というよりもむしろ友人関係、あるいは競争関係にある。つまり、彼女たちに映画の設定上の夫がいないのは、同じように人気の年間行事である自動車展示会に行っているからであろうと推測される。ロシュフォールの『世紀の子どもたち』のなかに、夫婦が、国から出産手当をもらったら、次にどの大型商品を買うかという問題で喧嘩をしているシーンがある。夫は車を、妻は冷蔵庫を買いたいと考えている。ティーンエイジャーの語り手に残されているものと言えば、イタリア移民の建設労働者の腕のなかに商品化されていない愛情と快楽を見出そうとするぐらいのものである(『ソフィーに宛てた詩』のなかで、イタリア人の男性農民は過剰なまでに分かりやすい男らしさを示す。そうでもしないと扱いづらい耐久消費材が絶望的なまでに介在してくる世の中なのである)。

ロシュフォールとシモーヌ・ド・ボーヴォワールはテクノクラシーの価値と特権を男性が受容してい

ることの換喩として自動車に焦点を当てた。その一方で、二人の著作よりも少し早い時期に書かれた二つの文章、エルザ・トリオレの『幻の薔薇』（一九五九年）（三部作『ナイロンの時代』の最初の巻）とボリス・ヴィアンのシャンソン『進歩に対する不満』（一九五〇年代後半）では、男性は、新たな近代的欲望に免疫のある性として、少し古くなった商品形態以前の恋愛や欲望――物象化されていない欲望――の汚れなき保持者として取り上げられている（シチュアシオニストたちもまた商品化を代替するものとして「愛」や「欲望」を信じていた。「満たされた愛と洗濯機の間で選択を迫られれば、アメリカの若者もソヴィエトの若者もともに洗濯機を選ぶ」というシチュアシオニストの皮肉のきいた言葉が期待するのは、別の選択肢を選ぶ可能性、すなわち資本主義によって決定されることのない欲望、物象化の外にある「純粋な」欲望への信念である）。

『幻の薔薇』は、トリオレが一九四五年に女性初のゴンクール賞［一九〇三年に創設され、現在までつづくもっとも権威あるフランスの文学賞］作家になってから最初の商業的成功を収めた小説で、基本的には田舎の若い少女の道徳的物語である。少女は数々の商品のまばゆい輝きに釘付けになり、都市で新しい「近代的な」生活を手に入れるために当時利用可能になったばかりのクレジットの虜となる。彼女は急増する負債と懸命に取り組むが、最終的には嫌いであった故郷に戻り、鋭い歯をもった野生動物の手にかかって醜く惨めな死に方をする。冒頭の方で、若きマルティーヌは、数えきれない兄妹とふしだらな母（シーツは年に二回しか洗われないため、子どもも不快に感じる悪臭を放つ）が暮らす、ほとんど中世的とも言える深い森から出ていくのに十分な主体性と野心を獲得していくのが物語られるのだが、こうして彼女が主体性と野心を獲得できたのは、細やかに発達した衛生との関係のおかげだということになる。「彼女は、なぜ汚れたシーツや鼻水、ネズミ、排泄物などでときに気分が悪くなるのかが分からなかった」[34]。

その後の物語は、いくつもの点で、（まさしく同様の物語に積極的かつ解放的な原子価を認める）エドガール・モランが「農村女性の脱植民地化」と呼ぶものの原初的な物語である。[35]モランも同様に、「不潔であることのコンプレックス」の獲得は、心理的な自律性を獲得する過程の最初の段階、最終的に農村女性を田舎から離れさせることになる人間性や視野の拡大の最初の段階であると考える。モランによれば、地方の女性が清潔かどうかの境界線を作り上げていく過程は、ファノンによって分析された心理プロセスになぞらえられるものである。すなわち、それは暴力的な革命闘争にこぞって参加した被植民地の男性が、新しい主体性を形成していくプロセスのことである。

モランは次のように女性の新しい主体性の形成を図式化する。まずは、新聞やラジオといったメディ

(34) Elsa Triolet, *Roses à crédit, vol. 1 of L'age du nylon* (Paris: Gallimard, 1959), p. 31. [戸田聰子・塩谷百合子・鍋倉伸子訳『幻の薔薇』河出書房新社、一九九九年、三〇頁。]

(35) 以下を参照。Edgar Morin, *Commune en France: La métamorphose de Plodémet* (Paris: Fayard, 1967). [宇波彰訳『プロデメの変貌』法政大学出版局、一九七五年。] モランの研究は、知識人が農民階級の終焉を語り始めるなかで、一九六〇年代に出てきた農村に関するエスノグラフィのなかで最良のものである。オイゲン・ウェーバーの『農民からフランスへ』やジャック・ボーロワの『狼と子羊』のような著作は、旧来の民俗文化が最終的に息絶えた時期として一八七〇年から一九一四年という時期に焦点を当て、伝統的な農民文化の消滅と新しい都市的な大衆文化の到来の物語を示した。他方で、モランは、旧来の文化は一九五〇年代まで生き延びていたのであって、消費文化とマスメディアによってのみ滅ぼされたのだと論じた。農村人口は一九五〇年代に急激に流出し、毎年一〇万から一五万の人びとが農村地帯から都市へと向かった（Rioux, *The Fourth Republic*, p. 181)。モランは女性の農民が近代化の隠れた担い手だったと主張するのである。

アの浸透によって、田舎の奥深くにまで快適さと身体的衛生の新しいあり方が広がる。次に、念願した家の所有である（農民は近代化しようとしていたとしても、資金は全部屋外のもの――とりわけトラクター――に用いており、家の購入には抵抗感を持っていた）。そして今度は、主要な商品のなかに、快適さに向けられた新たな動機づけを生み出すものが出てくる。最後の段階に達するのは、モランが「内面の結晶作用」と呼ぶものが生じるときである。それは内と外との境界を確定する一種の線引きのことであり、これによって妻は「自らの領域」を、ひいては、自律性に至るような新たな心理的内面性と深層を獲得する。心理的解放は内と外との二元論的な分割に依拠する。外部はいまや女性にとって不潔で汚らしく嫌悪をもたらすものと見なされる。女性は、体や手、そして爪先に至るまで、付着して外から持ち込まれる汚れや臭いが、手を替え品を替え自らの領域に侵入してくるのを注意深く取り締まるようになる（モランは、村の女性について語る五五歳の老人の言葉を引用している。「女たちは自分の爪の下に汚れがたまるのを嫌がっている。爪の上に赤いマニュキュアを塗りたいと思っている」）。こうした汚れたに対する反感や嫌悪のすべてが「不潔であることのコンプレックス」につながる。「不潔であることのコンプレックス」に伴って女性の心理に新たな家庭モデルが決定的なかたちで芽生え、今度は農民の境遇に対する全般的な嫌悪が生じるのである。家の内部を再び制圧し、近代化することを通じて、田舎の女性は自身の心理的近代化を果たした。結局はこの心理的近代化によって女性は、田舎の隷属状態を抜け出て、明白に解放に結びつけられる都市という領域へとほとんど異論なく移住することになるのである。

　モランの脱植民地化に関する物語――モランはフランスの農業労働者を「地に呪われたる者」［一九六一年に出版されたファノンの著作のタイトル。ファノンはこの著作で西洋の植民地主義批判を展開した］と呼ぶ――は、自分自身が一九六〇年代半ばにプロデメと呼ばれるブルターニュの村［フランス北西部、ビスケー湾とイギリス海峡に挟まれた半島に位置するブルターニュにある小さなコミューン。プロデメは架空の名で正式名はプロセヴェ」で行った民俗学研究に基づくものだった。トリオレの小説に出てくる主人公マルティーヌは、パリから六〇キロメートルしか離れていない村に生まれた。とはいえ、村の基本的なリズムは中世から変わっていないようである。マルティーヌの欲望とパリへの逃避は、少なくとも最初は、モランがブルターニュで出会った女性たちとまったく変わらないものとして表現される。ブルターニュの女性と同様、マルティーヌの主観性は「内面の結晶作用」を通じて形成される。しかし、マルティーヌはまだ子どもで、家は救いようのないほど汚く、それゆえ別の場所に家を見つけなければならない。別の場所とは、すなわち、女性の美と衛生の光輝く世界、美容院である。こうして選び取った世界に行くことには改宗のような大きな重要性が与えられる。「千一夜物語のどんな宮殿も、これほど一人の人間を圧倒することはなかろう。アラビアのどんな香りをもってしても、シャンプーやローション、そしてオーデコロンの匂いがしみ込んだ、この小さな家のなかでマルティーヌが感じたほどの喜びを与えることはできなかっただろう」（p. 39［三八頁］）。マルティーヌが最初に浴室で経験したことを語る章のタイトルは「近代的設備の洗礼」である。それは、家庭的なものにされた崇高さを想起させるものとして多少長くとも引用する価値がある。

マルティーヌは初めて浴槽を見たとき、そしてセシルが彼女にこの湯のなかにつかるように言ったとき、そこでこれから洗礼を受けようとしているかのような、何か神聖な感動にとらわれた。（中略）水道の水、配管、電気設備など近代的な設備が一挙にもたらされた。彼女はそれに完全に慣れるということができず、ドンゼール母さんから「さあ、お風呂にお入りなさい……」と言われると、ちょっとした心地よい感動を覚えたものだった。（中略）浴槽のタイルはすべすべで、湯はさらさらして心地よく、真新しい石鹸は真珠色の泡をたてた。ピンク色のスポンジ……。乳白色の電球が浴室をくまなく照らしていた。マルティーヌは自分の体のすみずみまで、石鹸や軽石やブラシ、それにスポンジややすりで磨きたてた（pp. 39-40［三八〜四一頁］）。

まさにこうしてマルティーヌは「ある世界から別の世界へ」（p. 47.［四六頁］）と移行を開始するのである。[36]

マルティーヌが新たに獲得した美と衛生の習慣に関する持ち物は、神聖で、汚れを浄化し、贅沢なものであるのにもかかわらず、パリに移ってしばらくするとすべて変質してしまう。小説を通じて、持ち物は、彼女の生活を支配する強迫観念や衝動強迫の類に化し、モランが主張したように世界を拡大するどころか、実際には行動を制限し、残されていた情動的生活を破壊するのである。夫のダニエルはマルティーヌを変える力を持たず、それどころか徐々に彼女の生活圏外へと追いやられる。「マルティーヌの理想の電化製品に対してダニエルは何ができたのだろうか。マルティーヌは、白人がもたらした、きらきら輝くがらくたを前にした未開人のようだった。彼女は異教徒のように、近代的な快適さを崇めた。そして彼女はクレジットという、おとぎ話の魔法の指輪を貰い、自分の願いを叶えるために忠実な悪魔を出現させるには手をこすればよいのだ」（p. 197［一九二頁］）。

トリオレとモランはともに植民地からアナロジーを指摘し、田舎に住む女性の状況を描写した。しかしながら、モランが都市への移動とそこから生じる社会意識の変化を「地に呪われた者」の「脱植民地化」と見なすのに対し、トリオレは、未開人たるマルティーヌが虚しい約束に欺かれた者であり、近代的設備の光輝く表面に目が眩み、終わりなき負債のスパイラルに隷属し、どちらかと言えば、より抜け出しにくいかたちで新たに植民地化されているということを示す。マルティーヌの階層と田舎の出自であることが――（あれほど決然と拒絶したのに）そこに仕方なく戻らなければならない――、近代化の利点と快楽から彼女を遠ざけるべくして作用するのである。

近代化における性差の再編成

しかし、シャブロルの紛れもないレアリスム的作品『気のいい女たち』（一九六〇年）のなかに出てくる、電化製品屋で製品を売る四人の女性、あるいは地方から自動車工場に働きに来た『エリーズまたは真の人生』のエリーズのように、マルティーヌとは異なる登場人物の不幸な運命が示唆するのは、彼女たち全員が共有する困難が、エイドリアン・リフキンが女性と都市的快楽の困難な結びつきと呼んだものとより深い関係にあるということである。「都市における主体としての女性にとって快楽とは何か。それはなぜ男性の快楽と同じではないのか。ある者には放蕩であるものが、別の者には「正常」であるのはなぜか[37]。」

(36) 実際には、マルティーヌの変化を開始させる重要なフェティッシュ・アイテムは、燐光を発する聖母マリア像で、美容院の友達がルルドから持って来たものである。輝き、治療のための入浴、神聖かつ超越的な女性性といったマルティーヌの変化に必要なあらゆる要素は、こうした小さなフェティシュなものに結びつけられ、善良で、清潔で、「モダンな」母から残されたのだった。
マルティーヌの職業選択は重要な社会現象を反映している。その現象とは、一九五二年から五八年までの六年のうちに、美容院での雇用者数は三倍になったということである（Rioux, *The Fourth Republic*, p. 329）。

『エリーズまたは真の人生』では、エリーズの幼少期に何としてでも欲しいと願った部屋への思い——自己、内面、アイデンティティは兄のそれとは分離している——は、後に恋人となるアルジェリア人、アレスキとの深夜のパリ横断へと転じられる。そこでは、工場から警察、FLNから親アルジェリアで左翼の兄にまで至る幾重もの監視網がはられ、二人は一緒になるための部屋を見つけることができない。他方で、エリーズと同じく地方出身の労働者たる兄は、数々の部屋と恋人を手にしている。

シャブロルの映画では、「女性のエロティシズムと消費の刺激を求める現代資本主義との間の驚くべき結合」とモランが呼ぶもの(38)がすべて明らかにされている。それはカメラがグリスビーのストリップ劇場の隣に効果的に置かれた店の窓を覗き込み、洗濯機と電気掃除機の横にきれいに配置されて待つ少女たちの姿を映すシーンである。マルティーヌと異なってこの少女たちは愛を求めている。食洗機ではない。彼女たちは、都市環境に弾みをつけられたロマンティックな幻想をさまよい、職場や店主のくだらぬ横暴、さらに移民労働者の生活とそうは変わらない、何もなく、独身で、ほとんど寄宿舎のような生活のなかで変わることのない倦怠に苦しんでいる。この店の少女たちの（悲劇的な結末に向かう）不満に並置されているのは、映画のなかの男性たち——年のいった店主から隣のグリスビークラブの常連客たちに至るまで——が、都市のエロティックな快楽に伝統的に容易かつサディスティックなまでに自信をもってアクセスできるという事実である。

ボリス・ヴィアンのシャンソン「進歩に対する不満」は、ある意味で現代の『ボヌール・デ・ダム百貨店』であるといってよいのだが、この曲は、商品世界の即物性の虜となった女性が、自らが商品に変貌を遂げる様子を示す。進歩に対するヴィアンの不満は、女性が欲するガジェットに太刀打ちできないマルティーヌの夫の不満と同様のものである。当時の男性もまた、女性、年長者、若者、労働者階級、伝統的なプチ・ブルジョワジー、農民、知識人、他の文化エリートとともに、資本主義的な近代化の最たる犠牲者として自らを構築し得たのである。

かつてはご機嫌をとるために
愛を語ったのに
情熱を示すために
ハートを捧げていたのに
いまじゃ、もうそんなんじゃないんだ
変わってしまった、変わってしまったんだ
愛しい天使を誘惑するには
彼女の耳元にささやくんだ
ああ……ダーリン……キスしてくれって……
それから君に与えることになるのは
冷蔵庫
かっこいいスクーター

（37） 以下を参照。Adrian Rifkin, *Street Noises: Parisian Pleasure 1900–1940* (Manchester: Manchester University Press, 1993), p. 66. リフキンの著作は、モーリス・シュヴァリエの経歴と比較しながら、レアリスト的な女性シャンソン歌手の人生と歌を解き明かす議論の文脈のなかで、この問題を提起している。

（38） Morin, *L'esprit du temps*, p. 138.［『時代精神（1）』前掲書、一四九頁。］

噴霧器だ
そしてダンロピッロの寝具
ガラスのオーブンがついたレンジ
たくさんの食器
そしてオカシのサーバーとともに
泡立て器
ドレッシングを作るのに
いい換気装置
悪臭を吸い込むのに
暖かいシーツ
ワッフル焼き器
二人の飛行機
それで幸福なのだ(39)

性別を示す選択対象としての車と冷蔵庫。監督たちがこうした積荷信仰の対象である車と冷蔵庫のフル・サイズをショッキングなカットで使用する映画ではその図像学はきわめてはっきりしている。テレビやそれにつづく視聴覚情報、あるいはコンピュータ技術とは異なって、車と冷蔵庫にはひとつの物理的単位があり、それが図像学的な利点となっている。それぞれ、それ自体において、そしてそれ自体の「全体的物体」なのである。おそらくディノ・リージの『追い越し野郎』でもっとも記憶に残る場面は、一種の性差が侵犯されたのも同然の場面である。スピード狂のヴィットリオ・ガスマン〔主人公ブルーノを演じる俳優〕は、狭く鄙びた国道でスポーツカーをあまりに無鉄砲な運転をしたせいでトラックを横転させ、積荷の光輝く新しい冷蔵庫を泥のなかにぶちまける。カメラはしばらく場違いな冷蔵庫に向けられる。冷蔵庫は、まるで浜に打ち上げられ、陽光に照らされた大量のクジラのように光を放つ。

ジャック・ロジエの『アデュー・フィリピーヌ』でも、同様の手段で、性別区分された領域が描き出される。最初の車を（三人の男友達と）共同購入したばかりの若い技術者ミシェルは、テレビコマーシャルに出演している二人の女性と友達になる。最初のコマーシャル・オーディションでは、二人の女性は似たような格好をさせられ、何千もの同じ洗濯洗剤の箱に囲まれる。しかし撮影テイクは何百回も失敗する。二人が冷蔵庫会社と契約を交わすときに撮影はうまくいく。コマーシャルでは、二人は、エスキモーのような格好で、作り物の氷盤の上で、ペンギンやイグルーに囲まれて、「北極でも、冷蔵庫は必要なの」という宣伝文句を繰り返す。

しかし、性差を示す図像学がきわめて重要なものとして使用されるのは、おそらく『シェルブールの雨傘』である。この作品はつまり、徴兵される自動車整備工を扱ったジャック・ドゥミのねじれたレアリスム的な歴史ミュージカルである。『シェルブールの雨傘』で、整備工がアルジェリアに行き、戻ってくるまでの間の時間で明らかになるのは、（映画では映されない）戦争の苦難についての何らかの表象でも、（カトリーヌ・ドヌーブ演じる）恋人の妊娠や出産でも、その恋人が後に結婚する別の男性のために彼を捨てることによってでもない。むしろ、カトリーヌ・ドヌーブと母親がかつて赤字を出さぬように努

(39) Boris Vian, "Complainte du progres," in *Chansons et poèmes* (Paris: Editions Tchou, 1960), pp. 95-98.

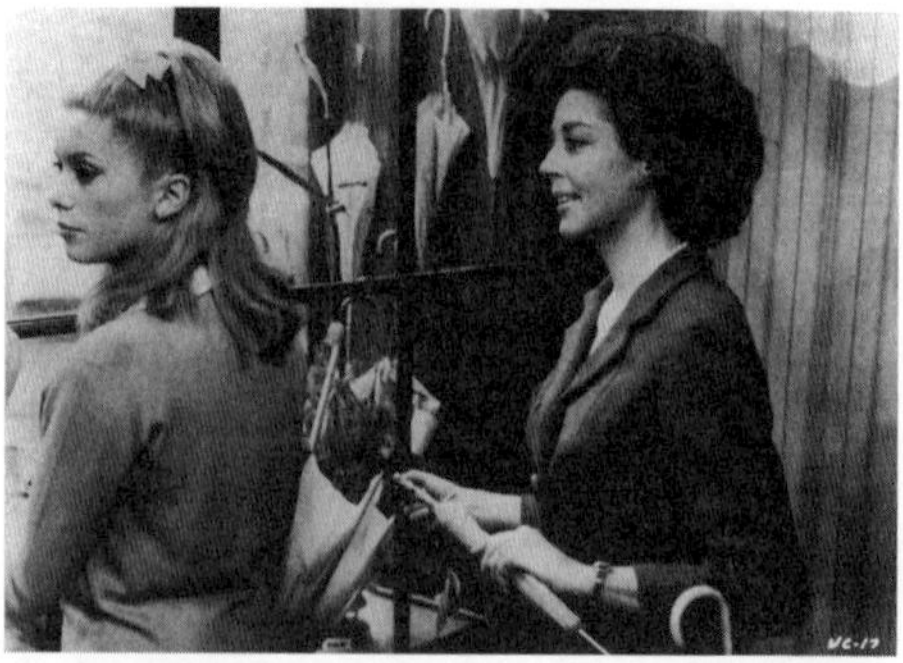

図 2-4 『シェルブールの雨傘』

力し、恋人同士で何度も幸福な午後を過ごしたあの美しい傘屋が、食洗機や冷蔵庫を売る冷たい見かけをした店に変化すること——帰還兵士の失望した眼を通じて映されるのだが——によってなのである[40]。

冷蔵庫という、アメリカで最初に登場したときに「コールド・スポット」と呼ばれた物それ自体が、スティール製の容器とその滑らかな仕上がりとともに、絶対的な清潔さと新たに発見された衛生というイメージを伝達した。要するに、冷蔵庫の鮮やかで白い仕上がりは健康と清潔さを物理的に具体化したものであったのである。たしかに、欲望の巨大な対象で、一種の「成熟した」耐久消費財としての冷蔵庫は、新たに近代化された住居ではフェティッシュな対象であった[41]。トリオレの『幻の薔薇』のなかで、冷蔵庫がマルティーヌのモダンなパリのアパートに届く場面があるが、ここでの冷蔵庫の登場にそれ自体の皮肉な節が与えられている。「真冬に、冷蔵庫が台所に姿を現した。モンブランのように構え、立派で、大きくて扱いづらいものの役に立った」(p. 159〔一九〇頁〕)。しかしながら、冷蔵庫は、フェティシズムの対象であるとはいえ、それ自体よりも、環境全体への影響、つまり他の設備と効率的に「つながりをもつ」ことが重要だった。

仕事場から物理的かつ精神的に離れている必要があるという理由で、一九世紀フランスの中流階級の住居は、居間や客間を中心に、柔らかな肌触りのフラシ天のカヴァーで覆われた家具を囲むようにして組織された。これは第二帝政期に探偵小説が出てきた理由をヴァルター・ベンヤミンが説明するとき中心に置いたものでもある。[42] 近代化したキッチンは、二〇世紀に徐々に、また一九五〇年代から一九六〇年代にかけて確実に、家族生活の中心になった。これは無数の小説や映画における表象が明らかにしたとおりである。「彼らはいつもキッチンにある淡い緑のテーブルの上で一緒に朝食をとった。食卓は、光る素材で出来ており、いつも清潔だった。美しい、完璧なコーヒーポットに入ったコーヒー、バター、ジャム、トースト……、花柄の大きなカップ、ステンレスの食器類[43]」。キッチンは、もう仕事場との区別をつける必要のなくなった合理化した住居の中心部でもあった。

---

(40) 原作にあるブティックを傘を売るブティックに作り変えるにあたって、ドゥミは昔からつづくフランスの伝統に与する。その伝統とは、大量生産と商品化の加速に直面した時代遅れの世界、あるいは職人的な世界を記録するために傘を用いるという伝統である。その最良の例は、ゾラ『ボヌール・デ・ダム百貨店』の終わりの数章である。そこでは登場人物であるブーラの手作りの傘と杖の店が、怪物的な百貨店による地区全体の買収に対する最後の抵抗拠点となる。傘と杖の店をめぐるノスタルジックな想起のために、以下も参照。Louis Aragon, *Le paysan de Paris* (Paris: Gallimard, 1923)〔佐藤朔訳『パリの農夫』思潮社、一九八八年〕。「定評のある杖商がいて、彼はいつ買うとも知れぬお客のために種々多数の贅沢な品を、杖身と握りを同時に吟味できるように配列して出している」(pp. 29–33〔二七頁〕)。

(41) 一九五八年に一〇世帯あたり一世帯が冷蔵庫を所有していた。その三年後には四〇%が、一九六九年には統計的に七五%が冷蔵庫を所有した (Winock, *Chronique des années soixante*, p. 112)。

(42) ブルジョワの室内に関するヴァルター・ベンヤミンのとりわけ次の断章を参照。Walter Benjamin, "Louis-Philippe or the Interior," in *Charles Baudelaire: A Lyric Poet in the Era of High Capitalism*, trans. Harry Zohn (London: New Left Books, 1973), pp. 167–169.〔浅井健次郎編訳『ベンヤミン・コレクション(1) 近代の意味』筑摩書房、一九九五年、三四二〜三四五頁。〕

図 2-6　ブラントの冷蔵庫の広告、『マリー・クレール』（1955年 5 月）。

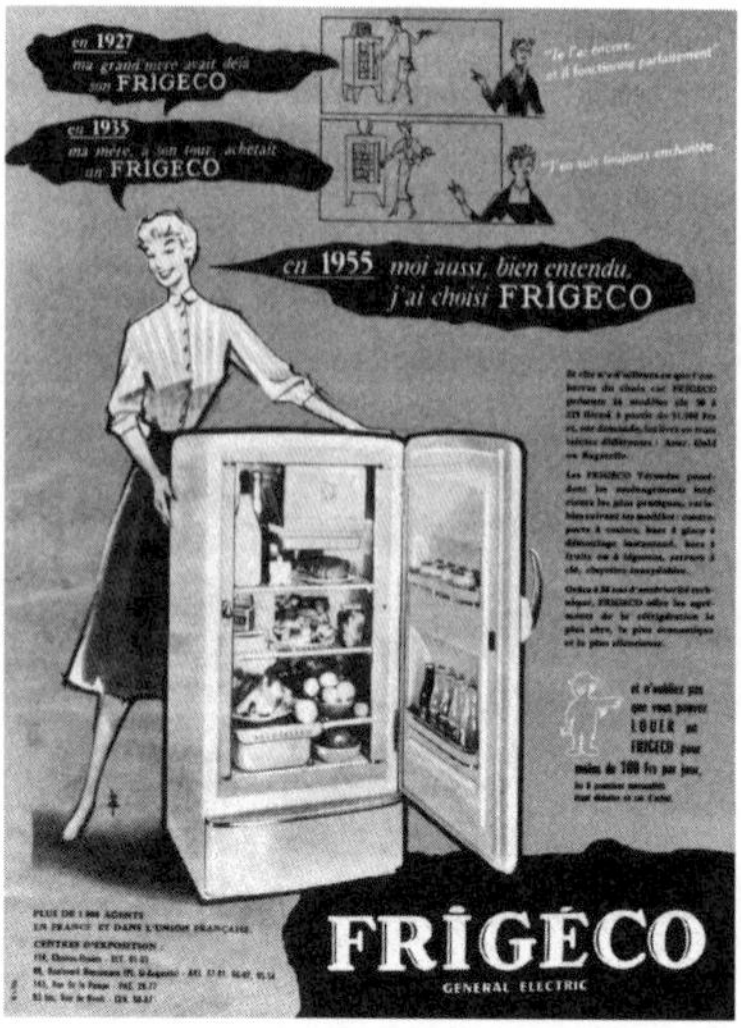

図 2-5　フリジェコの広告、『エル』（1955年 5 月）。

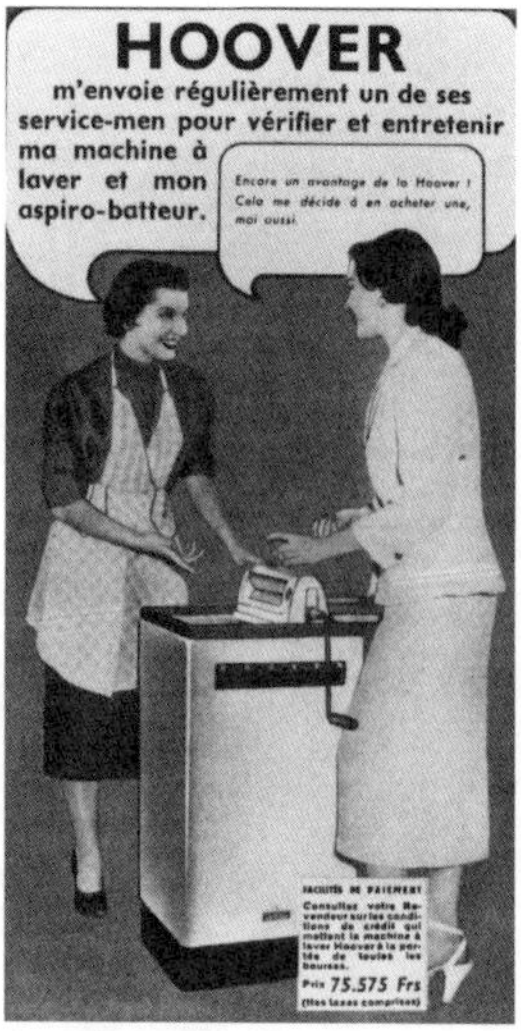

図 2-7　フーバーの広告、『エル』（1954年10月）。

クレア・ダッチェンは、家の管理をめぐって家政学の教科書や女性誌から出される命令が、生産の増大のために、どれほど業務の指令・実行と空間・時間の組織化との明確な区別を含むテイラー主義的な組織プログラムをあらからさまに採用したのかを示した。専業主婦に推奨されたのは、必要のない努力や動きを減らし、「無駄な身振り」をなくすのに役立つとされた労働節約的な分析を実行する（ないしはこの分析のために実行した）ことだった。教科書や女性誌の記事全体が、理想のキッチンや洗濯室における電化製品の配置に当てられた。すなわち、専業主婦は、引き返すことなく、組み立てラインのように次から次へと工程を進めることができなければならない。「労働は、無駄に行ったり来たり、戻ったりせずに、連続的な直線の空間を進まなければならない。こうした直線上の労働を進展させていくためには、入口や出口、それぞれの部屋の配置を研究しなければならない(44)」。

ダッチェンによれば、こうして労働が変わっていくことで、効果として、女性は成長すると同時に幼児化するという。つまり、一方で、女性のシーシュポス的労働は、理にかなう専門知識を必要とするような科学であった。しかし、他方で、女性は家の外の権威に再び依存することになったのである。常識的な回答も、祖母の仕事のこなし方に関する曖昧な記憶ももはや十分ではないが――専門家に相談して、正確なタイムテーブルが守られなければならない。住環境と仕事場の違いをなくすことで、家事はむしろ実際の労働のように見え始めたのである――しかし、心配は無用である、つまるところ中流階級にとって、一九世紀の使用人の代替物であり、女性の新たな男友だちたる家庭器具のおかげで家事の負担が

(43) Triolet, *Roses à crédit* p. 81.［『幻の薔薇』前掲書、七七頁。］
(44) ポーレット・ベルネージュの言葉。以下より引用。Duchen, "Occupation Housewife" p. 5.

軽減されることになったからである。エイドリアン・フォーティは、製造業者が、製品のために主張していた労働節約的な効率性を強調するために、いかに家と工場のアナロジーにしたがい、工場や工業設備の面影を残した形態で家庭器具をデザインしていったかを示した[45]。

それでは専業主婦は組み立てラインの労働者であったのだろうか。あるいは一群の労働者の器具に命令を発するホワイトカラーの経営者だったのか。合理化された家庭についての言説は、ベルネージュの著作や、宝石をつけてきれいに着飾ったハイヒールの女性が掃除機をかけるところを描く数えきれない広告のなかで認められるもので、たしかにホワイトカラーの立場を促進するように作用していただろう。ただし、専業主婦の両義的な立場は、工場の組織で若いカードルが、組み立てラインに張りついて行う労働よりも格上でありながら、やはりタイム・レコーダーによって統治されているのとよく似た状況として位置づけられていた。そこでフォーティは、多くの者と同様、「労働節約型」装置の導入で実際に専業主婦は時間を節約したのだという考えに異議を唱え、家庭器具が、家事の時間を減らすどころか増やしているのだという証拠をもってくる。労働節約型器具は、それが家庭に導入されることで清潔さの基準や規範を向上させるからといって、労働者を不要とするわけではない。また、仕事の反復性も変化しない。

たとえば、クリスティアーヌ・ロシュフォールの『ソフィーに宛てた詩』に出てくるセリーヌ（完全に近代化された住居とスペイン人のメイドを持つ女性）は次のような人物として表象される。すなわち、セリーヌは、家庭の給仕という立場で、人生の残りの間、家族の昼食をめぐって毎日思いを馳せなければならないと気づいてしまい、急に動きが止まってしまう人物である。「そして、狂った活動に無駄に費やされた時間の量に眼を向ければ、次の日、またその次の日、そして毎日そのことをしなければならず、また一年だけでも三六五日分それらはあって、どのくらいの年月が残されているかは分からず、さらにこうした日々のそれぞれに問題が提起され、答えを受け取らなければならないということを考えなければならないのである[46]」。家事における頭脳労働でさえ、肉体労働の持つ無目的と反復という特徴を示している。そして、現代化された住居によって導入された、新たなレベルの女性の従属——家庭器具を買うための夫への従属、そして家庭器具を管理・整理するための専門家の意見や命令への従属——は、現実の意思決定の力、つまりノウハウが女性の直接的な支配領域の外へと移っていったことを示唆しているのである。

家の管理

歴史から離れて、プライベート化する社会

ジャン・ボードリヤールは『物の体系』(一九六八年)のなかで、家と家の管理に用いられる労働の考えをめぐる決定的な歴史的変化について言及している。「もはやここには、あらゆる事物がしかるべき場にあり、整頓されていなければならない、といった伝統的な家事にまつわる強迫観念はない。かつての物は道徳的であるが、今日の物は機能的である(中略)すべての事物が他の事物とコミュニケートし合わなければならない[47]」。

(45) 以下を参照。Adrian Forty, *Objects of Desire* (New York: Pantheon, 1986).
(46) Christiane Rochefort, *Les stances à Sophie*, (Paris: Grasset, 1963), p.100.

「すべてがコミュニケートする」。近代化の不安を扱ったジャック・タチの『ぼくの伯父さん』のなかで潔癖症の主婦アルペルは、客に家を見せびらかすときにはいつでも「すべてがコミュニケートする」というセリフを繰り返す。このセリフは、部屋から部屋へ身体がより効率的に可動できるようにデザインされた空間を一言でひけらかす言葉である。その空間とは、一種の室内の流通や交通であり、外で自動車が生み出す流通や交通のようである。もちろん、このように塀に囲まれた無菌で不備のない郊外住宅にコミュニケーションこそが欠けており、それが冗談になっている。この郊外住宅では、親は、衛生に関する一連の強迫神経症的な命令を下し、不機嫌で寡黙な子どもに接する。部屋を散らかさないように、本を片付けなさい、手を洗いなさい。服はハンガーにかけなさい、といった具合に。

かつての前近代的ないし道徳的な清潔さに代わる「機能的な」清潔さに関するボードリヤールの考察は、一九六〇年代初頭にバルトが行った考察と通じるものがある。すなわち、バルトは自動車が放つ望ましい「輝き」を表現するにあたって新たにできた語彙を考察したのである。「人びとは車に清潔以上のもの、すなわち「着飾った」、「磨かれた」、「艶出しをした」ものを求めている」。バルトによれば、車の輝きに対する欲望とは、「物の純潔を絶えず作りなおし、時間の影響（清潔さを脅迫観念的に追求することはたしかに時間を不動のものにしようとする振舞いである）を受けない物質の不動性を与える」[48]欲望である。バルトの説明でも同様に、潔癖さという道徳的価値は、より差し迫った要請に取って代わられるものである。ここで純潔さを作り出すことは、道徳的活動というよりもむしろ絶対的に（そして永遠に）新しい何かを作ることを意味する活動である。つまり、それは歴史の外にあって、時間の影響を受けない物である——この物とその人間との関係は不変であり、機能主義的な均衡においてそうであるように、絶え間なくその関係は再生産されるのである。

時間を不動のものにしようとする欲望。バルトは、フランスを清掃へと駆り立てる「清潔さへの巨大な渇望」について評論をしてから五年後、もう一歩先に進んで、この清潔さへの意志を、時間を不動のものにしようとする欲望と関連づけている。この欲望は、歴史の外に踏み出す欲望でもあり、さらに転じて、歴史的に産み出された環境よりも優れた、合理的に作り出され、管理された環境に引きこもろうとする欲望でもある。引きこもろうとするこの動向、あるいは内側を向いた（「内側への折り返し」）この動向――この時代に支配的であった社会的動向――は、「プライベート化」という言葉のもと、アンリ・ルフェーヴルとコルネリウス・カストリアディスによって理論化された。

たしかにプライベート化には何も新しいところはない。一九五〇年代後半から六〇年代前半にかけて、プライベート化が歴史的にいって明らかに特殊であったのは、生活の様々な領域が徐々に互いに切り離されていく過程――そのなかでももっとも決定的な分離は労働の領域から家庭生活の領域が切り離されることである――が加速した結果として理解され得るということだけである。カストリアディスによれば、プライベート化は、労働者階級に固有なわけではなくあらゆる社会カテゴリーに見られるという理由だけをとっても、現代の資本主義社会におけるもっとも際立った特徴を構成している。プライベート化は、諸個人の政治的な意味での社会化を破壊することが社会の最たる特徴の一つとなるときに現れる。こうして個人は、公的な問題や社会問題さえまでも、敵対するものや異質なものとして、さらには個人の理解を超え、個人の行動では変わらないものとしても経験する。したがって、人びとはよりはっきり

---

(47) Baudrillard, *Le système des objets*, p. 41.［『物の体系』前掲書、三二頁。］

(48) Roland Barthes, "La voiture, projection de l'égo," *Réalités*, 213 (1963), p. 45.［『ロラン・バルト著作集4 記号学への夢』前掲書、三四四頁。］

とプライベートな生活で動きの少ない状態に送り返される。とくに労働の価値も官僚主義が進むことで解体しつづけており、人びとはプライベートな生活から細やかな支えを作り出そうと試みる。結局、カストリアディスによれば、プライベート化とは「人びとを受け入れなかったがゆえに、今度は人びとに受け入れられなくなった社会的・政治的制度の機能不全[49]」の顕在化なのである。

労働や社会集団に基づく数々のアイデンティティが衰退し、解体するなかで、何が残るというのだろうか。ルフェーヴルによればそれは次のような質的に新しい方法のうちにあるという。すなわち日常生活、プライベートな生活あるいは「再プライベート化された」生活や家族生活——あるいは、ここで主張しようとしているように、カップルの理想化——といったものが、この時代、居住者のアイデンティティ、唯一残っている価値である消費の価値、つまり、いわゆる優れてプライベートな価値に関する実践と緊密につなげる方法である。ニュース映画のデュポン夫妻のように、『物の時代』の夫婦のように、マルケルのドキュメンタリーでインタビューされたカップルのように、「わが家」にいるということは、一つのアイデンティティを持つということなのである。それは、国が引き起こす不安とその埋め合わせによってうまく創出され安定性と永続性に基づくアイデンティティである。

アラン・トゥレーヌは『脱工業化の社会』で「職業との結びつきによって果たされていた役割は、空間との結びつきによって果たされることになる」と要約している[50]。ここではルフェーヴルはそれほど抽象的ではない。というのも、ルフェーヴルの考察は、当時、広汎に普及した中流階級と労働者階級の幻想をめぐる多くの同時代の実証研究に基づくものだからである。その幻想とは、すなわち郊外住宅の幻想である[51]。この点、空間への愛着は、地方主義的な感傷のようなものではなく、むしろ非常に特殊なもの、いわば持家所有者になりたいという欲望なのである。

別荘を含めた個人ないしは共同所有の住居（フランス人の半数が自らの住居を所有している）は、経済的機能だけでなく、安定性を提供する（それゆえにアイデンティティを提供する）機能も果たす。住居が購入されることで、配置が作られる（中略）。一戸建ての所有者は、（中略）生涯にわたってそこにいる。この所有者は空間に自らの場を有する。この「同一性」のうちに自らを繰り広げ、「他者」にそれを取り上げられることはない。彼は、同一性、反復性、等価性のうちに確立される。こうした財産の永続的な性質は、自我の永遠性を象徴化し現実化する。たしかに、次の日になれば失ってしまうかもしれない賃貸住宅の不安な状態よりも、自らの所有地の方が、自我にとっては住み心地がよいだろう。こうした細々としたことが些細なことを作り出すことで、日常性の力を作るのである。[52]

(49) 以下を参照。Cornelius Castoriadis, "Le mouvement révolutionnaire sous le capitalisme moderne," *Socialisme ou barbarie* 31-33 (December 1960, April and December 1961); trans. David Ames Curtis as "Modern Capitalism and Revolution" in *Political and Social Writings*, vol. 2 (Minneapolis: University of Minnesota Press, 1988), pp. 226-343.

(50) Alain Touraine, *La société post-industrielle* (Paris: Editions Denoël, 1969), p. 78.［『脱工業化の社会』前掲書、六九頁。］

(51) 『エル』は一九五四年の調査結果を報告する以下のような研究を公表した。それによれば、多くのフランス人が最高の（そして多くは実現できない）夢を家の所有者となることとしている。以下を参照。*Elle* (Match 22, 1954), "En 1954 les français font 5 rêves." しかし、こうした夢は、もっと古くからある。終戦直後のフランス国立人口統計学研究所の調査では、七二％のフランス人が一戸建て住宅を望んでおり、二八％がそのためなら半時間の通勤時間が増えても構わないとしている。以下を参照。Norma Evenson, *Paris: A Century of Change, 1878-1978* (New Haven: Yale University Press, 1979), p. 251.

プライベート化、すなわち「家の管理」という反復やルーティンで自分自身を見失うということは、商品の個人的使用に比重が増し、個人間の関係が著しく貧困になることを意味した。ルフェーヴルとカストリアディスからすれば、プライベート化はなによりも歴史からの逃避に等しい。この逃避は、歴史の不在として解釈されるべきではなく、むしろそれ自体、世界を未来のないものとし、その代償に安全性を買おうという希望に基づいた歴史的徴候として解釈されるべきものである。

フランスの消費社会とアルジェリアの戦争

シモーヌ・ド・ボーヴォワールの『美しい映像』の主人公ローランスは、『ぼくの伯父さん』の主婦アルペルのように、新たにプライベート化された中間層に属する女性を体現する、いわば持家所有者である。小説のなかでローランスの意識を刺激するのはより広い世界のおぼろげな輝きである。その世界はおそらく、心を病んだ娘、不満を抱えた愛人、同僚の製図家、勤務先の広告代理店での不倫、こういったものを気にかけるよりも重大である。何度か、ローランスは、アルジェリアでつづく拷問に関する雑誌記事を開いては最後まで読もうと試みるのだが、かならずと言って良いほどシャンプーに気が移るのである。

拷問、シャンプー。ボスクによる同時代の風刺画は、近代化された衛生的で新しいフランスと地中海の向こうで行われている「汚い戦争」との関係をより明確にしながら、ボーヴォワールの換喩を反復する[53]。風刺画に描かれているのは、迷彩服の落下傘兵が泡だらけのバスタブの上にかがみ込んで、そこに手を沈めている姿である。また、バスタブの横にはパックス洗剤の箱（「洗濯に超最適」と書かれている）が置かれている。他方、人の足がバスタブの水から出ている。つまり、泡は洗剤ではなく、むしろ拷問を受ける人間によるものなのである。

落下傘兵はパラと呼ばれていたわけだが、そのパラを家政婦の位置に置いて考えると、当時、いかなる意味でアルジェリアがフランスの「他者」を構成するどころか、自らの怪物的でねじれた分身と見なされるのが良いのかが示されるだろう。分身というのは、フランスと同様に、アルジェリアが暴力的な清掃の舞台となるからである。ねじれたというのは、フランス人男性は、本国では何の家事もしなかったのに、アルジェリア人の家では仕事をさせられているという点においてである。「アルジェリアでは、プロレタリアートは本国よりいっそうプロレタリア化しており、ブルジョワジーはよりいっそうブルジョワ的であり、プチ・ブルジョワジーはよりいっそう気難しく、封建制度はよりいっそう封建的である。そしてフランスの軍隊はよりいっそう重々しく武装している[54]」。

アルジェリアでの戦争行為ほどこうした「二重性」の効果がよりはっきり現れたところはない。というのも、一九五〇年代後半から一九六〇年代初頭にかけて、革命期のアルジェリアでは、フランスと同様、「居住者」というカテゴリーが新たな重要性を帯び始めていたからである——少なくとも、「心理作用」(拷問)と「紛争解決」の重要な理論家であるロジェ・トランキエ〔一九〇八‐八六年。インドシナ戦

(52) Lefebvre, *Critique de la vie quotidienne*, vol. 3, pp. 61–62.

(53) アニエス・ヴァルダの『5時から7時までのクレオ』で同様の換喩が見られる。実際に、背景に流れるタクシーのラジオは、アルジェリアでの暴動のニュースを流しながら、同時にスコッチを原料とするアメリカ風の新しいシャンプーの宣伝を流している。「スコッチが髪を再活性化させる」と。

(54) Henri Lefebvre, *La somme et le reste* (Paris: Méridiens Klincksieck, 1989), p. 171.〔白井健三郎・森本和夫訳『哲学の危機——総和と余剰I』現代思潮社、一九七〇年、二六七頁。〕

図2-8　ボスク「拷問はきれいでなければならない」
（国際現代史史料図書館（BDIC））。

争、スエズ危機など従軍した軍の参謀」の著作および実践においてはそう説明されている。多面にわたって影響を及ぼした著作『現代の戦争』（一九六一年）（出版直後に英語に翻訳された）のなかで、トランキエは、この種の戦争では二つの次元の新しさがあると論じる。一つは戦争行動の拡大であり、政治、経済、心理、軍事などの行動を取り入れなければならなくなったことである。もう一つは敵が定義されていないことである。後者はこの種の戦争において部分的には空間的次元が変質した結果――すなわち境界画定された戦場がなくなった結果――である。

> 戦争状態の古典的教義を教授する士官学校は、多くの決定要因――作戦、敵、地形、資源――に立脚している。
> 　しかし、そこでは、現代の戦争行為に本質的である一つの要因、すなわち居住者が見落とされている。
> 　今日の戦場はもはや限定されていない。限界はない。つまり国民全体にまで広げることができる。家に住む者がこうした戦争の中心なのである。[55]

アルジェリア人からすれば、「家に」いること、居住者であることは、戦争の中心にいることだった。つまり、アルジェリアの居住者は、フランス人と異なって、かならずしも脱政治化されているわけでもプライベート化されているわけではない。おそらく家にいることこそがもっとも政治化された状態であり、民族解放闘争ともっとも密接に結びつき、またその中核を担っている。この時期のアルジェリアでも、フランスと同様、「居住者」は中心に位置づけられ、居住者というステータスが新たに重要になる。しかしそのアイデンティティは逆である。

したがって、新たに近代化されたフランスの室内や技術、電気や屋内トイレもまた、地中海の向こう、アルジェリア人による物語では、ねじれた、悪夢のような外観をもって現れる。情報が、当時活発化していた押収や検閲といった厳しい国家システムを回避し、フランス市民に対して自分たちが巻き込まれている国際的な緊張関係の現実のイメージを調整し、きれいなものにすればするほど、日常の言葉や日常の場――キッチンとバスルーム――は新たな恐ろしい事件の様相を帯び始めていた。[56]

フランスの快適さの陰鬱な側面がきわめて顕著に現れるのは、当局に逮捕され、フランス軍による拷問に関する最初の（そして実に広く読まれた）個人的な報告、すなわちフランスの共産主義者アンリ・アレッグの報告に描かれる状況においてである。事実、アレッグによる証言の正当性は後に軍当局によっ

(55) Roger Trinquier, *La guerre moderne* (Paris: Editions de la Table Ronde, 1961); trans. Daniel Lee as *Modern Warfare* (New York: Praeger, 1964), p. 29.

(56) この時期のフランス政府の検閲範囲は前例のないものだった。『エクスプレス』のような雑誌は定期的に差し止め処分を受けた（一九五八年から六二年の間だけでも一二回）。こうした検閲についてのもっとも網羅的な説明については以下を参照。Martin Harrison, "Government and Press in France during the Algerian War," *The American Political Science Review* 58, no. 2 (June 1964), pp. 273-285.

て確認される。なぜならアレッグはエル＝ビアール［アルジェリアの首都アルジェの郊外地域］にある拷問施設の部屋に関する記憶をたどって記述することができたからである。とくにもし尋問が正常に行われていれば連行されることはなかったはずのキッチンの様子を描写することができた(57)。エル＝ビアールは、アレッグの語りを通じて垣間見えるように、当時建設途中であった巨大な共同住宅である。「鉄筋コンクリートの鉄線が粗壁のあちこちから露出していた。階段には手すりがついていなかった。灰色の天井から、応急的な配電のコードがぶらさがっていた(58)」。

アレッグは、自分が連行された様々な部屋のまばらな家具について報告している。家具の存在は、これからどのようになるのか分からない作りかけの状況であり、未来の居住者を想像させるかのように見える。実際、家具の存在は、奇怪にも物を主語とする『物の時代』における冒頭の章を思い起こさせる。ここではカップルの「アパートへの夢」が条件法で念入りに記述される。

視線がまず、細長く天井の高い廊下のグレーの絨毯を滑るだろう。両側の壁は明るい色の戸棚で、銅の金具が光っているだろう。版画が三枚。一枚はエプソム競馬の優勝馬サンダーバード、もう一枚は外輪船ヴィル＝ドゥ＝モントロー、三枚目はスチーブンスの蒸気機関車の絵だ。版画の前を通り過ぎると、革の壁掛の前に立つだろう。それは木目のある黒い大きな木環でとめてあるが、ちょっと手を触れただけでずり落ちそうだ(59)。

『物の時代』の冒頭を読む者と同じように、アレッグの証言を読む者は、最終的にアレッグがエル＝ビアールに一ヶ月抑留されている間、建物全体を案内されることになる。

シャ……［落下傘部隊の中尉を指しフルネームは伏せられている］のあとから、私は四、五階にある大きな部屋へ入って行った。それは未来のアパートのリビング・ルームのようだった。組み立て式のテーブルが数個、壁にはお尋ね者たちのひからびた写真が数枚、野戦電話器一つ、以上が備品の全部であった（p. 47.［一一〜一二頁］）。

一階下りて、私は廊下の左手にある小部屋へ入って行った。それは未来のアパートのキッチンだった。流し、陶製の調理コンロがあって、その上には、またガラスがはまっていない、金属の枠だけがはめられていた戸棚がついていた（pp. 48-49［一三頁］）。

廊下の奥の左手にある小部屋の中へ私は連れられて行った。実は、これはまだ設備のできていない浴室だった（p. 85［四八頁］）。

「未来のキッチン」で落下傘部隊がアレッグに行った水責めや火責めは家の機能のパロディーとなる。アレッグは電話で電流を通され（マグネト発電機は、拷問装置に転じた電話である）、キッチンの流しに沈

---

(57) 以下を参照。The introduction to Henri Alleg, *La question* (Paris: Editions de Minuit, 1961), p. 10.［以下で参照している邦訳の『尋問』では序文は訳出されていない。］
(58) Henri Alleg, *The Question*, trans. John Calder (New York: Braziller, 1958), p. 46.［長谷川四郎訳『尋問』みすず書房、一九五八年、一一頁。］
(59) Georges Perec, *Things*, p. 21.［『物の時代・小さなバイク』前掲書、一一頁。］

められる。日常の快適な物が彼に襲いかかる。「私は腹這いにマットレスの上に寝ようとしたが、マットレスは有刺鉄線ですっかりはぎ合わされていた」(p.66〔三〇頁〕)。植民地戦争に由来する物語のなかで、ありきたりの物品リストに見られるような数々の身近な物は、それらが拷問器具と似ているがゆえに、換喩的に不吉なものたり得るのである。それはインドシナに駐在するフランス人将校が設置した野営地に関して事実に即した記述にあるのと同様である。「ここに私の仕事場、机、タイプライター、洗面台があって、あちらの隅には人に口を割らせる機械があった。いわば発電機である(60)」。

あるいは、歯ブラシや瓶を使ってフランス人兵士らに強姦されたジャミラ・ブーパシャの事例と同様、あらゆる家庭用品がその機能を変え、別のものへと変わることが可能だった。パリで拷問を受けたアルジェリア人学生の語りから次のような物品リストを読むと、もっとも恐れるべきものが何なのかを理解するのは困難である。「私は部屋に連れて行かれて、そこで目隠しと口封じのハンカチを外された。そこで私が見たのは、一八〇センチほどの二つの長椅子、二つの木製の机、直径二五センチほどの流しに満たされた汚い水、ボトルネックが血で汚れた何本かのシャンパンの空瓶、一個の石鹸、大量のロープやぼろきれだった(61)」。

拷問用の発電装置――「文明の純正品(62)」――は、簡単な電気器具で、簡単に利用可能、つまり組み立てが簡単で、電気プラグに接続された電線からできていた。それは日曜大工をする者なら誰でも扱うことができた。そして、それこそがまさに、アルジェリアにおける召集兵の活動に関する彼らの初期の証言(カトリック系の雑誌が主に集めたのだが)が、なかには、日曜大工の愛好家、ミスの多い週末の趣味人、調子に乗った修理人の証言のように聞こえるものがある理由なのである。「私自身、プラスチック管とバスタブに電気をつなげることに関与していた(63)」。

農村地域に大きな変革をもたらしつつあった新技術——すなわち、バスタブ（水道水）と電力の出現(64)——によって、拷問にも現代的でより衛生的な方法が導入された。「アルジェリア戦争を境にして、拷問者たちは、いかなる痕跡も残さない清潔な拷問を行うことを誇らしげにしていた。しかし、抑圧の手法に「進歩」があったということは、明らかにそこで拷問が行われたということである。つまり、電気の使用は、歯や爪を引っこ抜くのに比べれば少ししか傷跡を残さないというに過ぎない(65)」。

（60） 以下から引用。Rita Maran, *Torture: The Role of Ideology in the French-Algerian War* (New York: Praeger, 1989), p. 145.

（61） 二七歳の政治学の学生ベネッサ・スアミの言葉。以下から引用。Jerome Lindon, ed. *La gangrène* (Paris: Editions de Minuit, 1959); trans. Robert Silvers as *The Gangrene* (New York: Lyle Stuart, 1960), p. 42.

（62） Pierre Leulliette, *St. Michel et le Dragon* (Paris: Editions de Minuit, 1961); trans. as *St. Michael and the Dragon* (London: Heinemann, 1964), p. 233.

（63） 以下より引用。Xavier Grall, *La génération du Djebel* (Paris: Editions du Cerf, 1962), p. 34.

（64） アルジェリア革命が始まった一九五四年には、五九％のフランス人世帯に水道が備え付けられていた——四六年の三七％からの上昇である。一九六八年までにこの数字は、九〇・八％に達した。一九五四年には二八％のフランス人世帯にトイレが設置された。一九六八年には五四・八％となった。一九五四年、自分の住居にシャワーや浴室があるのはパリ住民でいうと一七％に過ぎなかった。「快適さ」が中央暖房、家のトイレ、そしてシャワーや浴室という三つの要素によって規定されるのだとしたら、一九五四年には、たった六％の世帯しかそれを獲得していなかったことになる。対照的にアメリカでは六三％の世帯が快適さを獲得していた。以下を参照。Jean Fourastié, *Histoire du comfort* (published in 1950 as *Les Arts ménagers*; reprint, Paris: PUF, 1973), pp. 106–110.

（65） Pierre Vidal-Naquet, *La torture dans la république* (Paris: Editions de Minuit, 1972), p. 13.

清潔さというイデオロギー要素は、当時の出版物のなかでも、誰が――どの集団が、どの制度が、どの人種が、どの世代が、どのジェンダーが――それを構成的な性質であると主張すべきなのかをめぐる闘争のなかでも驚くほどほど広がっていた。しかし、その前提には一般的な「戦争の恐怖」を一掃したり否認したりしようとする願望以上のものが争点とされている。二つの世界大戦はアルジェリア戦争とは異なって「きれいな」戦争だった。両大戦と現代の戦争を分かつ清潔さの距離は、当時のフランスの労働者階級を分ける主たる亀裂となっていた。第一次世界大戦あるいは第二次世界大戦のどちらかに参加した昔ながらの労働者は、若い世代の労働者に共感を示さなかった。この世代の戦争を「本当の戦争」と見なさなかったのである[66]。

懲役逃れに関する証言を基にしたモーリエンヌの小説『脱走兵』（一九六〇年）に、アランというカトリックの兵士が出てくるのだが、彼は次のように語っている。「二つの戦争で闘った父と祖父がいるけど、彼らはたいてい清潔に戦争を行った[67]」。アルジェリアの闘いは、当初から――つまり、戦争としての地位が認められたときでさえ――、フランスでは汚い戦争と考えられていた[68]。フランス帝国の末期にはアルジェリア問題を覆うわべだけの言説から漏れ始めたものを正当化するために、「文明化の使命」という古い植民地のレトリックが、にわかに強化されなければならなくなる。換言すれば、帝国のもっとも野蛮な振舞いが頂点に達するときには、アルジェリア人の野蛮性――アルジェリア人が、清潔にされ、教育され、文明化される必要性――がその分だけ証明されなければならない[69]。それゆえ、様々な特殊な軍事作戦には、「洗浄」を示す名前や役割が与えられる。

ジャン＝ジャック・セルヴァン＝シュレベールは、自身の証言を脚色して書いた『アルジェリアの中尉』の冒頭で、「カスバ［独立以前アルジェにあった現地人居住区］の大掃除」として知られる一連の作戦行動について語っている。(70) モーリス・ライン［チュニジアとモロッコからのゲリラ兵の侵入を防ぐために一九五〇年代に建設された防衛線］上に百車両にも達する戦車の夜間パトロール、すなわちＦＬＮのチュニジア国境横断を防ぐために三二〇キロの国境線沿いを往来することは、軍隊用語では「床磨き」という名で通っていた。(71) 清潔と不潔を内面化したもっとも顕著な語り、すなわち、文明化された野蛮な正当化の顕著な語りは、おそらくあるフランス人召集兵の証言にある。

（66） イアン・バーチャルはエチェレリの『エリーズまたは真の人生』の読解の文脈においてこの点に言及している。以下を参照。Ian Birchall, "Imperialism and Class: The French War in Algeria," in *Europe and Its Others*, vol. 2, ed. Francis Barker, Peter Hulme, Margaret Iversen, and Diana Loxley, (Colchester: University of Essex, 1985), pp. 162–174.

（67） Maurienne [Jean-Louis Hurst], *Le déserteur* Paris: Editions de Minuit, 1960; reprint, Paris: Editions Manya, 1991, p. 21.

（68） たとえば以下を参照。Claude Bourdet, writing in a March 29, 1956, article in *France-Observateur*: "A hundred thousand young Frenchmen are in danger of being thrown away in the dirty war in Algeria."

（69） 「文明化の使命」という言説は、フランス人警官の発言を伝える二六歳のムーサ・ケベーリの証言にあるように、拷問のなかで役割を果たすことが多い。「おまえらは、黒人同様、私が嫌いな人種の一つだ。いま、おまえらは、フランスが実際には何からできているのかを見ることになる。おまえらはただの奴隷の群れだよ。俺らがおまえらにどうやって穴に糞するかを教えてやったのだ」（Lindon, *The Gangrene*, p. 69）。

（70） Jean-Jacques Servan-Schreiber, *Lieutenant en Algérie* (Paris: René Julliard, 1957), trans. Ronald Matthews as *Lieutenant in Algeria* (New York: Knopf, 1957), p. 3. この物語では後にフランス人兵士が嘆くシーンがある。「軍隊は、俺たちが唯一きれいなまま残したものである」（p. 93）。

（71） 以下を参照。Maran, *Torture*, pp. 84–85.

彼らは拷問を受けた男たちにとどめをさすことを志願兵に求めたものでした（拷問の跡を消し、後に噂になる危険をなくすためでした）。私は、戦場から九〇メートルほど離れた男を撃つという考え――それがどういうものかあなたも知ってのとおりです――がいやでした。何でもないことです。男性は少しばかし遠く離れていて、ほとんど見えないわけですから。いずれにしろその男が武器を持っていれば、打ち返すか逃げ去るかはできる。しかし、こんなふうに無防備な者にとどめをさすのはいやなことです。いずれにしろ私はけっして志願しませんでしたし、実際、結局、私はこの全隊のなかでただ一人、「彼らの」男にとどめをさしたことがなかった。私は「臆病者」と呼ばれました。ある日隊長が私を呼び出し、「私は周りに臆病者を置いておきたくない。うまくやれ、次の者はお前の者だ」と言いました。とにかく数日後そこにいたのは、それまで拷問を受けつづけた挙げ句とどめをさされる運命にあった八人の囚人でした。彼らは私を呼び、少年たち全員の前で「こいつはお前の者だ、臆病野郎、うまくやれ」と言いました。私はその男に近づきました。男は私を眺めました。私には彼の眼がいま私を見つめているのが分かる。すべてが私をむかつかせた。私は撃ちました。他の者が残りにとどめをさしました。結局、それはそんなに悪いことでもなかった、初めてのことだったというだけです――いまでこそ分かったとあなたに言えるわけですが。それはおそらく一番きれいな仕事というわけではありませんが、しかし考えてもみてください、いま話した者たちは実際、全員が犯罪者です。だからもし彼らをのさばらせておけば、老人、女性、子どもを殺しつづけるだけでしょう。彼らにそんなことをつづけさせることはできません。つまり、実際には私たちはこの国をきれいに掃除しているわけです。この国からあらゆるくずどもを除去することで。(72)

アルジェリア人の側でも「清潔」であることを求める闘いがやはり宣言されている。アレッグの『尋問』の後書きでサルトルが論じるのは、拷問部屋で徹底的に争われているものが、私たちのどちらか一方だけが人類であるという、種の問題そのものであるということである。(73) 言い換えれば、被植民者が、集団内部での自らの連帯を通じて、「人間」の完全なステータスを要求するまさにそのときには、被植民者は、辱められ、衰弱した、人間以下の動物として指示を受けているにちがいない。

トランキエもまた情報収集は拷問という真の目的にとって副次的なものであると認める。トランキエによれば、拷問は、単に何が何でも情報を入手しようとするための方法なのではなく、より重要なこととして、拷問を受けたそれぞれの個人のうちにある組織や集団への連帯感を破壊する手段なのである。これが望まれた効果だったことは、こうした集団性の喪失を食い止めようともがく、パリで拷問されたアルジェリア人学生の証言に見ることができる。この学生にとって「清潔」でありつづけることは、全体の一部でありつづけることと同じなのである。「最悪の拷問の最中に、私はベン・ムヒディやジャミラの苦難、自分の兄弟姉妹の苦難を思った。そして、私は、人が汚物に塗れながらも潔白でありつづけることはできると絶えず自らに繰り返していた(74)」。

(72) 以下の原書から引用。Vidal-Naquet, *La torture dans la République*, published in English as *Torture: Cancer of Democracy* (Baltimore: Penguin, 1963), p. 137. 訳文は変更した。

(73) 以下を参照。Jean-Paul Sartre, "Une Victoire," afterword to Alleg, *La question*, pp. 99-122.［『尋問』前掲書、八七～一一四頁。］拷問の歴史に関するもっとも有益な哲学的かつ政治的な省察は、ページ・デュボイスの近著を参照。Page Dubois, *Torture and Truth* (New York: Routledge, 1991).

(74) ベネサ・スアミの言葉は以下に引用されている。Lindon, *The Gangrene*, p. 46.

クレール・エチェレリの『エリーズまたは真の人生』のなかでシトロエンの組み立てラインで働くアルジェリア人労働者が出てくる。このアルジェリア人労働者もまたタートルネックとツイードのジャケットというきれいな外行きの服を選び、フランス人労働者の汚れた作業着を避ける者として描かれている。FLNの主催者であるアレスキはサン・ミシェル通りの店で高額の真っ白なワイシャツを買う。そうするのはアレスキが述べるように、単に誰もアルジェリア人がそんな物を持つと思ってもみないという理由からである。この小説のなかでは、清潔さと危機に晒された尊厳とが同一視されているために、こうした戦術が工場で働く白人女性にまで波及している。

図 2-9 『エリーズあるいはほんとうの生』

彼女たちは朝到着して、顔も髪も整え、一日の間に何としてでも持ち場を離れ、新しい口紅を塗ろうとした。そこには男性への媚びた態度以上の何かがあった。というのも、身を飾り立てるのは、結局怠け者の水準に人を貶めてしまうような仕事に対する本能的な防衛だからである——爪の汚れを隠すよりはしばしばマニキュアが塗られる。汚い髪はベルベットのリボンで飾られた。鉛色の汗にはパウダーがまぶされた。私はいまでも更衣室でロッカーが隣だった三五歳の女性を覚えている。その女性はそれほどかわいいわけではないし、しわがあって、規則で無色のデニムの制服を着用することになっているが、フェンウィックを運転している間は、パンプスを履きつづけていた[75]。

ファノンは、拷問は単に植民地主義の形態に根ざし、また植民地主義の論理そのものであると考えた。それゆえファノンによれば、解放闘争を行うアルジェリア人陣営は、「野蛮さを抜きにして」、「戦争をきれいに遂行し」なければならないことになる。「したがって拷問を行う後進国人民は、［後進性という］自己の本性を肯定し、後進国人民としての仕事を行っていることになる。後進国の人民は、もし「西洋諸国民」から道徳的に非難されたくなければ、フェア・プレーを行わねばならない。敵が平然として新しいテロ手段の無限な開発へと進んでいくその間にも[76]」。

新たな拷問と現代の産業組織

アンリ・アレッグは、エル＝ビアールで抑留された最後の方で、自らが耐えた拷問で受けた傷跡や瘢痕が目に見えることで勇気づけられたと報告している。彼はそれを自分が処刑されることはないというサインだと考えたからである。「私を処分しようと決めたのならば、（弾丸による「通常の」傷跡は別として）、検屍の場合に備えて、「きれいな」死体が必要だった」（pp. 105–106［六八頁］）。きれいで傷跡のない体――つまり、先に引用した召集兵の言葉を用いると、「拷問の跡を消し、後に噂になる危険をなくすため」。戦争が進歩するにつれて、痕跡（犯罪や非行の刻印）をめぐる道徳感覚は別の道徳感覚に取っ

(75) Etcherelli, *Elise ou la vraie vie*, pp. 137–138. 訳文は変更した。［『エリーズまたは真の人生』前掲書、一六一頁。］

(76) Fanon, *A Dying Colonialism*, p. 24.［『革命の社会学』前掲書、六頁。］

て代わる。すなわち巨大なシステムの清潔な機能を台無しにし、作業を妨げ、一時的な停止を強いる痕跡は、根絶されなければならない。落下傘兵の痕跡を除去すること（黙らせて話を中断させること）への強迫観念は、ボードリヤールの言葉を敷衍するならば、伝統的な家政婦につきまとう強迫観念ではない。つまり、すべてが適切な位置にあり、すべてが清潔でなければならないという強迫観念ではない。かつては道徳的な事柄だったのだが、現代は機能的なのである。[77] 問題となっているのは、マシュー将軍とその部隊が漸次的に進展させたものである。すなわち、マシューが、別の戦争、つまりアルジェリアから遠いところで実践されている前近代的かつ「職人的な」拷問でなく、「機能的な拷問」として認めさせようとしていた一連のもの——外科医や歯科医の医学的介入に匹敵するもの——の進展である。

「行動と情報」部門の主任ロジェ・トランキエが好んで指摘したように、拷問は「組織可能なものである」[78]。一九五四年一一月以降、アルジェリアでフランス人新兵が六万から五〇万に飛躍的に増加した——一八三〇年以来、フランス軍の国外配置では最大の数——が、拷問は避けられなかった。つまり拷問が大量生産されたのである。「この時期から拷問の実施はきわめて一般的になり、アルジェリアで徴兵された多くの若いフランス人全員に関わる問題となった。より重要なことは、アルジェリアで行われたタイプの戦争は、拷問と同時に母国から引っ張って来られた大量の若い徴集兵を用いなければ、まったく継続できなかったということである」[79]。一九五四年以降、拷問は、一般化され、日常化され、大衆レベルで実施されるようになり、さらに軍隊がアルジェリア戦争の最中に警察任務を引き継いだ一九五七年以降、さらに注目すべき変化を遂げる。「当初は即席だったものがすぐに適切な構造、幹部、実行者、ひと揃いの装備品、機能のための規則を獲得し、紛れもない制度となった[80]」。

この制度はいわば幹部あるいは「スペシャリスト」養成機関の設立とともに完成をみた[81]。こうした機関では、「清潔な」、いわばサディズム的な要素や目に見える痕跡も残すことなく拷問が実行されることに焦点が当てられた[82]。技術と装備の規格統一が行われたのである。「拷問は一九五七年には日常的なほとんどありきたりな営みになった。拷問はどこでも行われていた（中略）。手法に関して言えば、めったに変わることはなかった。（中略）体を縛り上げて（中略）最後はバスタブで電気であった[83]」。誰も否定し

（77） 道徳性と機能性の区別は、戦争に抗議するフランスの知識人サークルにおける議論を構造化する際に重要な役割を果たした。多くの抗議が、フランス軍の拷問の使用に対する怒りを含んだ道徳的な立場において行われた。シモーヌ・ド・ボーヴォワールのような別の知識人たちは、ファノンと同様、このような拷問は例外などではなく、単に植民地主義の論理だと信じていた。「「行き過ぎ」や「濫用」に対して道徳性の名の下で抗議することは、積極的な加担を手引きするような過ちである。ここには「濫用」や「行き過ぎ」などなく、どこにでも広がるシステムがあるだけである」。Beauvoir and Hamini, *Djamila Boupacha*, p. 19. 以下も参照。Jean-Pierre Rioux and Jean-François Sirinelli, eds., *La guerre d'Algérie et les intellectuels français* (Paris: Editions Complexe, 1991). とりわけ、この論集の編者たち、リウーとシリネッリの論文およびマリー＝クリスティーヌ・グランジョンの論文「レイモン・アロンとジャン＝ポール・サルトル、そしてアルジェリア紛争」を参照。

（78） Roger Trinquier, cited in Vidal-Naquet, *Torture*, English edition, p. 55.

（79） Vidal-Naquet, *Torture*, English edition, p. 40.

（80） Bernard Droz and Evelyne Lever, *Histoire de la guerre d'Algérie 1954-1962* (Paris: Seuil, 1982), p. 140.

（81） この用語はアレッグのような拷問の証言のなかに絶えず現れる。たとえばベネサ・スアミの証言のなかに「最終的に、スペシャリストは疲れ、立ち去って、自らそう名乗るように三人の「スペシャリスト」に交代した」(Lindon, *The Gangrene*, p. 36) という文章がある。別のアルジェリア人のセールスマンは、「スペシャリスト」の到着の前に「条件を整えた状態」にされることについて話している (Bechir Boumaza, in Lindon, *The Gangrene*, cited on pp. 75-76)。

（82） Droz and Lever, *Histoire de la guerre d'Algérie*, p. 140.

ない。アルジェリアの至るところにあった実際の拷問室に、電気を流すバスタブと必需品全てが備えつけられていたことを。(84)

個々の管理装置が分かりやすく設置され、こうした拷問の作業工程にさらに進んだテイラーシステムが導入された。

「情報」を担う機関は、一九五七年のアルジェの戦いの後、ほぼ自律的な構造を獲得した。(中略) 統括調整本部の誕生と発展は、防衛軍事措置によって完成した。このシステムは当局にとっての大きな利点を表していた。(中略) 拷問は、閉鎖された管轄区内の念入りに選ばれた場所で、懲罰の自由裁量権を有する十分な「資格をもった」人員によって実行された。職業軍人はその存在について知っていたが、すべての軍隊が拷問したわけではなかった。軍隊はこうした方法を許容することを納得した。スペシャリストが手を汚す仕事を行うのを認めたからである。(85)

れっきとしたフランス式の産業組織はそのピラミッド的な階層構造とともに設置された――しかし、ここでもまたアルジェリアの諸機関は本国の諸機関を歪めて映し出すものであった。スペシャリスト、つまりカードルこそが、「手を汚し」、「実践的な」単純作業に従事し、人材管理を行い、戦争開始当初、アルキ［アルジェリア戦争でフランス陣営について戦ったアルジェリア人兵士］に委ねられていた不快な仕事をしたのである。(86)

職人的活動から産業的活動への移行が下士官の証言のなかで思い起こされる。「私には企業レベルでの情報責任が与えられていました。最小限のレベルということです。すべてきわめて低いレベルで実行されました（中略）それは拷問でした。（中略）そうですね。（中略）これは多少なりとも恥ずべきことですので、この言葉を使いたくありません。（中略）それでも、結局、それは職人的なものでした。いままでは、防衛軍事措置の関係者は、専門家集団です[87]」。防衛軍事措置の関係者や責任者は、都市を下位区分に分けて、「それぞれが自らの管轄施設を持ち[88]」、そこには拷問室が置かれていた[89]。アルジェリアの主要都

（83）Ibid., pp. 140-141.
（84）Henri Marrou, "France, ma patrie," in *Le monde* (April 5, 1956).
（85）Jean-Pierre Vittori, *Nous, les appelés d'Algérie* (Paris: Stock, 1977), pp. 153-154.
（86）ヴィダル＝ナケは、アルジェリア革命の初期に、アルキ（フランスの側で戦ったアラブ人）が、拷問をさせられていたので、フランス人士官は「自らの手をきれいなままにしておく」ことができたと伝えている（*Torture*, English edition, p. 44）。アルキの拷問者は、アシア・ジェバールのアルジェリア革命についての古典的小説『新世界の子どもたち』（Paris: René Julliard, 1962）の主要登場人物として登場している。衛生に対するフランス人士官の関心は、アレグの語りの一節では、暗い喜劇的な様相を帯びている。
私は、今度はイル…と一緒のシャ…を見つめていた。彼は上品な背広姿をしていた。私が咳払いをしないではいられなくなると、彼は私から離れて、「気をつけろ、こいつ吐くぞ」と言った。

「それがなんだってんだい？」ともう一人が言った。

「おれは嫌いだよ、衛生的じゃないからさ」。彼は急を要するようで、背広が汚れるのを嫌がっていた。（Alleg, *The Question*, pp. 74-75［三八頁］）。
（87）以下より引用。Benjamin Stora, *La gangrène et l'oubli: La mémoire de la guerre d'Algérie* (Paris: La Découverte, 1991), p. 29.
（88）ときに「一時拘留施設」と言い換えられる「選別施設」は、人間という材料の移動、保管、処理のための施設だった。
（89）Vidal-Naquet, *Torture*, English edition, p. 53.

市すべてに設置されたこうした施設は、拷問をより効率的なものとし、そして効率性の基準に応じてあらゆることが正当化されるようになった。「古い納屋に設置されたオルレアンヴィル施設とアメジアヌ農場のコンスタンティーヌ施設は、拷問が科学的精密さをもって適用されるベルトコンベアー設備に変えられた(90)」。

このような施設の一つ——主要な施設のエル＝ビアール——でまさに処理されつつある人材という特権的な視点から、アレッグは「一ヶ月間、拷問工場の運行状況を観察することが」できたと語っている(『尋問』p. 113.［七五頁］)。すなわち、アレッグは労働の分担、労働生産性、作業中の被雇用者を観察したのである。ここで言う「作業」とは落下傘兵が自らの活動を記述するために用いた言葉である。「作戦に出かけないときは、エリュランとその一味は、すでに逮捕された被疑者たちに対して「作業」を行った」(p. 116.［七九頁］)。エル＝ビアールでの拷問は「一日の日課」に過ぎない。「拷問は明け方か、そのぐらい遅くまで行われた。仕切り壁の向こうに、さるぐつわでおさえつけられた喚き声や泣き声、罵り言葉や殴打の音が聞こえた。やがて私は知ったが、これは例外的なことではまったくなく、単に一日の日課だった」(p. 87.［五〇頁］)。時間節約の方法が考案され、実行に移される。「ちょうど一人の裸のムスリムが蹴られ、廊下へ追いやられる様を見る機会があった。SとCとその他が私を「世話している」間に、他の隊員は、同じ板と磁石発電機を用いて「作業」をつづけていた。彼らは、時間を無駄にしないために、容疑者を「取り調べて」いたのだ」(p. 59.［二四頁］)。

アレッグによればエル＝ビアールの「一時抑留施設」は工場の代替物である——あるいは、ボスクの風刺画にあるように、家の管理という新たにテイラーリズムが導入されたフランス的な概念に由来する倒錯的代替物である。そこでは多くの場合、「カスバの大掃除」や「床磨き」のような家事が夜に行われる。「選別施設が本格的に活発になるのは夜だった。作戦準備、容疑者、喧噪。（中略）それから、突然、責苦を受ける人びとの最初の叫びが夜をつらぬいていった。エリュランやロルカやその他の連中の本格的な作業が始まっていた。」（pp. 115-116.［七八頁］）。実際の作業は家の管理である。というのも、問われていたのは、誰がまさにアルジェリアを「わが家」としていたのかという問題だったからである。際限なく繰り返されるのは「アルジェリアはフランスである」というフレーズであるか、あるいはそのヴァリエーションである「フランスはアルジェリアをわが家とする」というものである[91]。しかし、フランツ・ファノンが一九五九年に問うたように、どうして「ドゴール将軍が無邪気にそう促したように、アルジェリア人たちが「自分たちの家に戻る」などということが想定できるのか。今日のアルジェリア人に、この表現がどんな意味をもちうるのか[92]」。とくにこのように問う理由はアルジェリア人にとって「わが家」にいるとはまさに抗争の中心にいることだからである。

エル゠ビアールの居住者であるアレッグによれば、時間の流れ方に変化が生じるという。アレッグは、どのくらい時間が経ったのか分からなくなり、暦から抜け落ちるという感覚が高まっていくことを詳しく語る。拷問の犠牲者が一日の境目を判別することにかくも困難を覚えていたことは驚くことでもない。他方で、退屈な機械的手順に従った拷問者の振舞い――拷問者の思考についてはアレッグの文章には記録されていない――は無感覚な反復の経験を前提としたものである。それは出来事の「垂直的な」時間性がかなりの程度奪われているため、組み立てラインの日々に関するリナールの記述や「家の管理」の

（90） Ibid., p. 56.
（91） とくにドゴール政権下の首相ミシェル・ドブレによる。
（92） Fanon, *A Dying Colonialism*, p. 31.［『革命の社会学』前掲書、二〇〇八年、一三頁。］

反復的な仕事を仕方なくさせられる『ソフィーに宛てた詩』の登場人物セリーヌと同列に扱っても良いほどである。そして、理想的な拷問の犠牲者、すなわち、拷問の後にも傷跡を残すことなく新鮮なままの姿をして、次なる拷問を受ける準備ができている犠牲者は、「時間の影響を受けない物質の不動性が与えられた」何か――より正確に言えば光輝く車――についてのバルトの記述を思い起こさせる。拷問を行う者と拷問を受ける者との変わることのない関係は、機能主義的な均衡においてそうであるように、絶え間なく再生産されていくのである。アルジェリア戦争における拷問は「いかなる痕跡も残さない」――つまり、時間を不動にする、さもなければ歴史のない構造的システムとして機能する――ことが目指された。植民地のシステム全体は、自らの歴史とともに蜂起する勢力に直面して、最終的には近代化せざるを得ない。すなわち、地域全体と同一の広がりを持つ組織的な空間構造を構築せざるを得ない。構造、つまり、前に進む時間の運動を止められるような実に淀みなく清潔に機能する構造のことである。

第三章　カップル

大いなる関係解消

フランスとアルジェリアの婚姻関係

アルジェリアでは誰が「わが家」にいたのか。この問いを継続的に検討すると、アルジェリア戦争がフランス人にはどのように見えていたのかを知る手がかりが得られる。フランス人にとっては、この戦争は対外問題、すなわち遠く離れた外のことであると同時に、社会の内部分裂を引き起こすもののように感じられた。つまり、本国ではこうした二つの感覚が同時に経験されたのである。結局、アルジェリアはフランスであった。他方、セーヌがパリを分かつという表現があったように、地中海はフランスを分けている。アルジェリアの地位はインドシナやサハラ以南のアフリカの地位とは異なっていた。より具体的に言うと、サハラ以南のアフリカではフランスの役割が所有権の観点から関連づけられるものであったの対して、当初からフランスはアルジェリアについてはアイデンティティに関わる関係であることを主張した。サハラ以南のアフリカはフランス領であると宣言されたかもしれないが、しかし、それがフランスであったとはけっして思われていなかった。こうして一三〇年にわたってフランスの国民意識は単純な原理に応じて形成された。その原理とはアルジェリアはフランスであるという原理である。戦争の開始当初、この声明はとくにギ・モレ［一九〇五－七五年。SFIO（旧社会党）の政治家。一九五六年一月から五七年六月まで首相を務め、アルジェリア問題を担当した］内閣の内務大臣フランソワ・ミッテランによって何度も繰り返された(1)（このような原理がフランスの国民意識のなかで優勢を占めたことは、『レ・タン・モデルヌ』の編集部が一九五五年一一月号の論説に「アルジェリアはフランスではない」というタイトルをつけたことからも推し量ることができる(2)）。

戦争中の公式なレトリックにある黙示録的論調を支えていたのは、こうしたアイデンティティに関わる神話である。公式なレトリックとは、つまり、アルジェリアはフランスであるがゆえにアルジェリア革命はフランス国民自身への攻撃ないし侵害に相当するというものである。帝国崩壊の憂き目にあるフランスは、ただ軍部が頻繁に「ほとんどスペイン並みの凡庸さ(3)」と呼んだものにならざるを得なかったというだけではなかった。事態はもっと深刻であった。すなわち、「アルジェリアでは「祖国」は危機状態にある、まさにフランスの統一性が脅かされている(4)」。「危機にあるのはわれわれの威信のみならず、国の独立である(5)」。一九五〇年代後半に広く知られたスローガン「フランスのアルジェリアがないなら、フランスもない(6)」は、多くのフランス人に、まさにいまフランス自体の命運はフランスではなく海の向こうで賭けられているのだと確信させる役割を果たしたのである。

しかし、政治的演説から取り出されるまた別のよく知られた比喩や象徴は以下のことを示す。すなわち、アルジェリアで民族主義運動が台頭すると、少なくともフランス人には、フランスとアルジェリアの関係が一種の婚姻関係として考えられていたということである。それは隠蔽されたままであるべき家

族の汚らわしい秘密の歴史をもちながらも、長い間、耐え忍ばれた「異民族間の」婚姻関係である。婚

（1）「アルジェリアはフランスである」というフランソワ・ミッテランの言葉は次の文献に引用されている。Jean-Pierre Rioux, *The Fourth Republic 1944–1958*, trans. Godfrey Rogers (London: Cambridge University Press, 1987), pp. 238–239.

（2）以下を参照。*Les temps modernes*（November 1955）：この点に関して、共産主義の地理学者ジャン・ドレシュによる「アルジェリア国民の事実」と題された論文も参照。Jean Dresch, "Le fait national algérien", *La pensée*（July 1956）：「アルジェリアはフランスではない。（中略）しかし、それゆえに、代わりにそれを何と呼ぶべきかをめぐって生じた悲惨な論争がある。皆が、アルジェリアには独自性や特殊な人格があることに同意するが、国民性の観念やアルジェリア国民の事実を恐れるのだ」。

（3）レイモン・アロンによる引用。Raymond Aron, *France: Steadfast and Changing: The Fourth to the Fifth Republic*（Cambridge: Harvard University Press, 1960 [*Immuable et Changeante, de la IVe à la Ve République*, Paris, Calmann-Lévy, 1959.]), p. 111. 実際、アロンは、アルジェリアの政治的独立がフランス帝国主義の利益と確実に両立可能であると早くから認識し、もっとも早い時期に交渉によるアルジェリアの平和を支持する右派的立場を表明した人物の一人であった。

（4）このスローガンは一九五六年四月に設立された団体「フランスのアルジェリアの救済と復興のための連合」（The *Union pour le salut et le renouveau de l'Algérie française*（USRAF））によって広められた。以下から引用。Charles-Robert Ageron, "L'Algérie dernière chance de la puissance française.: Etude d'un mythe politique（1954-1962)," *Relations internationales* 57（Spring 1989), p. 121.

（5）一九五四年一二月の国民議会でのアルジェリア総督マルセル＝エドモン・ネジュランの発言。以下より引用。Ageron, "L'Algérie dernière chance de la puissance française," p. 113.

（6）このスローガンを掲げた二百万のポスターが「フランスのアルジェリアの救済と復興のための連合」によって配布された。

姻関係の解消は、辛い別れであり、秘密を白日のもとに晒すことになる。長期間、フランス共産党の書記長を務めたモーリス・トレーズ〔一九〇〇‐六四年〕は、一九三〇年代末にアルルで、そしてアルジェでの演説で、結婚の比喩のもっとも早く、もっとも有名な例と思われるものを提示した。トレーズはアルジェリアは「形成されつつある国家」であり、したがって独立する準備はまだできていないと主張することに努めた。アルジェリアとフランスが努力して追求すべきものは、近代的な婚姻関係である「事実婚」であった。「そうです、私たちはフランスとアルジェリアの人民の間の事実婚を欲しています。たしかに、事実婚とは別れる権利を意味しますが、別れる義務を意味してはいないのです[7]」。

婚姻関係の比喩が含み持つ、自由だが解消不可能な結合の表象は、一九五五年二月、エドガール・フォール〔一九〇八‐八八年。政治家。第四共和政期に二度首相を務める（一九五二年一月‐三月、五五年二月‐五六年一月）〕がピエール・マンデス＝フランス〔一九〇七‐八二年。政治家。第四共和政期に首相を務め（一九五四年六月‐五五年二月）、インドシナ問題の平和的解決を果たした〕から首相を引き継いだときに再び主張された。「アルジェリアは本国とまったく何も妥協できない統一性を構成している[8]」。このような表現は、フランス人のためのアルジェリアという特異な性質を再び強調しながら、植民地の言説が持つ家族のレトリックの特徴をうまく反復したものである。

アルジェリアは「形成されつつある国家」ではあったが、別の植民地主義者たちの比喩表現にあるような本国たる「母国」の子どもではなかった。とりわけ戦争が始まった後に、アルジェリアは、大人として――あるいはむしろ、半分、大人として、妻として、男性と同棲する誰かとして、潜在的に家の主を追い立てることのできる誰かとして――見なされることになった。「北アフリカからのフランス撤退」は「フランスの衰退とフランスの精神そのものの放棄」へと不可避的に至ることになる[9]。こうした言葉遣いのなかで経済的なものと感情的なものとが重なり合う。実際に、財産ないし家族関係と一連の情緒的紐帯（「アルジェリアに従兄弟を一人も持たないようなフランス人は一人も存在しない[10]」）との組み合わせは、仲違いもあったが愛のある「結婚生活」や「同棲生活」——すなわち、経済的考慮が二次的であるような感情的ないし情緒的関係——の物語として、アルジェリアで支配的なフランス植民地史のイメージに結びつく。

結局アルジェリアは、他の植民地とは異なって、「入植植民地であり、そこでは二百万のフランス人は二千万のムスリムと平和裡に調和して暮らす以外に何も求められていない[11]」。あるいは次のようにも言える。すなわち、ドゴール政権下で首相を務めたミシェル・ドブレ［一九一二‐九六年。第五共和政期、ドゴール政権下で首相を務めた（一九五九‐六二年）］の言葉を借りれば、「フランスはアルジェリアをわが家とする。アルジェリアはフランスが完成させたのだから[12]」（再び同棲の比喩が蔓延したことは、とくにファノンがそれに反論しようとしていたことから推察できる。すなわち、「アルジェリアのフランス人はアルジェ

（7） モーリス・トレーズの言葉は次の文献に引用されている。Hervé Hamon and Patrick Rotman, *Les porteurs de valises: La résistance française à la guerre d'Algérie* (Paris: Seuil, 1982), pp. 25–26.

（8） エドガール・フォールの発言は次の文献に引用されている。Hamon and Rotman, ibid., p. 30.

（9） この論説は『ル・モンド』（一九五六年二月二八日）に公表された。

（10） これは匿名のフランス首脳の著名な発言に由来し、次の文献に引用されている。Frantz Fanon in *Pour la révolution africaine* (Paris: Maspero, 1964), trans. Haakon Chevalier as *Toward the African Revolution* (New York: Grove, 1967), p. 83.［北山晴一訳『アフリカ革命に向けて』みすず書房、二〇〇八年、七九頁。］

（11） 『プレス・ド・リュニオン』［フランス連合の雑誌という意味］のジャーナリスト、ロジェ・モラレスの言葉は、次の文献に引用されている。Ageron, "L'Algérie derniere chance de la puissance française," p. 116.

リア人と同棲していたのではなかった。程度の差こそあれフランス人が支配していたのである」)[13]。アルジェリア革命はまさに暴力的な離別に伴う痛ましさ——たとえば、家族内の恥が外にさらけだされるかもしれない——をもってしてフランス人には「家庭の破壊[14]」として経験されたのである。アルジェリア問題に関してフランスが情報を抑圧的に検閲するシステムは、国家の安全保障という口実で——そして、家族の秘密は家族内にとどめておかなければならないという口実で正当化されたのである。「汚れた下着は家で洗え」というわけである［公的な名声を維持するために汚れ仕事は隠れてやれという意味の常套句。バルザックの『幻滅』の末尾でナポレオンの言葉として用いられている］。

フランス新中間層の形成

新中間層とカップル

ジャック・スーステル［一九一二‐九〇年。政治家。第二次世界大戦中にドゴールが率いる自由フランスに参加。フランス領アルジェリア総督（一九五五年一月‐五六年一月）。「フランスのアルジェリア」の立場からドゴールによるアルジェリア独立容認に反対］が「サハラとフランスとの間の大分裂」と呼んだもの、つまり二つの国民の関係解消——その暴力と緊張がこの時期全体を規定したのだが——が生じたのは、戦後フランスにおいて急速にカップルが国家主導の近代化を率先して進め、また、あらゆる感情面の価値観を担う者として再確認されていくただなかのことであった。要するに、数ある例から一つだけ挙げると、家庭器具展示会でのデュポン夫妻によるニュース映画のイメージは、より大きな家族単位であるフランスとアルジェリアの「カップル」が解消されるまさにそのときに、肯定されると同時に繰り返し押しつけられるものになるということである。

多くの要因によってこの時期にカップルのイメージが増えていった。かりに人口増加政策が、一九四五年、ドゴールが国民に「一二〇〇万人のかわいい子ども」を産もうと呼びかけた直後に実行され、成功をおさめることになったとしても、たしかに愛と夫婦生活についての新しいイデオロギーが必要とされていた。第一にロシュフォールの『世紀の子どもたち』で非常に大きな役割を果たす「家族手当」制度が、戦後すぐ、出生率の水準の「回復」に向けて国家が積極的な役割を果たしたことの指標となっている。[15] 第二に一九五〇年代半ばからパリや他の都市住民が大量消費を実践するようになったことは、カップルを最適な購買単位として考えるのにも役立った。つまり、夫たちは広告を通じて「専門家」や「十分な知識を備えた」者としての地位を得て、大きな耐久消費財を購入するよう求められた。事実、夫

（12） ファノンによる引用。Fanon, *Toward the African Revolution*, p. 161.［『アフリカ革命に向けて』前掲書、一五三頁。］
（13） Ibid., p. 102.［一〇四頁。］
（14） 以下より引用。Benjamin Stora, *La gangrène et l'oubli: La mémoire de la guerre d'Algérie* (Paris: La Découverte, 1991), p. 18. ストラ自身が婚姻のメタファーを好んで用いている。この著作の序章は「フランス、一九五四～一九六二年—家族の秘密の邪悪な暴力」、つづく章は「暴力的な別離」と題されている。
（15） 実際、「家族給付」は、第一次世界大戦後、出生率の上昇を支援するために制定された一九三〇年代初期に遡る。第二次世界大戦後の家族給付はいくつかの革新をもたらした。大家族への政府給費にくわえて、結婚から二年以内に子どもを持った母親に一時給付金である出産手当が与えられたように、「主婦手当」——専業主婦への直接給付——が一九五五年に付け加えられた。ロシュフォールの『世紀の子どもたち』の冒頭のページで、語り手の誕生が二週間遅かったせいで両親が手当てをもらえなかったことで、彼女には内面化された呪われたという感覚、あるいは文字どおり「遅れた」という感覚があることが詳述される。

婦は一緒になって自らの新しい近代的な居住空間に家具を設置するという課題をこなしたのである。

ここでも『物の時代』は、こうした現象に関するもっとも純粋な実験的分析を提供してくれる。小説のなかでシルヴィーとジェロームという、子どもも持たず、すぐに会える両親や親族もいない登場人物は、合理的な新中間層のカップルの欲望を単に体現するという役割に減じられている。二人は一九世紀の旧ブルジョワジーを特徴づける家系、相続、遺産にまつわる不安と同様に特権からも解放されたカップルなのである。家族間の陰謀に関する分厚い網の目、つまりバルザックの『人間喜劇』を埋め尽くした遺産をめぐるすさまじい闘争はどこかに行ってしまった。近代化によって簡素で合理的な新しい家庭が生まれた。この家庭というのは、多くの場合、新たに地方から都市に移ることでさらに無駄がなくなる。「マルティーヌは夢見ていたが、その夢は慎重に考えたうえでの結論の明確さを持っていた。（中略）パリ市内の新築物件が並ぶ一角にある、小さくてモダンなアパルトマン（中略）パリに住居を持たないということは永久に田舎で暮らすことを意味する！（中略）彼女が絶望しないためには、とにかく、二人は［夫の］父親のドネル氏のでもなく、ドンゼール母さんのでもない、彼ら自身のアパルトマンを持たねばならなかった。両親の家で暮らす夫婦なんて……あり得ない！」（エルザ・トリオレ『幻の薔薇』、p. 108.［一〇五頁］）。

失われた家族間の紐帯――『幻の薔薇』の田舎にいるマルティーヌの家族と姻戚、また『エリーズまたは真の人生』でエリーズがシトロエンの工場で働くためにパリに移るときに残される祖母と義理の妹――の代わりに、パリは、カップルにおけるロマンチック・ラブと感情的充足という埋め合わせとしての新しい神話を提供する。エドガール・モランは『時代精神』（一九六二年）のなかで感情的紐帯がカップルという単位に新たに強められたり、減じられたりすることを指摘した。「情緒的な固着の全体は、かつては多くの家族間の関係に広まっていたのだが、それはいまやカップルに集まるようになる傾向にある」[16]。

しかし、「カップル」は、次世代の労働者を供給するという文字どおり出生率の水準や、現役世代の消費者を供給するというより直接的な水準においてのみ重要なのではない。カップルは、「大分裂」のただなかにあって、同様に冷戦の膠着状態のただなかにあって、フランス固有のアイデンティティを規定するのに決定的な役割を果たしたのである。

「フォードでもレーニンでもなく」という近代化への道――近代化は戦後の改良主義的前衛にとっては進歩主義と国民主義のいずれの名においても必要だと見なされた――は、一方で共産主義的全体主義、他方でアメリカの経済的・文化的帝国主義という二つのビジョンの間隙を縫って進まなければならなかった。残酷なアメリカ人が持つ楽観的な悪徳資本家の個人主義というスキュラに結びつけられる一方で、単調に規格化された機械的な手順で動くソヴィエトの大衆社会というカリュブディスに結びつけられた様々なイメージが広く流布していたが、それはともに不安を生み出すものであった。

(16) Edgar Morin, *L'esprit du temps*, (Paris: Grasset, 1962), p. 157.［『時代精神（1）――大衆文化の社会学』前掲書、一七一頁。］ロラン・バルトは、『現代社会の神話』のなかで新たな家庭生活について別の分析を提供している。「幸福とは、この世界にあっては、一種の家庭への閉じこもりを演じることだ。「心理」テスト、さまざまなガジェット、日曜大工、台所用品、時間割、そうした『エル』や『エクスプレス』といった雑誌に載っている家庭用品の天国すべてが讃美するのは、家庭という囲み、スリッパを履いてくつろぐその生活の内向性、すなわち家庭を占め、家庭を幼稚なものにし、家庭からますます大きくなる責任を免除する一切のものである。「二つの心に、一つの藁葺きの家」だ」。Roland Barthes, *The Eiffel Tower*, trans. Richard Howard (New York: Noonday, 1979), pp. 24-25.［『ロラン・バルト著作集3』前掲書、七一頁。］

一九五〇年代後半、ピエール・プジャードは、国際金融によって規定されるアメリカ資本主義と「タルタルソース風の[17]」共産主義というフランスの統一性を攻撃する二つの外国を痛烈に非難するのが癖になっていた。プジャード主義者によれば、フランス社会は、アメリカの産業化とソヴィエトの集団化の両方に脅かされていた。ともにフランス生活特有の質を奪って規格化しようとするものであったのである。「いずれ（中略）、私たちが皆、同じシャツ、同じスーツ、同じ二足の靴をもつことになるでしょう。私たちはこうしたすべての物を同じ自動販売機から買うことになるでしょう。（中略）彼らは私たちをロボットの群れにしようとしているのです[18]」。プジャードの表現は、「質」――フランスの製品とフランスの生活様式（生活様式は、農民、芸術家、自営業者というプジャードの三つの熱烈な支持層によって体現される）をともに規定しつづける特徴――という合い言葉で身を守ろうとした人びとが共通して抱いた大衆的恐怖を極端に表現したに過ぎなかった。「われわれは上質の国民でありつづけなければならない[19]」と。たとえば自動車製造をめぐる反近代化の言説では、素晴らしい技術力に関するフランス特有の知識が引き合いに出され、あらゆる大規模な大量生産技術の導入に対抗する手段となった。

製品に当てはまることは生産者にも及ぶものであった。つまり、フランス人の幸福は、同時期に翻訳されたアメリカ社会学の著作（デヴィッド・リースマンの『孤独な群衆』はエドガール・モランの序文を付して一九六四年に翻訳された）に描かれているような個別化され、疎外され、郊外に住み、「十人十色を大事にする」アメリカの通勤者によって体現されることはできない。可能な限りあらゆる生産予想を超過するよう駆り立てられ、無感覚にルーティン化されたスタハノフ労働者も、顔の見えないソヴィエト官僚も、偉大な教えを提供することはできなかった。幸福は、孤独なアメリカのモデルにも共同体主義的なソヴィエトのモデルにも見出されることはなかった。フランス人の幸福が不滅なものとされるのは、当時の多くの陳腐なラブ・ロマンス映画と全階層の多様な有名人カップル——サルトルとボーヴォワール、プジャード夫妻（二人の物質的な生活に一九五六年一月の『パリ・マッチ』は四号とも写真付きの見開きを当てている）、ジルーとセルヴァン＝シュレベール、モンタンとシニョレ——の広く知れ渡ったイメージにおいてであり、また同様に繰り返し再生される「典型的なカップル」においてなのである。こうした典型的なカップルは、『美しき五月』でマルケルにインタビューされたり、ニュース映画のなかでデュポン夫妻を通して表象されたり、そして『エル』での「あなた方は理想のカップルですか？」のような質問によって読者に問いかけられたりする人びとある——このようなイメージは感情面の価値観全体を担うものとしてカップルを必要とし、そして生み出すことになった。

『物の時代』のシルヴィーとジェロームの完璧なまでに強く結ばれた主観性は、カップル神話を十全たるかたちで表象したものである。どの点においても、ペレックは個別の——たとえば、社会的性差を反映した——アイデンティティがシルヴィーやジェロームに現出するのを認めない。変わることのない「彼ら」という括りで結ばれる二人の登場人物は、二人がともに同じ物を購入しようとする事実に定義される一つの単位を形成する。いかなる個別の主観性も剝奪されているシルヴィーとジェロームは、自

(17) ピエール・プジャードの言葉。以下より引用。Dominique Borne, *Petits bourgeois en révolte? Le mouvement poujade* (Paris: Flammarion, 1977), p. 190.

(18) ピエール・プジャードの言葉。以下より引用。Stanley Hoffman, *Le mouvement poujade* (Paris: Armand Colin, 1956), p. 211.

(19) 以下より引用。Jules Romains, "Introduction," in *L'automobile de France* (Paris: Régie na-tionale des usines Renault, 1951), p. 7.

図3-1　シモーヌ・ド・ボーヴォワールとジャン＝ポール・サルトル、ダカールにて、1950年（国立図書館）。

図3-2　プジャード夫妻、1956年3月（ロジェ＝ヴィオレ）。

図3-3　1954年、『レクスプレス』におけるジャン＝ジャック・セルヴァン＝シュレベール、フランソワ・モーリヤック、フランソワーズ・ジルー（『レクスプレス』）。

図3-4　イヴ・モンタンとシモーヌ・シニョレ（ロジェ＝ヴィオレ）。

分たちよりも大きな共同体的アイデンティティをまったく持たない。家族もなく、アルジェリア戦争のときに一瞬だけ実に「うわべだけの」政治的関与（彼らの関与は「ごく一般的な意味での道徳的命令にほとんど習慣的にしたがっていた」だけである（『物の時代』p. 72.［九〇頁］））をしたに過ぎない二人の「共同体」は、なによりもまず不在のものとして示される。というのも、共同体は自分たちのマーケティング調査を完了すべく果てしなくつづく消費者と、「ほとんどが広告業界に属し」（p. 44.［四七頁］）、二人と同様に交換可能で映画好きな友人たちのかたちをとるからである。

ロシュフォールの『ソフィーに宛てた詩』とボーヴォワールの『美しい映像』はこうしたカップル神話を内側から崩そうとする。二つの小説は、離婚ではないにしても、少なくともカップルのうち女性が個々に強く自立した主体性をもつことで締められる。トリオレの『幻の薔薇』はまた別の物語である。すなわち、この場合、「プラスチック素材の欲望とナイロン製の夢をもって（p. 271.［二六一頁］）」パリに住む、機械的に近代化された妻と、家族から受け継いだ職業――バラ栽培――によって、多少なりとも旧来の有機的ないし村落的な時間性に根ざし、それゆえ結局、農場を立ち去ることができない夫とが一緒になれない物語である。トリオレの小説は離婚と暴力的な死で終わる。つまり「農場に風呂場がないことが、二人の共同生活に決着をつけてしまったのだ」（p. 193.［一八八頁］）。しかし、この小説もまたより巧みな仕方でカップルが虚構であることを示してみせたのである。

本書で取り上げてきたロシュフォール、ボーヴォワール、ペレックの小説では、そして、フランソワーズ・マレ＝ジョリス［一九三〇－二〇一六年。作家。レズビアンを題材としたデビュー作『偽りの春』（一九五一年）で注目を浴びた］による『記号と驚異』（一九六六年）でも、カップルは、交換可能性と標準化の問題で新たに生じた著しい不安がどれほどのものであるのかを示す場となる。まずペレックを取り上げると、小さな差によるナルシズムだけが、『物の時代』のマーケティング業界に属する仲間のカップル集団からジェロームとシルヴィーを分ける。「お互いが完全に似かようためには見識がありすぎ、多少とも意識的に模倣すまいとするにはおそらく十分な見識を持たなかった彼らは、生活の大半を互いにいろいろなものを交換し合いながら過ごしていた」(p. 44.〔四七頁〕)。二人の友人関係に割かれた章では、カップルたる「彼ら」は自然に拡張していき、区別なくあらゆる他人を包み込むことになる。つまり、「自分たちの様々な経歴が似ており、自分たちの物の見方が一致していることに有頂天になる」(p. 45.〔四九頁〕)。そうした意見や観点があるのは『エクプレス』と『マダム・エクスプレス』の「理想のカップル」のおかげである。「チェスターフィールド風のソファーが欲しい、と彼らが小さな声でつぶやくと、『レクスプレス』が一緒になって考えてくれた」(p. 47-48.〔五三頁〕)。

ボーヴォワール、マレ＝ジョリス、ロシュフォールの小説の登場人物は、少なくとも、ジェロームやシルヴィーにはない内面のようなものを授けられることで、この二人よりもずっと強い不安を抱いて交換可能性に苦しむ。実際、こうした小説の登場人物が持つものとして表象されるいかなる内面生活も、自分自身に自らがある種の抽象になってしまっているという不安を認識させる以外、他の目的を果たしていないように思われる。言い換えれば、以上の小説でいかなる程度においても個人の心理に接近することは、こうした個体性を絶え間ない攻撃の下に置かれたものとして経験し、さらに独自性が欠落しているという感情に特有の絶え間ない非現実性の感覚を持つということである。

こういうわけでボーヴォワールの小説の語り手であるローランスは、夫をじっと見つめ、「なぜ彼であって他の誰かではないのか」という疑問をあれこれ考える習慣を身につけるのである。ローランスはそうすると同じ思考が何百人もの若い女性の頭を通り過ぎるのを想像する。「どうしてジャン＝シャルルであり、他の人ではないのだろう。（中略）（他の何人かの若い女性が、いや、数百人の女性がこの瞬間自問している。どうして彼で、他の人ではないのだろうか、と）」（『美しい映像』p. 168.［一八六頁］）。ローランスの友人のうち一人は、ローランスの夫と自分の愛人が同一人物であるという事態すらおそらくはあり得たかもしれないと指摘するが、それで不安が取り除かれることはほとんどない。「二人とも、洗練された態度と、真っ白な歯をした、言葉の上手な男性。ひげを剃った後でアフター・シェーブ（原文でも英語）を皮膚に塗るタイプ」（p. 86.［九三頁］）である。

『ソフィーに宛てた詩』では、セリーヌは結婚することで、同じようなカップルばかりの純粋にフォーマルな社交界に参入する。「私たちはビジョン夫妻とブノワ夫妻と食事をした。次回はブノワ夫妻とデュプラ夫妻、あるいはデュプラ夫妻とビジョン夫妻と食事をする予定である。彼らはいつも二人一緒にやって来たので、「カップル」と呼ばれている。」（p. 101.）。

『記号と驚異』（一九六六年）の主人公は大量生産されたカップルのイメージが頭から離れない。この主人公の悪夢のイメージは、「一〇組ないしは二〇組のカップルが、程度の差こそあれ、一緒になって、あの六月の晩の美しい部屋で同じ瞬間に同一の身振りを行う」というイメージである。[20] 同年に出版された『美しい映像』の冒頭では同様の漠然とした不安が中心に据えられている。母親の別荘の庭で行われたパーティでローランスは以下のことを確信した。すなわち、目の前で繰り広げられている牧歌的な家族風景は頭のなかで理論的に再生可能であるだけでなく、実際にまさにこのときに――同じような話し方、同じような態度――、ごくごく近所のいくつもの庭で反復されているということを。「この同じ瞬間に、

(20) Françoise Mallet-Joris, *Les signes et les prodiges* (Paris: Grasset, 1966), p. 23.

どこか別の、まったく違う、しかしまったく同様な庭で、誰かが次のような同じ言葉を言って、同じ微笑が別の顔に浮かぶ。「なんてすばらしい日曜日！」なぜ私はこんなことを考えるのかしら？」（p. 10〔四頁〕）。小説全体を通じてこのような再生可能性の恐怖がローランスの心を捉えているのである。

新中間層の描き方

こうした小説に記された不安をいかに説明すべきだろうか。それは、すなわち、人物の装いと周囲の環境のみならず、ひいては友人、家族、自らの体や顔の表情までが再生可能なものになったという恐怖のことである。カップルというライフスタイルは、北米やソヴィエトのリアリティに様々なかたちで結びつけられていた標準化を避けるための手段をフランス人に提供するものと考えられていたが、代わりに、それが標準化の指標そのものとなってしまっていた。そこに見られるのは、交換可能性を宣告され、肉体を持つ抽象となった虚構のカップルが、それ自体の虚構性に恐れをなし、イメージや小説と合致することでイメージや小説になることを避けようとする事態である。

『記号と驚異』の登場人物は、自らがアメリカ映画の舞台装置の内側——出口さえない！——に閉じ込められているように感じるという不気味な感覚について議論し、次にそれ自体が映画の良いテーマにならないだろうかと考える。[21] ここで、こうした小説のそれぞれにおいて、主要な登場人物たち——『記号と驚異』のジャーナリストと映画製作者、『物の時代』のマーケット調査者、『美しい映像』の広告担当重役、『ソフィーに宛てた詩』の都市計画家——がイメージ生産の仕事に携わり、フランスの近代化という仕事の立役者であるということを繰り返しておくのは重要である。『美しい映像』で質的に新しい物象化と反復に登場人物たちが巻き込まれる程度が語りの問題になるのは適切である。ローランスは、こうした言説の世界に完全に巻き込まれているので、ボーヴォワールは言説の起源となるテクストにいかなる形式的な指標も与えない。それゆえローランスの声と物語の外にある語りの声の間の関係は曖昧なものとされ、ローランス自身の観点や独自の個性に似ている何ものかは多くの場合、あらゆる他人の騒音のもとに覆い隠される（あるいは他人と交換可能なものにされる）のである。ローランスの心のなかで鳴り響くクリシェは自分自身の思考と区別不可能である。『美しい映像』のある特定の言葉、それはローランスが考えているものなのだろうか、それともふと聞いているものなのだろうか、はたまた学校の教師がかつて述べた意見なのだろうか。

こう言ってよければ、ローランスが一番、自分自身でいられるのは、自分が言うことの繰り返しに幻覚を覚えるとき、すなわち、階級憎悪に似たなにかを記録するときなのである。というのも、ある意味、ボーヴォワールやペレックそしてロシュフォールの小説のなかに住まうカップルは実際にまさに同一人物として存在していて、それゆえに交換可能であるからである。皆、若いカードルで、効率化された新中間層、近代化の急先鋒、要するにテクノクラート世代を代表する、健康的で勇ましい者たちである。したがって以上の小説を、ペレックが『物の時代』に言及しながら「特殊な社会背景がほとんど意識されない描写」[22]と呼んだものを提供する試み、換言すれば、階級を定義する試みに過ぎない（そしてそうし

（21）登場人部の内面観察を少しも許されていないジェロームとシルヴィーでさえ、ときに「何か自分たちにも理解できないところがあるという変に不安な気持ち」に苛まれる。Perec, *Things*, trans. David Bellos [Boston: Godine, 1990], p. 82.［『物の時代・小さなバイク』前掲書、一〇六頁。］

（22）Georges Perec, "Georges Perec Owns Up: An Interview with Marcel Benabou and Bruno Marcenac," *The Review of Contemporary Fiction* 13 (Spring 1993), no. 1, p. 18.

た試みに他ならない）ものとして、読めるのかもしれない。とはいえ、デレク・セイヤーによれば、こうした場合、定義や描写の作業は歴史のなかで物語を紡ぐ計画として理解しなければならない。「ある階級――ないしはなんらかの他の社会現象を定義することは、最終的に階級の歴史を書くことなのである」[23]。それゆえ、小説家たちの各人が直面する表現のジレンマはいくつか存在する。どのようにして、この新中間層の世界――閉鎖的で、安定して、プライベート化され、終わることなく自己再生産される世界――は、規範的であると同時に不完全な（階級に基づく）現実として出現させられるのか。言い換えれば、どのようにして、どこにでもある新たな資本主義文化――ペレックが「絨毯がうず高く積み上げられ、部屋の大きさどおりに敷かれている喜び[24]」と呼ぶもの――を、どこにでもありながらも同時にこの資本主義的文化が必然的に基礎づけられる不均等発展や排除を想起させるようなものとして表象するのだろうか。そして、どのようにして階級の物語を書くというのだろうか。この階級に属する者たちのプライベート化された特殊な形態はまさしく物語の否認に根拠づけられているのであるから。

しかし、これらの小説の登場人物たちの社会的出自、経歴、環境をより仔細に検討すると、より基本的な問題が生じてくる。いかなる意味において小説家たちは同じ階級の物語を書いていると言えるのだろうか。『美しい映像』におけるローランスと彼女の家族は裕福なパリの人間で別荘も高級車も所有している。母の愛人は「世界最大の二つのエレクトロニクス企業のうちの一つを運営している」（p. 23.［一九頁］）。他方で、『ソフィーに宛てた詩』のセリーヌは、労働者階級の家庭を出自とする孤児であり、小説の終盤でストリップショーの店で仕事を見つける。『物の時代』のジェロームとシルヴィー、そして二人の仲間は「新しい世代で（中略）成功の道のりにいるが、まだほんの道半ばにあるテクノクラートだった。彼らのほとんどが下流中産階級の出身だが、その価値基準は自分たちにはもはや適切ではないと感じていた」(p. 50.〔五八頁〕)。『幻の薔薇』のマルティーヌは、父親がおらず、ネズミに囲まれながら、侘しい田舎の貧困の幼少期を何とか乗り超え、従業員——多くの場合、地方出身者で、店で低賃金の仕事をしにパリに来る、ほとんど教育を受けていない何千もの若い女性の一人——になる。中間層の概念そのものを拡張してはじめて、このように多様な社会的アクターやライフスタイルからなる集団が同じ中間層のうちに属していると言うことができるのである。

しかし、これこそまさに、以上のような小説がひとまとまりのものとして受け止められて、伝える物語なのである。すなわち、資本主義の近代化の保護下で、一九五〇年代から六〇年代にかけて都市中間層、つまり大量のフランス人をまとめあげるという物語である。近代化の目的は多様な中間層を統一することにあり、このことは旧来の中間層と二つの政治的に危険な階級の間の差異をなくすことを含むものである。ここでいう危険な階級とは、すなわち(潜在的に好戦性を持った)労働者階級およびファシズムの多様な形態の素地を作る伝統的プチ・ブルジョワジーのことである。後述するように、田舎の農民——この時期、農民の数が激減したことはもっとも分かりやすい社会現象となっている——は、近代化の時間性とまったく異質な時間性に生きているが、その一方で労働者階級と伝統的プチ・ブルジョワジーは、潜在的に近代化の速度を中断させるのに十分なほどその速度により沿って暮らしている——伝統的プチ・ブルジョワジーはあまりにもゆっくりと動くことによって、労働者階級はできるだけまったく

(23) Derek Sayer, *The Violence of Abstraction* (Oxford: Blackwell, 1987). セイヤーはE・P・トンプソンの言葉を言い換えながら次のように述べている。「階級は、人びとが自らの歴史を生きるように、人びとによって定義される。最終的に、これこそが階級の唯一の定義なのである」(p. 21.)。
(24) Perec, "Georges Perec Owns Up," p. 17.

動かないことによって中断させる。要するに、労働者は単に労働を止めると考えられていたのである。そして、プチ・ブルジョワジーの断固とした個人は、戦後の旅するセールスマン、ピエール・プジャードという人物に簡潔な集団的具体化を見出し、過去に眼差しを向ける。つまり、ヴィシーのマゾヒズム的愛国主義と、専門家と官僚が群がる腐敗した怪物のようなパリから遠く離れた小さな独立生産者からなる楽園に眼差しを向けるのである。

フランスのプチ・ブルジョワジーは一九五〇年代半ばに反乱を起こす――「当時のもっとも驚くべき物語」[25]――が、それは何かを転覆させたり、歴史を前に動かしたりするためではなく、「かつてのように」生きるためである。短くも意味のある絶頂期を通じて、プジャード主義は、自らの主張を貫き、近代性の歴史的境界を横断することはできないと公表した。プジャード主義は世界を建設しようとしたのではなく、世界を復興しようとしたのである。それゆえ、プジャード主義は、官僚制の裏返しであり、ジェロームとシルヴィーが住むテクノクラートの世界との歪んだ鏡像関係にある。[26] 店の裏にいるプジャード主義者のカップル――それというのもプジャード主義もカップルを神格化したからである――は、厳密に国内の職業上の団体を構成している。家庭と仕事の日常生活は店において一つになる。プジャード主義者の集会の間、妻が店を切り盛りする。カップルに脅威がもたらされれば商売の安定や成功にも悪影響を与えることになる。

一九六〇年代初頭における労働者階級の内部分裂と希望に関する最高の記録、クレール・エチェレリの『エリーズまたは真の人生』は、セルシュ・マレ［一九二七‐七三年。社会学者。一九六〇年結成の統一社会党のブレーン的存在］やミシェル・クロジエ［一九二二‐二〇一三年。社会学者。組織社会学における集団行動や戦略分析の開拓者の一人］のようなほとんど同時期の社会理論家を夢中にしたような労働者階級の「ブルジョワ化」についてはほとんど何も示していない。その代わりに、この小説は、地方出身のフランス人女性と自動車工場で働くアルジェリア人男性の破滅的な愛の物語という形式をとって、一九五〇年代後半のフランス労働者階級とパリのアルジェリア移民の失敗に終わった団結や統合を表現することを選んだ。しかし、フランス人労働者が自己利益（「フランスの子どもたちがそこで絶滅する」）以外の別のあらゆる理由で民族主義的アルジェリア人に加わることを妨げ、あるいはアルジェリア人が工場内のどの標準的な労働者組織にも加われないようにする非常に深い溝があるにもかかわらず、両集団（とそれらの間でほんの短い間、恋人たちによって具体化された不安定でちっぽけな同盟関係）も様々な点で何とか工場の運営を停止する。

このようにエチェレリが表現するような分断された労働者階級でさえ資本主義の近代化がスムーズに進展することの脅威となる。経済と社会の全面的な近代化が実行されるのは、労働者階級とプチ・ブルジョワジーが除去されるか、見る影もなく変形されるかしかない。ミシェル・アグリエッタが指摘するように、消費は、商品交換の前提とされる「自由な」関係と両立可能なまま、組織され、安定させられ

(25) Pierre Poujade, *J'ai choisi le combat* (Saint-Céré: Société générale des éditions et des publications, 1955), p. 26.

(26) 以下を参照。Henri Lefebvre, *La somme et le reste* (Paris: Méridiens Klincksieck, 1989), p. 196.［『哲学の危機』前掲書、三一〇頁。］「プジャード主義（中略）は、官僚政治の面での反官僚主義に他ならない。小商人は、自己の国家官吏としての役割が神聖なものとされ、そのことから明確な利害と威信とをもつことを願いながら、同時に――自己矛盾を抱えながら――自らが自由の身となって、国家、機械、システムがバラバラになることを願うのだ」。

なければならない。これが達成されたのは、労働者階級のすみずみまで社会構造を一般化させることによってである。この社会構造は労働者階級を国民、すなわち小さな家族単位と世帯に文化的に統合し、こうした規範に基づいた新たな消費習慣を形成するための条件だったのである。[27]

いかにして当時、レアリスムの小説はこの変化を表現しているのか。本書で議論してきたこうした「新興ブルジョワジー」の確立に焦点を当てた小説では、疎外や排除の働きに対する取り組みは主にペレックが「理想的なカップル」と呼ぶ存在、すなわち『レクスプレス』と『マダム・エクスプレス』を通じて行われる。換言すれば、こうした雑誌の購読は、それぞれの小説内部だけでなく、小説を横断して様々な登場人物を一貫した集団へと統合する役割を果たす。つまり、登場人物たちの様々な教育水準や変化する信用利用にもかかわらず、ジェロームとシルヴィー、マルティーヌ、ローランスと彼女の母親、セリーヌの日々の——あるいはむしろ週ごとの——生活のリズムは、雑誌購読という反復的な世俗的儀式によって構成されているのである。

雑誌購読と国民共同体

以上の小説では、テレビは一九五〇年代と同様、六〇年代に入ってもフランス人が（アメリカ人と比べて）きわめて限られた人数しかテレビ視聴をしていないことを踏まえて、小さな役割しか果たしていない。たとえば、当時の個人史が示しているのは、『パリ・マッチ』に掲載されたアルジェリア戦争の写真は、テレビやニュース映画よりはるかに戦闘の視覚的イメージを提供したということである。一九五〇年代後半にパリからちょうど六〇キロ離れた場所で育ったマルティーヌは、映画に行ったことも、テレビを見たこともなかった（テレビに関して言えば、物を買い漁っていた時期に、一台購入し、クイズ番組にも出演して、借金返済の資金を手に入れようとする）。ローランスの家族はテレビを持っているがけっして見ようとしない。ペレックとロシュフォールはテレビに言及すらしない。しかしながら、こうした小説を通じて人は視覚文化の草創期に立ち会い、フランス社会ではとりわけトリオレとボーヴォワールによって表現されているように、写真の光沢あるカラー印刷によって、雑誌購読者が視覚イメージに満たされた未来に慣れていったということは明白であるように思われる。

したがって、『幻の薔薇』のマルティーヌに「一つの世界から別の世界へ」（p. 47.〔四六頁〕）――すなわち、マルティーヌが幼少期を過ごしたむさ苦しい不潔な小屋から、彼女の養母となるドンゼール夫人の清潔でまばゆい「エナメル塗料、リノリウム張りの床、明るい樫の木や、石鹸とローション」のある（p. 47.〔四六頁〕）住居および職場へ――喜んで移ろうという気にさせてくれるのが雑誌なのである。マルティーヌの奇跡的移行を物語る章は「未来のカラーページ」と題されている。マルティーヌは自分の働く美容院でファッション雑誌に夢中になるという習慣を初めて覚える。「そこにはとても美しい女たちの写真があり、どのページにもナイロン製品、昼間と夜のための透けて見える製品、そして次のページでは突然、素敵なまつげのある目とか、ピンクの爪の手とかが一面を占める」（p. 67.〔六五頁〕）。数年後、マルティーヌは、パリで落ち着き、有名な美容院でネイリストとして雇われていたとき、語り手の言葉を借りると、「豪華な雑誌のグラビアページの中で生きていた」（p. 75.〔七二頁〕）のである。

マルティーヌは、登場人物のなかでもっとも無批判にものを受け入れ、光沢そのもののうちにも、そ

（27）以下を参照。Michel Aglietta, *A Theory of Capitalist Regulation: The U.S. Experience*, trans. David Fernbach (London: New Left Books, 1976), pp. 59-60.〔『資本主義のレギュラシオン理論』前掲書、六五－六六頁。〕

れ自体もフェッティッシュな性質を帯びるようになるカラーページの約束と誘惑にもっとも心奪われる人物である。子どもの頃、マルティーヌは家族にからかわれ、カササギと呼ばれていた。なぜなら彼女は光ったり輝いたりする物に惹かれていたからである。カラーページの光沢はそれまで映画に行ったこともテレビを見たこともない少女を誘惑するのに充分なのである。マルティーヌは女性誌を脚本あるいは設計図として用い、外見や家庭の管理に関して雑誌の指南に適合するように自らを変えるのである――といっても、彼女が純真さゆえに著者によって罰せられ、自分の出身階級に送り返され、ネズミがはびこる森で陰鬱な死を迎えるまでのことであるが。

『ソフィーに宛てた詩』のセリーヌは、同じ雑誌の指南を口やかましい押しつけや攻撃として経験する。セリーヌは「『フランス・ファム』を読めば生き方が分かるでしょうなんて」と皮肉まじりに一人でつぶやき、少ししてから訪問販売の女性が彼女に次のように話す。「ハンドバッグと水着も今年は濃い橙色です。お気づきか分かりませんが、『フランス・ファム』をご覧になれば、どのページからもそれが流行りであることをご理解頂けると思います」(pp. 65-67.)。

『記号と驚異』の主人公は女性誌の世界に夢中になり過ぎた人物として描写されるのだが、奇妙な「近代的」症状を呈するようになる。つまり、「『彼が私を苦しませる、うんたらかんたら』、「夫の仕事が、これこれでさえあれば、私は完璧に幸せなのに」といった、自分が幸せか不幸せかをつねに知らせる」(p. 304.) 女性誌の散文が放つ情緒的教訓が一時的にもなくなると、彼女はもはや自分の感情がいかなる状態にあるのかを測ることができないのである。

『物の時代』と『美しいイメージ』の雑誌購読は、「現実感の喪失」、すなわち前述の再生や複製の感覚の主たる要因として描かれる。それゆえ、たとえば『物の時代』において『レクスプレス』に関する長い議論を含むのはジェロームとシルヴィーの友人関係を扱う章である。そこで少しずつ気づくのは、とりわけこの雑誌を購読する（「彼らは買うか、少なくとも互いに貸し借りしていた」（p. 46.〔五〇頁〕）という共通の習慣によって、ジェロームとシルヴィーを指す「彼ら」は、二人一組のカップルを超えて、同じ好みをもった仲間から成る「水平的な同胞意識」――この言葉はベネディクト・アンダーソンのものである――全体を包含することができるということである。雑誌によって彼らが得るのは、「分かっているぞという目配せ」や「彼らが話していたものをわかっている専門家」、そして、「すべてを意味するほんの少しの説明」、要するに、「男性にとっても、女性にとっても、『マダム・エクプレス』の値打ちを作り出すことで結果的に夫の値打ちそのものを作り出すのにふさわしい趣味」である（p. 46.〔五〇頁〕）。

しかし、『レクスプレス』がすべてを提供することになっているのにもかかわらず、ジェロームとシルヴィーが自ら選んだ雑誌と築く関係は両義性に満ちたものである。一方で、マルティーヌと同様、二人は、雑誌が推進するオープンなブルジョワ的ライフスタイルに憧れている（「『レクスプレス』だけが彼らの生き方にふさわしい雑誌」（p. 46.〔五一頁〕））。他方、セリーヌと同様、二人は雑誌の影響力に抗っている。用心深く、雑誌の政治的立場に同意しない。そして雑誌特有の表現を笑い飛ばすことで二人は雑誌を購読しつづけることができる。「『レクスプレス』に対する軽蔑の念が、彼らの分別をはっきりさせてくれている」（p. 47.〔五二頁〕）のである。

『美しい映像』のローランスの世界は、手を伸ばせば届くところにある低いコーヒー・テーブルが『レクスプレス』と『マリー・クレール』の最新号で山積みになっている世界であり、また別荘――正確には改修した農家――は『あなたの庭』のイラストと見分けがつかない世界である。(28) パーティの際、ローランスが何となく気づくのは、個性が標準化され失われてしまうというしつこくつきまとう感覚においてジャーナリズムが果たす役割である。ローランスはこうした感覚を最近、雑誌で見た意見をある男がとうとうと喋るのをふと耳にしたときのことであった。「あっ、そうだ、最近の週刊紙でこのことを読んだっけ。ローランスは、新聞雑誌を再び読むようになってから、人びとが会話のなかでよく記事の内容を繰り返すのに気づいた。まあ、それでも良いじゃない。どうせどこからか情報を入手しなければならないのだから」(p. 116.［一一六頁］)。

書き手もどこかで自らの情報を入手しなければならなかった。ペレックは述べる。「『マダム・エクスプレス』の山をそばにおいて、『物の時代』を書いたのですが、『マダム・エクスプレス』をあまりに多く読んだ後、口直しにいくつかバルトの著作を読んだものです[29]」。彼によれば、『物の時代』の言葉遣いは、ロブ゠グリエの中立的ないしは表層的な言葉遣いとは非常に異なった方法で機能するように作られている。「たとえば、部屋の大きさどおりに敷かれている絨毯。私にとってこの言葉は諸々の価値体系全体、とりわけ広告が課す価値体系を伝えるものです。私の本がところどころ広告のキャッチコピーそのものだと言えるほど広告は多くの価値体系を課してきます[30]」。さらにボーヴォワールも次のように述べる。「この社会から、私は可能な限り一定の距離を置いているが、それでも、そのなかで暮らしている――新聞、雑誌、広告、ラジオなどを通じて、それは私をあらゆるところから取り囲んでいる。(中略)私がしようとしたのは、社会的な言説を音として再生することだった。私はこの音が記録された書物や雑誌に一通り目を通した[31]」。

雑誌は本より薄く、新聞より耐久性と重量感がある。こうした雑誌の中間的な物のステータスによって――出版文化におけるその物理的特性、価格、散文的なスタイルの観点から言っても――雑誌は本や新聞のいずれよりもシェアしやすいものになる。小説よりも多くの読者にすぐに拾われては捨てられ、病院の診察室のテーブルに並べられたかと思えば、次の通勤者のために電車に置かれ、新聞よりももっと頻繁に隣人から隣人の手へ移るので、一冊の雑誌は一人の人間を超えて読まれる傾向にある。戦後における雑誌産業の成長は、ルフェーヴルが「拘束された時間」と呼んだものが資本主義の下で拡張したことと関係している。この場合、待ったり移動したりする――面会の約束や通勤の――時間が頻繁に訪れ、一日の時間を潰すのであるが、携帯可能なフォーマットで、簡単に理解できる文章、さっと読める記事の長さこそが、日々訪れるそうした時間を埋めるのに役立つ。そして「週刊誌」という形式は週の労働時間のリズムを思わせる。

数ある週刊誌のなかでも『レクスプレス』に圧倒的な影響力を与え、もっとも広汎に読まれる週刊誌にしたもの、すなわち同誌を資本主義の近代化のための最良の手段にしたものは、同誌が三つの物語を巧く折り込んだことにある。フランソワーズ・ジルーは次のように書いている「三つの話あるいは物語が交錯している。男女の物語、雑誌の物語、全身全霊を込めてフランスを「テイクオフ」させようとした人びとの集団の物語[32]」である。ここでいう男性と女性とはもちろんジャン＝ジャック・セルヴァン＝

(28)『美しい映像』の冒頭を参照。「リフォームされた農家」は、『幻の薔薇』のマルティーヌの結婚で重要な役割を果たしている。さらに、夫が働く農場での暮らしを容認できないマルティーヌの理由は、農場が、雑誌で見たリフォームされた農家のどの写真にも似ていないからというものである。

(29) ジョルジュ・ペレックの言葉。引用は次の文献による。Andrew Leak, "Phago-citations: Barthes, Perec, and the Transformation of Literature," *Review of Contemporary Fiction* (Spring 1993), P. 64.

(30) Perec, "Georges Perec Owns Up," p. 19.

(31) Simone de Beauvoir, *All Said and Done*, trans. Patrick O'Brian (New York: Putnam, 1974), p. 122.［『決算のとき（上）』前掲書、一二九頁。］

シュレベールとジルー本人というあのもう一方の「理想のカップル」である。二人が完璧に体現するフランス風アメリカ的ライフスタイルによって『レクスプレス』と『マダム・エクスプレス』は換喩的な栄光を授けられたのであった。フランスのテイクオフを望んだ人びとの集団とは、セルヴァン＝シュレベールやジルーと同様に、教育水準が高く、テクノクラートに親和的な集団のことである。この集団は戦後の危機やその背後にある脱植民地化と決着をつけることを望んだ。また、フランスの経済的刷新に向けて尽力し、刷新された後に来る生活水準の全般的向上によって利益を得ることを望んだ。より具体的に言えば、一九五〇年代初頭、この集団を構成していたのは、「フランス社会の（中略）近代化を達成することのできる唯一の政治家」と評されたピエール・マンデス＝フランスを権力の座に就かせようとし、それに成功した人びとであった[33]。折り込まれた三つの物語――カップル、商品、階級の物語――が合わさって新しいフランスが形作られるのである。

ベネディクト・アンダーソンは、ナショナリズムに関して広く読まれた本のなかで、国民共同体の形成に出版文化が果たした役割を論じた。この議論によれば、匿名の読者が出版物を通じて結びつけられることで「国民として想像された共同体」の萌芽となる「深い、水平的な同胞意識」を確立するのである[34]。アンダーソンは現地の言葉で書かれた創設的な小説とクレオール共同体の形成の初期に書かれたテクストとの関係について論じる。もちろんこうした時期は本書の対象時期ではない。というのも、大まかにいって本書の対象時期は、電力普及の十年ほど後、電子工学普及以前の時期、またテレビが登場した後であるが、多くのフランス人がテレビを所有する以前の時期、植民地との「関係解消」後、国民が編成ではなく再編成される時期だからである[35]。

しかし、アンダーソンの言う「深い、水平的な同胞意識」に似た何か――読み書き能力の向上と商品としての雑誌に触れる機会の増加を考慮すれば、実際、より深く、あるいは少なくともより根をはった同胞意識——が、先述の小説において何度も出て来る雑誌購読者のイメージに作用している。こうした雑誌購読者は、夢中になったりあるいは気晴らしをしたりするが、しかし、何千もの（あるいは何百万もの）新たな、巨大化した中間層によって同時に繰り返される週ごとの儀式を執り行う。[36]「理想のカップル」が主宰するこうした儀式を通じて、国民と階級の同一化が新しいフランスを構築するという計画の

（32） Françoise Giroud, *I Give You My Word*, trans. Richard Seaver (Boston: Houghton Mifflin, 1974), p. 127.『もし私が嘘をついたら』前掲書、一〇四頁。〕訳文は変更した。ここではフランス語のジルーの言葉「フランスを発展させる」を私は、「フランスをテイクオフさせる」と訳した。というのは、ジルーは明らかにW・W・ロストウのよく知られた言葉を参照していると思われるからである。ロストウの見解によれば、この言葉「テイクオフ」は、伝統的社会から高度な大衆消費社会への移行に必要な五つの段階のうちの一つを指している。W. W. Rostow, *The Stages of Economic Growth: A Non-communist Manifesto* (Cambridge: Cambridge University Press, 1960).〔木村健康・久保まち子・村上泰亮訳『経済成長の諸段階——一つの非共産主義宣言』ダイヤモンド社、一九七四年。〕資本主義的近代化の必読書となったこの著作で、ロストウは、着実な成長に対する古い障壁や抵抗が最終的に克服される期間としてテイクオフを描写している。『エクスプレス』の発行部数は一九五三年に六万部であったのが六七年には五〇万部に達していた。

（33） Luc Boltanski, "America, America ... le plan Marshall et l'importation du 'management,'" *Actes de la recherche en sciences sociales* no. 38 (1981), p. 25. 当時の反プジャード主義者でユダヤ人のマンデス＝フランスがプジャード主義の想像力のなかで重要な役割を果たした。プジャードは演説のなかで好んで「自分たちの父親はビストロに通っていたのだが、ヴェルダンに赴くことになった。マンデスはそこにいなかった」という言葉を述べた。プジャード主義者のスローガンでもっと簡潔なものを挙げるなら「マンデス、イエルサレムに帰れ」である。

（34） 以下を参照。Benedict Anderson, *Imagined Communities: Reflections on the Origin and Spread of Nationalism* (London: Verso, 1983).〔白石さや・白石隆訳『想像の共同体』書籍工房早山、二〇〇七年。〕

周囲で強化されたのである。

新興ブルジョワジーの空間

近代的なものと非近代的なもの

先述の小説の著者たちによれば、雑誌という大量生産された商品に対する登場人物の関係を立証し、表象することが、先に提起した物語の問題に対する最初の解決策となる。第二の解決策では、作家のそれぞれが、プロットのレベルで特殊な構造的必然性を認識する必要が生じる。閉所を恐れる中間層が住むパリの環境が読者に提示された後、それぞれ小説が結末に近づくと、登場人物たちはフランスを離れて旅行し、完全に非近代的なものと遭遇することになる。ペレックのチュニジア、ロシュフォールの性的魅力を放つ農民のいる南イタリア、ボーヴォワールの困窮にあえぐ村人のいる禁欲的なギリシャといった具合に。

しかしフランス本土を離れる必要もない。というのも、パリからほんの六〇キロだけ離れたところにある農村の後進性が、トリオレにあっては非近代的のものを構成するからである。こうした旅行の重要性は空間というよりも時間である。旅行の機能は、非同期性というエルネスト・ブロッホのテーマ、つまり、すべての人が他者と同じ時間を生きているわけではないという考えを簡潔に例証することにある。経済的、イデオロギー的、文化的に、農民――フランス人であれチュニジア人であれ――は旧来の時間を生きている。流動的な資本主義の世紀のただなかで農民は自らの生産手段を有し、季節的な循環の時間性に結びついた旧来の経済的意識からなる、ブロッホが「歪められた遺制」と呼んだものでありつづけている[37]。他の歴史的残存物と同様、農民は、厄介なものか絵のように美しいものかの二つのうちのどちらかでしかないものとして、すでに近代化されたものの知覚領域に加わっている。

それぞれの小説では非近代的なものは、近代化されたテクノクラートの環境と同化、統合、両立が不可能なままである。そして不均衡な距離は部分的には消費のレベルで生じるジレンマとして表象される。シルヴィーとジェロームが、チュニジアという「何も二人の物ではない外国の都市」(p. 104.〔一四〇頁〕)で買い物をするとき、市場に置いてある物が「二人に語りかけない」ことに、パリのショー・ウィンドーの物のように購入されるべく合図を送ったりも声を出したりもしないことに気づいて悲しい思いをす

(35) 雑誌購読と国民的な想像力との結びつきは、ロシュフォールが作中の雑誌に『フランス・ファム』――架空の雑誌なのだが、実在する『マリー・フランス』や『フランス・オプセルヴァトゥール』などのようにタイトルに頻繁に用いられる「フランス」という語を強調する雑誌――とタイトルをつけることで、ユーモアを交えて明らかにされる。マレ＝ジョリスの『記号と驚異』は、アルジェリアの独立後に、フランスのピエ・ノワールの文化を促進しようとした保守的な高級誌の創刊をめぐる小説なのだが、この小説のなかで、登場人物たちが、自分たちの雑誌に何と名づけるかで議論するシーンが出てくる。たとえば、『山の手のフランス』は、あまりにもパリの会報のように響くので却下され、『本当のフランス』はあまりにもありきたりなので却下される。登場人物たちの間での唯一の合意点は、タイトルに「フランス」を冠するのでなければならないということである。結局は単純に『ラ・フランス』に決められるのである。

(36) 雑誌と同時に、テレビではなく、ラジオこそがまだ登場人物たちを結びつけるメディア環境を提供している。たとえば、ゴダールやヴァルガ、そしてタチの映画を観る者たちは、車や家で連続的な背景音として初めてラジオが宣伝するのを耳にした。

(37) Ernst Bloch, "Nonsynchronism and the Obligation to Its Dialectics," trans. Mark Ritter, *New German Critique* no. 11 (Spring 1977), pp. 22-38.

る。「長々とつづく惨めな露天やほとんど同じようなたたずまいの店にも、狭苦しいアラブ人市場にも、結局、何一つ二人を惹きつけるものはなかった」(p. 106.〔一四三頁〕)。「どこかに仲間入りの呼びかけでもないものかとあたりを見まわすのだが、それに応えるものは何もなかった」(p. 111.〔一四九頁〕)。「二人は何も買わなかった。(中略)。もともとそんなに欲しいとも思わなかった。どんなに贅をつくしたものでも、どれ一つ大して値打ちがあるようには思われなかったのだ」(p. 116.〔一五九頁〕)。[38] ローランスはギリシャで卵を二つ買うが、いずれも腐っていることが発覚する。

振り返ってみれば、こうした非近代的なものとの遭遇によって、もともとパリに住む人びとの環境はそれとは違う環境をさらに受けつけなくなる。たとえば、『美しい映像』では、パリの環境はあまりにも社会的に切れ目がないので、多少の驚きをもって読者は以下のことに気づく。すなわち、ローランスの情緒的に不安定な娘カトリーヌのユダヤ人の友人という、それほど重要ではない(最終的にはきわめて重要であるが)登場人物が、実際、小説世界に住むなかで唯一何かしら違いをもつ登場人物であるということ、そして、小説のあらすじの大部分が、この友人と彼女がカトリーヌの環境から表象するものとを取り除こうとして展開しているということである。というのも、カトリーヌは、多くの両親の質問にくわえて精神医学的介入までをも受け、その後、彼女の経験してきたあらゆる教育が否定しようとしたものの形跡によって情緒的衰弱に陥ったということが明らかになるからである。否定しようとしたものとは、すなわちカトリーヌの生活とは異なった生活の存在である——とりわけ友達のブリジットが伝えたテレビ画像における世界の反対側には「ニシンの漁網の上に人参の輪切りを一日中のせる若い女性たち」(p. 98.〔一〇六頁〕)の組み立てラインがあるという知識である。

そして『美しい映像』の世界では、ユダヤ性あるいはあらゆる別の他者性は、不均等発展の現実、すなわち生産の世界全体と世界の剝奪――ローランスが感じる居心地の悪さや不安と質的に異なったままである疎外――へ不可避的に至る。そこで問題となるのは二種類の反復である。第一の反復は支配的なもので、すなわちイメージの反復であり、ローランスが自らの広告の一つになってしまったのではないかという恐怖の反復である。もう一つの反復は、組み立てラインの反復であり、第一の反復が締め出そうとするがゆえに必然的に物語が展開する舞台の外に置かれなければならず、子どもの悪夢の材料として見なされるに過ぎない反復である。悪夢としての生産。というのも、ここで取り上げた小説では、労働が抑圧される世界は不可視性という質的に新たなレベルに達したように思われるからである。

『現代の神話』のなかでバルトが分析した自動車展示場の新型シトロエンのように、フェティッシュの対象となった車の完璧さの要因は、ボディーの目立つ接合部分やリベットを消し去ることに――要するに滑らかさに――あり、製造過程や労苦を感じさせるような形跡はこうした物の世界では不快なものとなるのである。ローランスは、ユダヤ人の少女のスカートにあるほころびを塞ぐ安全ピンにずっと不快なままでいる。ローランスは、ピンが見えなくなるようにスカートを固定する正しい方法をブリジッ

---

(38) ジェロームとシルヴィーはチュニジアのアラブ人市場で偶然、「アメリカでもっとも著名なシャツメーカーのくたびれた売れ残り品」を見つけたとき、フラストレーションを抱えることになるが、これはパリにいたときの地元の蚤の市での興奮と並置されるべきである。(Perec, *Things*, p. 40).［『物の時代・小さなバイク』前掲書、四二頁］。アンドリュー・リークは、こうしたシャツを、二人が「お下がり」というプチブル的イデオロギーを具体化する例として引き合いに出す――プチブル的イデオロギーといっても、それ自体ブルジョワ・イデオロギーの劣化版でしかないが。おそらくそのとおりであるが、しかし、二人は同時に、アメリカ合衆国に対するフランスの「お下がり」的な立場もまた示しているのである。

トに教えるまで落ち着かない。シルヴィーとジェロームは、小さなアパートに不満で、休暇から戻ったときに「効率的でコンパクトな暖房装置と目立たない電気配線」のあるゆったりとした快適な空間にアパートが改造されるのを夢見る。二人は、魔法のように現れ、調理や準備の跡を何も残さない食事を好む。逆に二人が好まないのは「碌でもない材料を御馳走に変え、フライパンや鍋、肉刻み包丁、漉し器、オーブンなどの世界を連想させるゆっくりと手の込んだ料理」(p. 55.［六六頁］)である。

　ローランスの階級が、映像文化が開始する一九五〇年代から六〇年代にかけて、小説の表象として描かれたとき、この階級には、自らの虚構性を恐れ——すなわち、ピエール・ブルデュー［一九三〇－二〇〇二年。社会学者。主に教育社会学や文化社会学の発展に寄与］が教示したのとは違って、適度な「文化資本」や地位の欠如を恐れるだけではなく、それらを持っていることを恐れ——、その虚構性によって抽象化された物になることを恐れる個人がたくさんいた。ローランスが何度も繰り返す発言、「他人が持っていて、私が持っていないものは何か」とは、自分にない何か特定の物質的な対象や所有物よりも、むしろ自らが抽象のなかに消し去られたり、吸い込まれたりするような感覚を示している。ローランスの問題は、自分が『レクスプレス』のようなライフスタイルのイメージに見合っていないかもしれないということではなく、彼女が実際にそうしたイメージを持っていることを恐れているということ——ローランスは木版パネルやトマトソースの広告で目にするカップルみたいに、虚構になってしまうことを恐れているのであるが、それは、つまりローランスが鏡の向こう側に移り、物象化の物象化となり、イメージに組み込まれているという恐怖である——にある。これこそが階級を捉える不安であり、新しいフランスをはっきりと表現するために要請されているものである。しかし、こうした恐れの背後には同じくらい強い欲望がある。それは結局、抽象になることが、歴史の外で生きることの特権と安定のために払うべき小さな代償でしかないのである。そして、歴史の外で生きること——高度産業社会で支配階級が見通しを失ったことに特有の「歴史の終わり」の感覚——は、どんなに否定的なものであっても、一種のユートピアを構成するのである。

　新たなフランスのカップルを築くことは、階級的に必要とされたばかりでなく、国家主導の近代化の取り組みに結びつけられ、国民的なレベルで必要とされたのである。フランスを未来に導くように要請されたこのカップルはまさに階級である。まさにそのライフスタイルは、世界を未来のないものにし、その代償に安全を手に入れようとする願いに基礎づけられる。都市で暮らすテクノロジーに浸ったカップルが、自らが虚構になるのを感じるのは、それが歴史的に偶発的で新しいからというだけでなく、その外観も強度も、物質的にも美学的にも、どこか分からない場所で生み出されるからである——ただ、それはフランスである必要がある。カップルの物質的な安全は、一般的かつ周期的な不均等発展の条件、換言すれば、資本主義が許容する唯一の種類の発展、つまり歴史がその姿を現す唯一の方法に基づいている。

　それと同時に、新しいカップルは、適切な新しい習慣を形成できず、アメリカ式の雑誌や映画からその多くを借り受けなければならなくなった状況のなかで自分自身を見出す。『エル』が創刊されたとき、表紙には戦争の痕跡が見えないアメリカのモデルが起用された。また、家庭電化製品のテレビ広告も、当初、アメリカの郊外キッチンで撮影された(39)。フランスは、繁栄によって全般的な経済的矛盾——搾取

---

(39)　以下を参照。Denise Dubois-Jallais, *La tzarine: Hélène Lazareff et l'aventure de 'ELLE'* (Paris: Editions Robert Laffont, 1984), p. 138; and Communica International, *De la 4CV à la vidéo 1953–1983: Ces trentes années qui ont changé notre vie* (Paris: Communica International, 1983), p. 14.

する者と搾取される者、支配する国と支配される国、植民地住民を搾取することとアメリカの資本によって支配されていることといった諸矛盾——のなかで噴出する問題を免れたわけではない。それと同様、フランスの中間層に属するカップルも、自らの能力や小道具、日常生活の装飾品が、ハリウッド的な物語映画やアメリカ市場の優位を通じて大規模に供給されなければならず、それと同時に（植民地に言及しないとしても）農村の後進性を犠牲にして自らの繁栄を確保したのであった。

近代化における排除の論理

こうした中間層が確立し、国民的なレベルで中間層として、いわば、国民そのものに含まれるようにして、かたちを取り始めたときにはじめて、ペレックやボーヴォワールの小説で働いていたような新しい排除の論理が優勢になる。高度経済成長期の新たな都市のカップルは、厳密に言えば、もはや階級とは言えないような同質的かつ国民規模の階級の前触れなのである。近代化は、潜在的に好戦性を持った労働者階級と、多様なファシズムの温床たる伝統的プチ・ブルジョワジーという二つの「危険な階級」を除去ないしは吸収し、植民地からも距離を置いたのだが、その後には「広範な中間層」が残され、それがコンセンサスの核となった。近代化が進み、国民的な主観性が階級に取って代わる。つまり、フランス人であるか否か、近代的であるか否かである。文化や国民性における差異は、様々な懐古主義的観点から、すなわち自然の摂理としか言いようがない——人種的な——根本的障害として再解釈された。階級の闘争および矛盾（両者ともにある程度の移動可能性を含む）が（ペレックの作品のように）緩和あるいは不可視にされ、また（ボーヴォワールの作品においては）子どもの悪夢という遠くで起きた事件のように舞台外に置かれると、そのとき一義的な「私たち」と「私たちでない者たち」以外何も残らない。言い換えれば、人種的アイデンティティの隔世遺伝の原理への回帰とそれに付随する包摂と排除という空間的論理しか残らないのである。ペレックとボーヴォワールの滑らかなパリはこうした新たなアイデンティティの原理を空間的に演出するものに他ならないのである。

ペレック、ボーヴォワール、ロシュフォールのような作家が――同時期のパリで都市実験を行っていたシチュアシオニストや空間と都市の多様なカテゴリーのなかに「日常生活」という最初の概念を徐々に適用していったアンリ・ルフェーヴル以上に――理解していたことは、都市としての社会の新しいイメージの出現――および、内部と外部や、肯定的に評価された近代性に包摂することとそこから排除することといったまったく新しい主題の始まり――であった。都市は中心と郊外、そして市民を有する市内に住む者は、内部の人で追放されるべき者は誰か、そして外部の人に門を開くべきか否かを決定するのである。

一九五〇年代および六〇年代の資本主義の近代化は、ある部分では工場としての社会という埃をかぶった時代遅れのイメージを払拭することで、都市としての社会のイメージを創出した。工場は階級闘争として知られる内部闘争に悩まされ、経済的搾取の問題に規定される政治に支配されていた。しかし、ローランスやジェロームとシルヴィーの茫漠としたほとんど名づけようのない不安は、搾取によって説明することはできなかった。こうした登場人物が抱えていた問題は、搾取というよりも「疎外」のカテゴリーに分類される。この疎外のカテゴリー自体が、異質な者にすること、よそ者にすることを意味するラテン語アリエナーレ（*alienare*）に由来する空間的な言葉である。また、フランス語アイユール（ailleurs）（どこかよそ）の語源であり、別名、また、どこか他の場所を意味するラテン語アリエヌス（*alienus*）やアリウス（*alius*）に由来する。疎外のジレンマによって位置とアイデンティティの二極が強調される。つまり、疎外されるとは自己から追放され、自己にとって異質なものとなることなのである。

移民の排除と郊外化

再び住宅が問題となる。とりわけ戦後のパリの深刻な住宅不足と荒廃状態を考慮したとき、どこに新中間層は住むべきなのだろうか。ローランスやジェロームとシルヴィーのために滑らかなパリを新たに建設するために、パリに住む人口の三分の二以上が、強制的にあるいは度重なる家賃の高騰によって街の中心から放逐されることになった。[40] 言い換えれば、先に検討した近代化と衛生が結合することによる政治的効果が見えるようになるのは、新たな都市の社会地理学においてである。二〇世紀後半を通じて、こうした政治的効果は、ある種、社会(都市)体の「浄化」(浄化と言えば、著名なファサードの表面をサンドブラスティングすることで、都市を「漂白する」というドゴール政権下のマルローの決定のうちに喜劇的とさえ言える思考を見出すことができる)というかたちをとりながら、少しずつ人種的な性質を帯びていくこととなったのである。

一九五〇年代前半のパリは、西部の裕福な地域と中心部やその周辺のあばら屋とが混在しており、依然として著しく不均等な様相を呈していた。しかし、一九五四年から七四年にかけて、パリの建築面積の二四パーセントが破壊され、そして再建された。[41] 近代性と衛生は、モンパルナス、イタリア広場周辺、ベルヴィル、ベルシーといった地区全体を取り壊す口実として利用されたのである。一九世紀のオスマンによる都市改造は、初めて大規模に都市貧困層を立ち退かせる契機となった。一九五四年から七四年にかけて、第二の排除の波が訪れ、パリは人口の一九パーセント——約五五万人で、おおよそリヨンの人口に匹敵する——を失った。

しかし、この統計はパリの再開発の結果として、実際、何が都市の社会的境界を根底的に再検討するものであったのかを覆い隠している。この時代、パリに住む労働者の数は四四パーセント減少した。労働者が中心から離れた郊外に四散した一方で、上級カードルの数は五一パーセントも上昇した[42]。一九世紀と同様に、土地収用を正当化する根拠は同じであった。つまり、衛生と治安である。一九世紀には、地方から来たばかりの日雇い労働者——一八七一年のパリ・コミューンの一味であるが——が都市の再開発計画のために働いていた（こうして変化の道具と主たる被害者の両方が生まれたのである）。それと同様、二〇世紀のパリの近代化では、中間層による中心地域の奪還のために、来たばかりの外国人移民の大部分が雇われることになった[43]。フランスの移民政策は変動する労働需要に応じてきた。制限が緩和された開放政策が、経済成長期の開始と一九五四年に急激に進む都市開発に応じていた。他方、新たな厳しい移民規制は二〇年後、不況の到来を告げるものだったのである。近代化およびそれを称揚した新たなる首都は、大部分において、アフリカ人を犠牲にして建設されたものである——アフリカ人の方では、近代化の過程で結果的に生じた新たなかたちのセグリゲーションで自らが締め出されているのに気づくの

（40） Claude Eveno and Pascale de Mezamat, eds., *Paris perdu: Quarante ans de bouleversements de la ville* (Paris: Editions Carré, 1991), p. 275.
（41） Norma Evenson, Paris: *A Century of Change, 1878–1978* (New Haven: Yale University Press, 1979) pp. 309–310.
（42） Eveno and de Mezamat, *Paris perdu*, p. 159.
（43） パリ・コミューン下の文化運動に関するより詳細な議論については以下を参照。Kristin Ross, *The Emergence of Social Space: Rimbaud and the Paris Commune* (Minneapolis: University of Minnesota Press, 1988).

であった。

新興ブルジョワジーのパリを創出するために用いられた方法は、一九世紀の都市改造計画に基づいて予見することができた。つまり、この方法は、市の境界内に、公的か私的か問わず意思決定に関わる各種センター、研究センター、政府の「シンクタンク」を集中させ、残存していた産業労働をパリ郊外へと移動させるインセンティブを雇用者に与えることにあった。当時、あまり明らかになっていなかったことだが、こうしたパリ市外への産業移転――未熟練の、多くの移民労働力とともに――は、都市郊外でのマリノリティ集団の密集地域を増やしていくことになる。アルジェリアの独立は一九六〇年代の「団地」ブーム――ピエ・ノワール［アルジェリアに居住したフランス人植民者を指す言葉］の大量流入と同時期の北アフリカ出身移民の急増による需要に応じたブーム――において重要な役割を果たした。一九六九年には以前より大きくなったイル＝ド＝フランスの六人に一人は団地に住んでいた(44)。パリ市内は、ほとんどが白人の上流階級および中産階級によって占められ、この時代に今日、知られている姿になった。つまり、移民が多くを占める労働者階級が住む郊外が群島のように広がるなかで、パリ市内は中心的な権力の場になったのである。

移民の郊外化は全面的なものではなかった――グット・ドール［パリ北部の一八区に位置し、様々な国を出自とする移民の街として知られる］のように特別な北アフリカ出身者が住む地域は差し当たり不可欠なものでありつづけた。たとえ、一般的なフランス人がこの地域を一種のゲットーとして認識していたことに対する政治的反応として、すぐに大規模に再開発されることになるとしてもである。「グット・ドールこそ恐ろしい囲い地の中心」（p. 188［二六六頁］）という表現こそ、エチェレリが『エリーズまたは真の人生』で外部の者が一九五〇年代の一八区を理解するときの様子を記述する方法なのである。それから中国人とベトナム人という相対的には歓迎された者たちが、インドシナ戦争終結後にパリに流入した。中国人やベトナム人は近代化を遂げたイタリア広場に建設されたタワーや高層ビルに住む傾向があった（おそらくその部分的な理由として、ほとんどのパリ住民がそこに住みたいと思わなかったことが関係している。パリ住民は、郊外建築による本当の都市への侵入と表現されそうなものを感じていたのである）。

このような郊外化はまったく新しいというわけでもない。というのも、移民労働者とその家族は国営の高層ビルに入る前に、郊外の工業地帯にあるスラムに集まっていたからである。しかし、いくつかの調査によれば、平均的なフランス人は当時も現在も、「移民」という言葉を聞いて、アルジェリア移民のイメージを想起するということが確認されている——逆説的ではあるが、帝国の時代にはアルジェリア人はフランス市民であり、今日（少なくともいまのところ）も同様に、その子どもたちはフランス市民である。(45) たしかに戦後にアルジェリア移民は増加した。その理由は部分的には植民地下にあって生活が困難であったことに帰せられるが、一九四五年に機械化という近代的な形態がアルジェリア農業に導入されたことが大きい。一九五〇年代にはアルジェリア人はフランスへの入国特権を持っていた。というの

（44） Evenson, *Paris*, p. 238.
（45） 以下の文献のアルジェリア人に関する節を参照。Marianne Amar and Pierre Milza, *L'immigration en France au XXe siècle* (Paris: Armand Colin, 1990), pp. 36–44. 換喩によってもまた、スラムはフランス民衆の心象風景において北アフリカ人と同義だった。シャンピニュイ＝シュル＝マルヌのようなスラムのなかでも最大のものが実際はポルトガル人のスラムであったときでさえもである。以下も参照。Paul E. White, "Immigrants, Immigrant Areas and Immigrant Communities in Postwar Paris," in *Migrants in Modern France*, cd. Philip Ogden and Paul White (London: Unwin Hyman, 1989), pp. 195–212.

もフランス側にはアルジェリア人はすぐに立ち去るという暗黙の前提があったからである。また、一般的に言って移民は、重要度の高い新しい産業に対して流動的かつ素早く利用可能な労働力を提供するものとして必要とされていたからである。

しかし、実際のところ、移民の多くが残った。一九六二年以降、独立したばかりのアルジェリアはカードルを必要としたのであって、労働者を必要としなかったのである。フランスで増えつづけるアルジェリア人(一九五四年に二一万一六七五人、六二年に三五万四八四人、六八年に四七万三八一二人)[46]が住んだのは、郊外(貧困な生活環境であるが、その代わりに社会的・文化的自由度が高く、警察の取り締まりが都市中心より少ない地域)のスラム(「あばら家の多い地区」)か、郊外よりも管理が強化された市内に位置する不衛生区画(「不健康な区画」)と呼ばれたグット・ドールなどであった。とりわけ一九六〇年代初頭の暴力的な再開発の対象になったのはこうしたスラムや不衛生区画といった地域であった。この一九六〇年代初頭というのは、ドゴールがセーヌ県知事のポール・ドゥルヴリエに以下のように述べたことが報じられるときであった。すなわちイル゠ド゠フランスは一種の売春宿であり、ドゥルヴリエによれば「私にこの場所のために何かしらの命令をさせること」で再開発を着手すべきであると[47]。不衛生区画の取り壊しは、中心地に残っていたマグレブ系やブラック・アフリカ系の住民を追放する結果となった。

再開発のなかの衛生と治安

再開発は、マニュエル・カステルが定義し、クリスティアーヌ・ロシュフォールらが経験したように、つねに攻撃的で、既存の空間の機能と社会的内容を変えようとして都市構造への積極的な国家介入を要求する。二〇世紀中頃の再開発の歴史が示しているのは、新しいパリが、資本主義の近代化によって先に検討した衛生に関する言説が巧妙に利用されたことの論理的な帰結であるということである。破壊の対象となった市内の地域、いわゆる不衛生区画は、人口が密集した区画であり、結核の死亡率が高かったために一九三〇年代にそのように名づけられた。一九五四年の時点でもこの不衛生区画は大部分手が加えられないままであった。不衛生区画には一〇万人以上の人が暮らしていたが、もう結核は問題ではなかった。

しかし、だからといって土地開発業者や販売促進業者が、都市再開発事業の主たる正当化のために衛生や公衆衛生を用いることを防いだわけではなかった。パリの全住民のためになる公衆衛生の改善に言及することで、一九五四年以後に着手された都市開発の多くが正当化された。とりわけ注目すべきは、一九六三年、ドゴール政権下で決定されたパリの中心からレ・アールを除去すること――「都市の心臓部の除去手術」とシュヴァリエが呼ぶ行為(48)――である。これに関与した土地開発業者によればパリの心臓部は病に侵されていた。レ・アールに原因があるとされた交通渋滞を都市からなくそうとするキャンペーンのなかで、土地開発業者は、不衛生と考えられていた市場に繰り返し言及し、建物の表面下に「ネズミの大群」やその他の目に見えない汚物がいると主張したのである。

一九五八年のドゴールの帰還とそれで告げられた「テクノクラートの支配」は、進行中の都市開発計

(46) Amar and Milza, *L'immigration en France*, p. 42.
(47) 以下より引用。François Maspero, *Les passagers du Roissy-Express*, (Paris: Seuil, 1990) p. 196.
(48) Louis Chevalier, *The Assassination of Paris*, trans. David P. Jordan (Chicago: University of Chicago Press, 1994), p. 260. レ・アールの撤去作業最後の夜は一九六九年二月二七日であった。市場の撤去をめぐる論争に関するシュヴァリエの議論を参照。pp. 210-216.

画の人員と考え方にある種の変化をもたらした。それまで建設は個人や会社によって行われるものであった。ドゴール主義によって公的領域と私的領域を混合するという新しい段階が導入された。この混合は「販売促進業者」、つまり単なる建設者の代わりに銀行と公的機関の間の仲介人として働く新たな登場人物の出現によって体現される。「したがって、この至福の数年で形成されたのは、パリに住む人の社会にとって新しい何か、あるいはバルザックであれば新たな社会類型と呼んだような何かであった。この何かとは、まるで遠い世界、不動産に集まる人たちの奇妙な群れ、不動産動物なのである[49]」。

ハイブリッドに形成された土地開発業者あるいは販売促進業者は同時に、投機家であり、建設業者であり、銀行家でもあるような一面を持ちながら、たいてい広報活動の人間である。こうした業者の主たるプロモーションの一つは、いかなる（社会的）費用を払ってでも建設するという神話にある。販売促進業者は、資本だけでなく、取り壊しと建設のために必要となる国の許可さえも手に入れ、国家と民間の利益の境界線を曖昧にする。こうしたことが、古い地区の金融投機と取り壊しをめぐる大規模の腐敗が蔓延した時代として今日なら考えられる時代に、行われたのである。ジークフリート・クラカウアー［一八八九－一九六六年。ジャーナリスト・社会学者。歌劇や映画など大衆文化を素材として第二帝政期のフランス社会やヴァイマル期のドイツ社会に関する著作を発表］がオッフェンバックに関する研究のなかで鮮明に活写した、巨額の不動産投機と土地収奪が行われた第二帝政期以来、最大の規模だった[50]。

再開発の対象となった地域の住民は、販売促進業者によって立ち退きを要求されたり、圧力をかけられたりした。その際、販売促進業者は頻繁に再居住や補償といった詐欺まがいの約束をしたのだった。再居住があるとしても、それはたいてい手っ取り早く建てられた団地――ときに「垂直的スラム」と形容された――のなかの一室においてであった。そうした団地は、たとえばパリから二〇キロほど離れた郊外のグリニー［パリ郊外南部の都市］のように、あらゆる公共交通機関から遠く、ただ高速道路に隣接しているというだけの場所に建設された。多くの場合、個人であれ家族であれ高齢者と（あるいは）移民の生活様式のなかでこのような排除が引き起こした混乱の代償として、販売促進業者はバスルームとモダンキッチンといった近代化の誘惑を提示したのだった。皮肉なことに、グリニーの事例では、このような約束は長くつづかなかった。ずさんな建設と粗末な建設材料のせいで、人びとが再居住してからたった五年で、四五〇の建物が今度は「不衛生」と宣告されることになったのである。

特定の地域——パリのベルヴィルやナシオナル通りの地域、あるいはリール郊外のルーベ地域——の開発に関する研究が示すのは、多くの事例で、移民の存在そのものが、再開発を推進する販売促進業者やその同業者によって、大規模な介入が必要であることの指標として用いられたということである。地

（49） Chevalier, *The Assassination of Paris*, p. 34. シュヴァリエは、フェルナン・プイヨンが新しい社会類型を描くために用いた語彙の物語を引用する。「たしかに私は「不動産屋」の職業をよく知っていた（後に「販売促進業者」という言葉が、一九五四年から五五年頃に作られた国民住宅公団の長であったラリュによって発明されたのである）」（p. 31）。

（50） 以下を参照。Siegfried Kracauer, *Orpheus in Paris: Offenbach and the Paris of His Time*, trans. Gwenda David and Eric Mosbacher (New York: Knopf, 1938).［平井正訳『天国と地獄——ジャック・オッフェンバックと同時代のパリ』筑摩書房、一九九五年。］ジョルジュ・ポンピドゥの経歴は、ドゴール主義のもとで実施された公的・私的領域間における異動が新たに緩和されたことを示す格好の例である。実際、ポンピドゥは、一九四五年にはドゴールの閣僚の一員だったが、五四年にはロスチャイルド・グループに加わり、五六年に銀行の頭取になった。（ドゴールが再び大統領になると）一九五八年の六ヶ月間、ドゴールの閣僚に返り咲くが、五九年には再び銀行の執行部となり、六二年には首相になったのである。以下を参照。Eveno and de Mezamat, *Paris perdu*, pp. 159-162.

域ごとに違いがあるにもかかわらず、以上の研究すべてが衛生や公衆衛生の言説と外国人の排除がある程度一致しているということを示している。たとえばルーベでは、織物産業の衰退（そしてそのことで生じたもはや不要な外国人労働者を排除する必要）は、労働者地域の不衛生、すなわち、その地域の再開発の差し迫った必要性をめぐる都市行政内のコンセンサスと軌を一にしていた[51]。労働者地域の荒廃に関して得られたコンセンサスは、外国人をそこから追い出す必然性に関するコンセンサスとなった。文化的ステレオタイプは新たな活力を宿し、そして、ほとんど誰も気づかないうちに、諸悪の根源は荒廃した家から移民の存在へと変わったのである。いわば移民の数を制限することは「社会的衛生」行為となった。いまや移民こそが、存在そのものによって都市の再開発を妨げている。したがって当然、移民は立ち去らなければならないというのである。一つの意見が完全一致へと至る。移民が存在する原因は不衛生な住居であり、不衛生な住居の原因は移民がそこを占拠しているからである、と。

ベルヴィルのようなパリの大衆地区の場合、標的とされた地域の否定的側面を強調する広汎な世論キャンペーンが、開発の前に販売促進業者によって着手された。否定的側面は二点、すなわち衛生と治安の欠如である。この二点の欠如が、世論キャンペーンでは、「移民労働者」の普及しているイメージによって効果的に具体化された[52]。目的は可能な限り土地を安く取得することにあるので、このキャンペーンの後には、地域のそれなりに裕福な者に対して、立ち退きによって状況はさらに良くなるという説得が試みられつづけた。店を畳む者が少しいるだけで地域住民は混乱に陥ることがあった。近い将来の取り壊しや閉店を告げる公式文書は、「トラブル」に直面するくらいなら（その地域やフランスから）立ち去る方がましだと考える移民を、たびたび震え上がらせるものであった。

こうした手続きが行われると、土地は売り時となって——たとえば、ジェロームとシルヴィー、あるいは、「資産家」の住む地域ではなく、都市開発された場所になら住めるという別の若いカードルのカップルの誰かに――、その地域が持つ意味合いは実際に反転させられた。いかなる過密状態も、地域の活気と活況の証左となる。一連の再開発に対してほとんど勝ち目がないのに抵抗しつづけた小売店主は、地域に欠かせない舞台装置となり、悩みを抱えた移民は大人しくエキゾチックで絵になる隣人となるのである。

(51) 以下を参照。Bruno Duriez, "De l'insalubrité comme fait politique," *Espaces et sociétés* no. 30-31 (July-December 1979), pp. 37-55.

(52) ベルヴィルの再開発に関するもっとも優れた研究者たちは、衛生と治安を「ブルジョワジーの二つのつまみ」と呼んだ。こうした研究者が示唆するのは、パリ・コミューンの間、蜂起の中心地であったベルヴィルの歴史は、二〇世紀を通して安全ではないという街のイメージ形成を促進した。つまり、カトリックの大司教を暗殺するアナーキズム的労働者のイメージが、ナイフを振り回す外国人のイメージと簡単に一緒くたになるのである。以下を参照。Jean Céaux, Patrick Mazet, and Tuoi Ngo Hong, "Images et réalités d'un quartier populaire: le cas de Belleville," *Espaces et sociétés* no. 30-31 (July-December 1979), pp. 71-107.

第四章　新しい人間

新しい人間と人間の死

民族主義運動における「新しい人間」

「新しいタイプの社会が私たちの眼前で形成されつつある」[1]。アルジェリア戦争終結の一九六二年を境とした前後一〇年ほどの時期は、ここ最近で言うと、おそらくフランス人による「新しさ」の大合唱に包まれた最後の時期であった。フランソワーズ・ジルーは、一九五八年に「ヌーヴェル・ヴァーグ＝新しい波」という言葉を作り、現れつつある都市の若者文化を描いた。この言葉は後にある歴史的時期を指し示す共通の表現となった。当時、多くの人は、二重生活あるいは同時にそれ以上の生活を送っており、適切な習慣や確固たる行動様式を持つことがなく、様々な状況に立ち向かうだけの活力を持つと同時にそれに伴う疲労も感じていた。この時代の文化史では、新しさの活力を当時標準的であった前衛の

（1）Alain Touraine, *La société post-industrielle*（Paris: Denoël, 1969）, p. 7.〔『脱工業化の社会』前掲書、一一頁。〕

場のうちに位置づけることはよくあることである。たとえば、ヌーヴェル・ヴァーグとして知られることになる若い映画作家たちが演劇的かつアカデミックな映画的伝統に告げた大胆な決別や、あるいはヌーヴォー・ロマンという名のもと、やや恣意的に分類されるが実際には流派というものに反発する小説家たちの厳格な文体的実験において、である。しかし、当時の言説が生産される様子を検討すると、たいていの場合、「新しい」という形容詞によって修飾される名詞は、実のところ「人間」だということが分かる。問題となっている一〇年間に、「新しい人間」の誕生、つまり（男性的な）主体性の新たな構築の成果が全方位から唱えられ、祝福され、分析され、そして議論されたのである。

とはいえ、視点を変えれば、実際にはいくつかのタイプの「新しい人間」が存在していたのだとも言える。こうした新しい人間たちのアイデンティティや活動が重なり合うときもあれば、厳密に区別されたままのときもあるが、ある程度、互いに対立するものとして定義されてきた。ここでは、戦後における三つの主たる男性性の型を検討したい。そのそれぞれが自らの「新しさ」を表明し、それぞれが独自の言説と空間の場を占めていた。その場とは、密林（武装したレジスタンス組織による接近不可能な地域）、大学、企業である。

「新しさ」をめぐるもっとも強烈な感覚は、当然、進行中の大衆的な民族主義運動と脱植民地化をめぐる戦争から生じた。一九六〇年という一年のうちだけでもアフリカの一五カ国が独立したが、これはフランスに対する継続的なアルジェリアの闘いの結果でもあった。創造に関するユートピア的なレトリック――クリーン・スレート〔宗主国から独立した旧植民地諸国が独立以前に締結された条約などで定められた義務から解放されるという国際法上の原則〕やタブラ・ラサ――が、植民地の状況を分析し、その転覆を呼びかけようとした反植民地主義の作家たちの著作に強い影響を及ぼしていた。この意味においてエメ・セゼールの『植民地主義論』の冒頭は典型的である。ごく短い、しかし洗練された文章のなかで、セゼールは、ヨーロッパと植民地の関係を描き出し、前者の古くささ、病状、道徳的腐敗（「頽廃し」、「傷つけられ」、「死につつある」）をはっきりと非難した。こうしたヨーロッパの背景のもと、植民地の人びとだけが歴史的に新しいものとして姿を現すことができる。[2] しかし、人間は世界を変えると同時に人間自身も変わるという議論を展開しながら、限界まで進んでいったのは他ならぬファノンである。ファノンが『地に呪われた者』のなかで「ヨーロッパの停滞[3]」と呼ぶものに弁証法的に対立して、「脱植民地化」は成し遂げられる。「脱植民地化は、存在に、新しい人間のもたらす固有のリズムを、新たな言語を、新たな人間性を導き入れる。脱植民地化とは新しい人間の真の創造である」（p. 36〔三六～三七頁〕）。

ファノンの言う「新しい人間」は、歴史的であると当時に肉体的かつ性心理的な現象でもある。ファノンの印象的な文章に後で立ち返るが、そこでファノンは「ヨーロッパの停滞」と「弁証法が段々と均衡の論理に変わっていき、停止してしまった運動」を同一視している（p. 314〔三一一頁〕）。言い換えれば、ヨーロッパは、機能主義モデルの静的な再生産に、すなわち過剰に発展した世界のポスト歴史に屈服したのである。厳密な意味では、歴史的あるいは弁証法的運動は第三世界の側にある。しかし、この

（2） Aimé Césaire, *Discours sur le colonialisme* (Paris: Présence Africaine, 1955); trans, Joan Pinkham as *Discourse on Colonialism* (New York: Monthly Review Press, 1972), p. 9.〔砂野幸稔訳『帰郷ノート・植民地主義論』平凡社、二〇〇四年、一三二頁。〕

（3） Frantz Fanon, *Les damnés de la terre* (Paris: Maspero, 1961), trans. Constance Farrington as *The Wretched of the Earth* (New York: Grove, 1968), p. 314.〔鈴木道彦・浦野衣子訳『地に呪われたる者』みすず書房、一九九六年、三一一頁。〕

運動はファノンにあっては、動いている人間の肉体運動や筋肉運動と区別がつかない。脱植民地化という歴史的運動、つまり弁証法的運動（「大文字の人間の新たな歴史を開始することが、第三世界の問題なのである」〔p. 315［三一二頁］〕）は、数十年にもわたる人種主義的な植民地の制限下で積み重ねられた筋肉の緊張を弛緩し、「男性的武勇」（p. 52［五二頁］）という夢の実現から解放されることと切り離すことができない。脱植民地化によって解き放たれた「固有のリズム」は、生きられた身体のリズムであると同時に歴史的必然性のリズムなのである。

しかし、この「新しい人間」は性心理的にも新しく、この意味においてこそ、ファノンを男性性の理論家として読むことができる。植民地の状況に関するファノンの分析は、フロイト的な去勢のモデルに多くを依拠している。このモデルによれば、去勢された（男性的な）被植民地の主体は、革命的連帯および植民者の暴力的転覆や排除を通じて、十全たる男性性、つまり「全体性」を獲得する。これこそが「全体的人間を創り出すことを試みようという新たな方向性」（p. 313［三一〇頁］）を求めるファノンの呼びかけの根底にある意味の一つである。他方、被植民者自身が占めたいと願う位置を植民者が占めているという事実があるにもかかわらず、ファノンの見解では、ヨーロッパ人もまた「全体的」ではない。それどころかヨーロッパの人間こそが不完全なのである。「私がヨーロッパの技術とスタイルに人間を探し求めたとき、私はただ人間否定がつづけられ、殺戮者がなだれ込んできただけなのだということを理解した」（p. 312［三一〇頁］）。被植民者という新たな男性性の出現によって、人類についての概念的な問題全体に関して先例なき再検討が行われる。「人間の条件、人類のための計画、人間性の全体性を増大させる人間たちの間での協力が新しい問題であるのは、それらが真の発明の数々を要求するからなのだ」（pp. 312-313［三一〇頁］）。

ファノンのレトリックは、ある程度、長い伝統を持つリバタリアンのレトリック、ジェルジ・ルカーチのような実存主義的マルクス主義のレトリックに連なるものがある。ルカーチは、共産主義こそが「真正な人間性」や人間の「全体的人格性」を実現するものと考えていたからである。アンリ・ルフェーヴルもまた、「全体的人間」というマルクスの概念は、西洋的、ブルジョワ的、市場的社会の物象化された道具的諸関係によって価値を減じられた「経済的人間」に対する、もっとも強力な対抗手段だと考えていた。(4) とはいえ、ファノンの「新しい人間」という観点は、他の方法、つまり具体的に言うと、植民地状況によって生み出されたものである。全体的であることはヨーロッパのモデルの模倣を意味しない。それとてヨーロッパのマルクス主義によってもたらされたものであったとしてもである。「われわれは何者にも追いつこうとは思わない」(p. 314〔三一二頁〕)。

ファノンはヨーロッパの（そして、とりわけ頽廃したヨーロッパのブルジョワ）モデルを模倣することの危険性を鋭く理解していたが、だからといってフランスのブルジョワ的な概念やその卓越した価値、すなわちヒューマニズムの基礎としての人間を——転覆し変革させることが目的だとしても——受け入れるのを拒んだわけではない。しかしフランスでは、まさにこの概念こそが、ここで第二の「新しい人間」と呼ぶ人びとに——自民族中心主義への批判もあって——厳しく問われ、攻撃にさらされているところ

（4）以下を参照。Mark Poster, *Existential Marxism in Postwar France* (Princeton: Princeton University Press, 1975). ポスターは「全体的人間」のルフェーヴルの定義を引いている（p. 56）。「全体的人間とは何か。全体的人間は、排他的に、あるいは一面的に物理学的、生理学的、心理学的、歴史的、経済的、社会的人間なのではない。それはこれらのすべてでありそれ以上なのである。とりわけ、こうした要素や側面の総体なのである。それは、それらの統一、全体性、生成なのである」。

であった。すなわち第二の新しい人間とは、バルトがフランスの大学のなかに位置づけ、後に多大な影響力を持つことになる一九六三年の論文で「構造的人間」と名づけた存在のことである。[5]

構造的人間と「新しい人間」

本章で行う構造主義に関する議論の目的は、人文学のそれぞれの分野に深く多様な影響を与えた知的運動について網羅的な分析をすることにあるのではない――たとえば、構造主義的文学批評の主題に関してはほとんど扱わない。構造主義の最盛期には、主要な人物について、さらに構造主義の影響を受けた個別領域の激変について数え切れないほど多くの著書が書かれたし、いまも書きつづけられている。構造主義的な思想の系譜に内在する議論が落ち着いてきたいまだからこそ、こうした思想系譜が、一方では脱植民地化との関連で、他方では国家主導による近代化の試みとの関連で位置づけられると、どのように見えるのかを理解することが可能になる。構造主義に由来する「歴史の終焉に関する言説」全体が、それ自体、戦後フランスの物質的変化の産物であるとは言えない。しかし、少なくともいかにしてこの二つが同時期に生じ、互いを引きつけ、強化し合い、時間の超越といった環境を作り上げたのか、すなわち、いかにして日常のレベルで生きられた経験が徹底的に再組織化される時期に歴史性が破壊されたのかを特定することはできる。

バルトによれば、構造的人間とは、人間の観念や言説によってではなく、想像力によって、つまりいかに人間が心理的に構造を生きるかによって定義されるものである。ファノンの言う「新しい人間」と比較すると、構造的人間は、肉体をとり除かれた被造物であり、一連の心理的過程でしかなかった。構造主義は、それが規則づけられた一連の心理操作を伴うという意味においてのみ、一つの活動である。

また、その目的は、まったくもって模造的ないしは模倣的なものだが、対象の働きの諸規則を明らかにすることができるように対象を再構成することにある。構造的人間は、対象を基礎づける一般的な理解可能性を作り出すために、実在するものを取り上げ、解体し、再構成する。こうして構造的人間は対象の模造を作り上げる。構造的人間にとっては、このような一般的な意味の水準に到達しようとする活動が、あらゆる個々の意味がそれ自体で担っている重要性や妥当性よりも本質的なものである。「意味づける人間、構造的探求のめざす新しい人間とは、そのようなものであるかもしれない」（p. 218〔三二四頁〕）。主観性、意識、行為者——今日では時代遅れとなったブルジョワ的人間主義の言葉遣いでは人間として通用した数々の用語——は、諸々の規則、コード、構造のために抹消されるのである。

　構造的人間——多くの観察者には、クロード・レヴィ＝ストロースによって体現されたように見えたが——はフランスの発明だった。しかし、レヴィ＝ストロースは、民族学と人類学の最前線に立ち、非フランス人や非西洋人と構造的人間を交流させたのである。言い換えれば、構造主義的な言説は、一つの学問領域に長く繋ぎとめられたままでいることに甘んじることなく、その代わりに学問領域間の「コミュニケーション」（ある批評家が述べたように「すべてのものを飽和させた流れ(6)」）の新たな可能性のための基礎となったのだが、しかし、もともとは非西洋社会に関する学問として始まったのである。明確にデュルケームの系譜に位置づけられるレヴィ＝ストロースは、この系譜をロマーン・ヤコブソンの言語

（5） Roland Barthes, "L'activité structuraliste," in *Essais critiques* (Paris: Seuil, 1964); trans. Richard Howard as "Structuralist Activity," in *Critical Essays* (Evanston: Northwestern University Press, 1972).〔吉村和明訳『ロラン・バルト著作集5——批評をめぐる試み』みすず書房、二〇〇五年、三一七～三二六頁。〕

（6） Georges Balandier, *Histoire des autres* (Paris: Stock, 1977), p. 187.

学や個人的に偏愛する地質学と結びつけ、ブラジルに旅立った。レヴィ＝ストロースの人類学での優位は一九七〇年代まで及ぶことになる。

それでも、構造主義的な図式がアフリカに適用されることはきわめて稀だったと言うフランソワ・ドッスの指摘は正しい。レヴィ＝ストロースとその後につづく構造主義の人類学者は、アメリカ大陸にわずかに残存する原住民の共同体をあからさまに優先的に分析した。この共同体は、ジェノサイドの犠牲者であり、ある程度「時間のなかで凍結された」社会だった――レヴィ＝ストロースの手法は、当時、「科学的基準の保護下で自らを危険にさらすことなく、息絶えた社会について思弁をめぐらす」と記述されることもあった(7)。彼らは同様に、当時、大きな歴史的変化に巻き込まれていたアフリカやインドシナの被植民者についてもあからさまに発言を避けるか、さもなくば沈黙した。構造主義的なパラダイムは、自らの歴史を作ろうと闘争する人びとに対してはほとんど理解を示すことができなかったように思われる。また、ドッスが示唆するように、ローカルな慣習とヨーロッパの制度が複雑に重なり合うこれまでの植民地の歴史は、構造主義的パラダイムが依拠する明瞭かつ健全な二分法を示すこともない(8)。構造主義の脱植民地化に関する問いの回避はその支持者らの側では政治的無関心というかたちをとった。アルジェリア戦争中に提出される知識人による最重要の反戦誓願書「一二一人の宣言」(一九六〇年)に署名した者のなかに、バルト、ラカン、レヴィ＝ストロースといった当時すでに名を馳せていた、あるいはほどなくして名を馳せる構造主義者たちの名前はなかったのである(9)。

このように構造主義の面々が、革命的かつ歴史的な変化のまっただなかにある社会から距離をとる、あるいは避けようとするのは、少なくとも部分的には、同時期のファノンの著作に現れる「新しい人間」と構造的人間とを分かつ様々な実存的隔たり――人種間、国民間、階級間の隔たり――によって説明することができる。しかし、この隔たりはまた「人間」それ自体の概念の地位に関する抗争でもある。「私たちは［中略］新たな人間を立ち上がらせようと試みることが必要である」（p. 316［三一三頁］）とファノンは一九六一年に書いている。その一年後、レヴィ＝ストロースは次のように書く。「人文学の最終目的は人間を構築するのではなく解体することにあると私は信じている」(10)。さらに四年後に、フーコ

（7） Michel Crozier, "The Cultural Revolution: Notes on the Changes in the Intellectual Climate in France," *Daedalus* no. 2 (1964), p. 540.

（8） 以下を参照。François Dosse, *Histoire du structuralisme*, vol. 1 (Paris: La Découverte, 1991), pp. 324-334.［清水正・佐山一訳『構造主義の歴史（上）――記号の沃野　一九四五－一九六六年』国文社、一九九九年、三七一～三八三頁。］

（9） マニフェストの文面は次のように書かれている。「［1］私たちは、アルジェリア人民に対して武器を手にすることの拒絶に敬意を払い、その拒絶を正当なものと見なす。［2］私たちは、フランス人民の名において抑圧されているアルジェリア人たちに援助と庇護を提供することを自分の義務だと考えているフランス人たちの振る舞いに、敬意を払い、その振る舞いを正当なものと見なす。［3］植民地システムの破壊に決定的に寄与しているアルジェリア人民たちの大義は、すべての自由な人びとの大義である」［引用分中における数字は、引用者によるもの。この宣言の邦訳は、以下の著作に収められている。モーリス・ブランショ『ブランショ政治論集1958-1993』安原伸一朗、西山雄二、郷原佳以訳、月曜社、二〇〇五年、三九頁］。

この宣言に署名した著名な知識人には、サルトル、ボーヴォワール、マルグリット・デュラス、モーリス・ブランショ、アンリ・ルフェーヴル、ミシェル・レリス、アラン・ロブ＝グリエ、クリスティアーヌ・ロシュフォール、ピエール・ヴィダル＝ナケが含まれる。

（10） Claude Levi-Strauss, *La pensée sauvage* (Paris: Librairie Plon, 1962); trans. George Weidenfeld as *The Savage Mind* (Chicago: University of Chicago Press, 1966), p. 247.［大橋保夫訳『野生の思考』みすず書房、一九七六年、二九六頁。］

ーの『言葉と物』において、解体や抹消の対象としての人間の未来はもっとも熱を帯びた表現に及んだ。「人間は波打ちぎわの砂に描かれた顔のように消滅するであろう」[11]。換言すれば、被植民者が人間の地位を要求し、それを自らのものにしようとするまさにそのときに、フランスの知識人たちは「人間の死」を宣告する。

「人間」という言葉をめぐる闘い――植民地の革命家と国内の労働者によるこの言葉の受容と構造主義者によるその抹消――は、構造主義的マルクス主義、とりわけアルチュセール主義にあっては矛盾が新たな水準に達した[12]。一九六〇年代半ばに最前線に出てきた反人間主義的マルクス主義者によれば、「人間」は当然のことながら悪である。なぜなら人間はブルジョワ支配の諸条件を隠蔽するイメージに他ならないからである。実存主義的マルクス主義によって促されたユートピア的な新しい「全体的」人間でさえ、アルチュセールの実証主義がそうであるのと同様、構造主義的ないしは「近代化された」マルクス主義の実証主義には受け入れがたいものだった。

一九六〇年代の半ばには、人間の死の宣告や主体の精算が大学のような研究機関では至るところで口にされ始めていた。思慮深い知識人の誰もが「人間」を引き合いに出すときは恥ずかしい思いをし、あるいは少なくとも注意喚起の引用符を用いたのである。それでもなお、反人間主義的ないしは構造主義的マルクス主義者は、自らのためにただ人間の地位を求める労働者や被植民者が周囲にいることに気づいていた。そのスローガンは、ファノンのそれと同じく、より人間的な社会のための呼びかけに基づくものであった。すなわち、「私たちは人間であって、犬ではない」、「経済が人間に奉仕するのであって、人間が経済に奉仕するのではない」、「人間の顔をした社会主義[13]」といった具体である。闘争中の人びとは、構造主義者の狼狽など気にせず、人間として承認されるためにいっそう激しく闘っているように思われた。

植民者と被植民者あるいは人間と動物

ファノン、セゼール、そしてアルベール・メンミの著作のなかで、被植民者による人間の地位の権利要求はなによりもまず拒絶である。すなわち主人によって評価されることに対する拒絶である。メンミによれば、植民地化されることは、つねに評価されることであり、あるいは一連のしばしば矛盾する価値の否定や下落に従わされることであった。被植民者はあれでもなく、これでもない。「しかし被植民者とは誰なのか。たしかに、万人に共通しているような、人間一般、つまり普遍的価値の保持者ではない。実際に、被植民者はそうした普遍性から、言葉のうえでも事実のうえでも排除されてきたのである」[14]。

（11） Michel Foucault, *Les mots et les choses* (Paris: Gallimard, 1966); translated as *The Order of Things* (New York: Random House, 1970), p. 387.［渡辺一民・佐々木明訳『言葉と物』新潮社、一九七四年、四〇九頁。］

（12） 奇妙な類似点として、ブジャード主義者のレトリックもまた経済学者や哲学者たちによる「人間」の抽象に対して闘っていた――といっても、もちろん何らかの革命的な集団性ではなく、個人の優位のためにそうしていたのであるが。プジャード主義は、経験に堅く基づいた運動であり、その指導者が述べるように、「哲学者のいう「人間」ではなく、生きている人びとに、人びとという抽象概念ではなく、実際に現実的に存在する人びとに（中略）、善良であったり、悪かったり、笑ったり泣いたりする人びとに」依拠した運動なのである。このピエール・プジャードの発言に次の文献に引用されている。Sean Fitzgerald, "The Anti-Modern Rhetoric of Le Mouvement Poujade," *Review of Politics* 32 (April 1970), p. 180.

（13） ジャック・ランシエールがフランスの労働者から引き出してこうした例を用いるのは、次の著作のなかでアルチュセールに対する最良の批判であり続けているものを展開するときである。*La leçon d'Althusser* (Paris: Gallimard, 1974).［市田良彦・伊吹浩一・箱田徹他訳『アルチュセールの教え』航思社、二〇一三年。］

主人たちが自らに授ける評価する力とは、被植民者に対する直接的な所有権の別名である。こうした力を拒否すること——ファノンにおけるように「全体的人間」の地位を主張すること——は、奴隷状態になり、商品や非人間へと転落する流れに歯止めをかけることである。ここでいう非人間とは植民地の状況にあってはたいてい動物のことである。メンミ、ファノン、セゼールは揃って、種をめぐる「私たちのどちらかだけが人間になれる」[15]という複雑な闘争のなかで被植民者が人種差別主義的に「動物化」されることにについて詳細に記述している。被植民者を動物化することは、帝国主義者が、被植民者をどこか全体性がなく、人間としての質に欠陥をもつ二級の人間として位置づけるのにもっとも効果的な方法である。動物化はメンミが「複数の印」と呼ぶものと密接な関係がある。つまり、被植民者は、一つには「あまりにも多く」存在するという理由で、それぞれがブルジョワ、すなわちすべてのヨーロッパ人より「下」に置かれる。こうして、動物や昆虫に使われる群れ、大量、大群、大量繁殖、産卵といった帝国主義的なレトリックが現れるのである。

セゼールの小冊子は、自身が「植民地化のブーメラン効果」と呼ぶものの緩慢ながらも不可避の過程を描き出す。「植民地化する者は自らに免罪符を与えるために、相手の内に獣性を見る習慣を身につけ、相手を動物のように扱う訓練を積み、客観的には自らを獣に変貌させていく」(p. 20. 強調は原文［一四五頁］)。被植民者の意見では、動物化の力は植民者自身に跳ね返る。しかしながら、帝国主義者は被植民者を評価される側として、つまり欠損のある者として見なしつづける。被植民者を評価し、動物化し、複数化することで、ヨーロッパ人は自らに全体性、人間性、完全性を与えつづけるのである。

構造主義的マルクス主義者たちは、「人間たち」を抹消することで「現実の人間たち」を抹消していないという議論をしようとする（実際にそうした）。こうした者たちはブルジョワ支配を覆い隠す仮面やイメージを粉砕し、イデオロギー的神話として特別な理論的機能を有する哲学的概念としての「人間」にのみ関心をもった。こうして構造主義は曖昧さを回避する。しかし、「人間」が実際に政治的影響力を有し、政治的な要求となる歴史的状況に関してはどうだろうか。構造主義的マルクス主義は（アフリカを無視したように）「人間」がスローガンとなる状況を無視せざるをえなかった。構造主義的マルクス主義は、単なる表象の理論にとどまることで曖昧さを回避する。新たな構造的人間とファノンの新しい人間を分かつ隔たりは、表象の理論と政治的プラクシスあるいは行為主体性とを分かつ隔たりである。つまり、ファノンの用語を用いれば、それは「均衡の論理」と「弁証法」とを分かつ隔たりなのである。構造主義者における「人間の死」は、変革された未来やユートピア的な未来に対する希望としての「新しい人間」の死でもあった。それゆえ学問は革命的行動と無関係であり得たのである。

カードル

企業における「新しい人間」

ファノンの革命的指導者＝カードルは未来への強い野心であった。それは——活動、主体性、力——

(14) 以下を参照。Albert Memmi, *Portrait du colonisé précédé du portrait du colonisateur* (Paris: Editions Corréa, 1957); trans. Howard Greenfield as *The Colonizer and the Colonized* (New York: Orion Press, 1965), p. 132. ［渡辺淳訳『植民地——その心的風土』三一書房、一九五九年、一六〇頁。］

(15) 以下を参照。Ibid., p. 86; Fanon, *The Wretched of the Earth*, pp. 42-43［『地に呪われたる者』前掲書、四二～四三頁。］; Césaire, *Discourse on Colonialism*.［『帰郷ノート・植民地主義論』前掲書。］

として存在すると同時に異なる世界への願望でもある。ファノンのレトリックにおいては、革命的指導者の存在は民族主義運動の存在と未来に緊密に結びつけられる。「アルジェリアの国民は（中略）新しいアルジェリアの人間の中心そのものである。新しい種類のアルジェリアの人間が存在し、その存在に新たな次元が付け加えられるのだ[16]」。革命的指導者は現在にも未来にも存在する。それゆえ、ファノンは次のような最終的な勧告とともに『地に呪われたる者』を締めくくる。「私たちは生まれ変わって、新たな諸概念を実現し、新たな人間を立ち上がらせようと試みなければならない」（p. 316［三一三頁］）。チェ・ゲバラは、一九六〇年代半ばにフランス語に訳され、幅広く読まれた論文「キューバにおける社会主義と人間」（一九六五年）で、同じレトリックを用いている。「社会主義の構築されるこの時期に、私たちは新しい人間の誕生に立ち会うことができる。新しい人間のイメージはいまだ完全に定められているわけではなく、この過程が新しい経済構造の発展と平行しているので、けっして定められることもできないだろう。（中略）私たちが作り出しているのは二一世紀の人間である。（中略）私たちは新しい人間を作り出しながら、日々の行動のなかで自己を鍛錬することになるだろう[17]」。

ファノンの言う革命的指導者が、少なくとも言説のうえで、歪んだ鏡に映る海の向こうの「分身」、すなわち、ここで言われる第三の「新しい人間」たる若いカードルと共有するのがこうした未来という時間性の幕開けに他ならない。すでに確認したように、ジャン＝ジャック・セルヴァン＝シュレベールの姿や言説において、あるいは小説に登場する多様な夫において、若いカードルの効率的かつ精力的なスタイルが見られる。『美しい映像』のローランスの夫や『ソフィーに宛てた詩』のセリーヌの夫は皆、しっかりと身繕いし、テクノロジーによって完成する未来を固く信じている。しかし、こうした例を通じて、フランスの若いカードルがもっぱら本国の現象であると考えるべきではない。若いカードルはその

「誕生」がフランス帝国末期に当たるため、植民地という舞台でもほんの少ししか姿を現さないが、新植民地主義への移行の先駆者であり促進者なのである。

仮に植民者が、誰が見ても用済みの人間で、新しい状況ではフランスや西洋文明の公式な担い手になりそうにないように見えるとしても、その一方で、新しい人間によってその外観は控えめではあるが存続するものになる。つまり協力的な技術者である。その存在の口実として正当化するのが知識と効率性である。新しい人間は「政治に関与する」ことなく、善意と献身を証明している。新しい人間のおかげで植民地的企ては一度失った良心を取り戻す。(18)

(16) Frantz Fanon, *A Dying Colonialism*, trans. Haakon Chevalier (New York: Grove, 1965), p. 30. ファノンによる強調。〔『革命の社会学』前掲書、一一頁。〕

(17) Ernesto Che Guevara, *Le socialisme et l'homme* (1967; reprint Paris: La Découverte, 1987), pp. 94-108.〔荒木繁・内山祐以智・神代修他訳『ゲバラ選集4』青木書店、一九六九年、一七九－一八〇、一八五頁。〕

(18) Jacques Leenhardt, *Lecture politique du roman* (Paris: Editions de Minuit, 1973), p. 165. 独立後に、管理職と「新中間層」は、ファノンが『地に呪われたる者』の「国民意識の落とし穴」のなかで警告した国民的なブルジョワジーの形態で、アフリカの国々においても急速に姿を現す。政府の管吏として教育された階級が、「官僚ブルジョワジー」として指定されることになる。以下を参照。Immanuel Wallerstein, "La bourgeoisie: concept et réalité du XI au XXI siecle," in *Race, nation, classe*, ed. Etienne Balibar and Immanuel Wallerstein (Paris: La Découverte, 1988); trans. Chris Turner as "The Bourgeois(ie) as Concept and Reality," in *Race, Nation, Class: Ambiguous Identities* (London: Verso, 1991), p. 141.〔若森章孝・岡田光正・須田文明・奥西達也訳『人種・国民・階級』唯学書房、二〇一四年、二一五頁。〕

植民地であろうとフランスであろうと、企業で働く新しくて未来志向の若いカードルは、一時期、移行期にあるフランス社会を表現するものであった。一連の社会的変化の産物たるカードルは、プジャードのレトリックでは「匿名で漂流する資本」の操縦者として悪者扱いされた。また、「私たちの運命を調整するという主張を広める、程度の差こそあれ、国籍を持たないテクノクラート」の一種でもあった[19]。他方、カードルは、一九六〇年代初頭に出版された数え切れない雑誌記事や書籍のなかで「新しい世界の予兆」として、つまり「未来の人間」として歓迎されたのだった[20]。

そのような著作の一つに『新しい人間——経済的エンジニア』(一九六一年)を挙げることができる。同書の著者フランシス＝ルイ・クロゾンは、「すでにしかるべき位置にいながら、素早く立ち去り、さらに伝統なきものとして現れつつある人間[21]」が見られるであろうという。実際には、革命的指導者と若いカードルという二つの「新しい人間」のいずれもが、完璧なかたちで作られながらも歴史的系譜のない舞台に現れたと考えるのは賢明ではない。アルジェリア民族解放戦線の闘士は複雑な国民的かつ国際的な系譜を持っていた。その系譜は、アルジェリアにおける蜂起の歴史ではアブド・アルカーディル[一八〇八−八三年。フランスによる植民地化に抵抗し、アルジェリア民族運動の父と評される]やエル・モクラニ[一八一五−七一年。アルカディールの敗北後、反乱軍の代表的人物]のような一九世紀の人物にまで遡る。また同時代で言うとチェ・ゲバラやフィデル・カストロの「新しい社会主義的人間」との友愛的関係や一九四九年の毛沢東の農民軍に及ぶ。もっと明確なのは、汎アラブ的紐帯やベトナムの民族主義者との決定的かつ密接な関係であるが、それらは言うに及ばない(アルジェリア革命は、多くの北アフリカ出身者がフランスに味方して命を落としたディエンビエンフーの戦いからわずか五ヶ月後に勃発した)。

若いカードルに関しては、リュック・ボルタンスキーがその国内外の系譜を辿った。時期で言うと一九三〇年代の初期段階（カードルという語は一九三六年頃にフランスの産業界の語彙となり、会社で占める位置をうまく定義できない人たちを記述するために用いられた）から、ヴィシー期のコーポラティズム的価値のなかでその位置が固まり、そして五〇年代後半に本格的に広まるまでである。[22] 実際、こうしたカードルの興隆は、かつては別々のものとされていた二人の個人、すなわちエンジニアとブルジョワの接続や合成が上手くいったからである。それはまた戦後、訪米生産性向上使節団によって慎重に生み出された

（19） プジャードの言葉。引用は次の文献による。Fitzgerald, "The Anti-Modern Rhetoric of Le Mouvement Poujade," pp. 169, 170.

（20） ジャン・デュボワは、若い管理職を形容するのに当時もっとも一般的に用いられた文句を収集した。たとえば、「未来の男たち」、「私たちの時代の責任を担う人びと」、「現代産業の騎士たち」、「まちがいなく頼れる新たなエリート」、「新しい社会の指導者たち」、「血統や財産よりも能力によって指名される新たな貴族」。以下を参照。Jean Dubois, *Les cadres, enjeu politique* (Paris: Seuil, 1971).

　プジャードによれば、管理職は、敵の複合的なイメージであった。管理職とは、操作し、計画や企画を立案する人びと（役人と税金泥棒）であり、冷淡に行政管理し、近代化を進め、管理書類を作る人びとであった。管理職は、イデオローグであり、ポリテクニック出身の人びとであり、二五年間学校に行く人びとであり、一七八九年の人民をロボットに変えるテクノクラートと官僚なのであった。以下を参照。Dominique Borne, Petits bourgeois en révolte? *Le mouvement poujade* (Paris: Flammarion, 1977), pp. 181–198.

（21） Francis-Louis Closon, *Un homme nouveau: L'ingénieur économiste* (Paris: Presses universitaires françaises, 1961), p. 9.

（22） 以下のボルタンスキーによる論文および長期的研究を参照。Luc Boltanski, "America, America ... le plan Marshall et l'importation du management,"' *Actes de la recherche en sciences sociales* no. 38 (1981); *Les cadres: La formation d'un groupe sociale* (Paris: Editions de Minuit, 1982); trans. Arthur Goldhammer as *The Making of a Class: Cadres in French Society* (London: Cambridge University Press, 1987).

ものでもあった。

ブルジョワとエンジニアの接続に関しては、『幻の薔薇』のマルティーヌの夫であるダニエルという登場人物を通じて、詳細に語られている。マルティーヌと同じ村の出身で、しかし彼女よりもはるかに裕福な家庭に生まれたダニエルは、彼女を悲劇的な結末に向かわせる様々な非同時代性とすべてうまく折り合いをつける。最初に読者が、バラ栽培を営む地方の名家の息子で、パリで高等教育免状の取得のために勉強しているダニエルと出会うのは驚くべきことではない。大衆的な言説のなかにカードルという語彙が現れるのは、フランスにおける高等教育の普及とときを同じくしている。それは高等教育免状の取得が現実としてごく少数の人間にのみ取って置かれるのを止めた時期である。ダニエルは勉強する。しかし「園芸技師」(「しかしこの園芸と技師(エンジニア)という二つの言葉は調和しない」(p. 106〔一〇三頁〕)とある登場人物は非難する)になるためである。ダニエルのうちで、中世にまで系譜を遡ることのできる由緒あるブルジョワ家系ときわめてエリート的な先端技術および科学教育とが結びつけられることになる。

作者のトリオレはダニエルにきわめて危険な歴史的隔たりを乗り超えさせる。職人仕事という一九世紀的な観念(父や祖父のように、ダニエルはバラ栽培者になり、農家、バラ園、この職人仕事に結びつけられた一連の営みを受け継ごうとしている)と、キャリアというアメリカやマンデス゠フランス主義に基づくより近代的観念とを分かつ隔たりである。そしてダニエルは、科学的な教育を受けたバラ栽培者、つまり園芸技師になる。ダニエルは職人仕事を継承し、一世代でそれをキャリアに変えてしまうのである。過度に発達した官僚的な産業社会のなかで特権的な型の労働が必要とするような「キャリア」という新たに見出された制度の優位は、労働のイデオロギーのみならず、ブルジョワの蓄積パターンにおいても変化を示すものである。ダニエルの父の世代という近い過去であっても、過去のブルジョワジーは、資金と土地（未来の世代に相続される「遺産」）を蓄積した一方で、いまではブルジョワ的蓄積は労働における経験の形式をとる。つまり、スキルの改良を積み重ね、少しでも高く評価される見返りの多い仕事を成し遂げるようとする。若いカードルは、「キャリア経験」のおかげで、職業人生の最後に、あるいは一日の仕事の最後にさえ、決まりきった反復的な仕事をこなしながら勤務中に「定位置で作業する」労働者、職業人生の終わりに最初にした仕事の経験と同じ経験をするような労働者より、価値があることになる。

しかし、キャリアは職人仕事とも区別される。両者ともに技術的経験の蓄積を前提とし、何かしらの水準で安定を提供するが、職人仕事の雇用の安定が市場の需要次第――たとえばこの町ではパン屋がやっていけるのは二店舗までである――であるのに対して、キャリアの身分保証はむしろ社会的ステータスの承認に負うものである。言い換えれば、キャリアの身分は特権や財産といった他の境遇と社会的かつ文化的に結びつけられており、キャリアによって獲得されるステータスには資本主義の歴史において不可逆的な新しい力がある。この力は若いカードルのイメージによって当時の印刷および映像文化において体現されることになる。ダニエルは「キャリア」と結びつけられた新たな形態の力と欲望を固持するが、より古い一連の価値を手放そうともしない。この点、新しいバラを発明するという達成しがたいダニエルの職業的目標ほどそれが分かりやすく示される場面はない。「接木、異種交配、人工受精、そして新たなバラの創造……。ダニエルは、昔のバラの香りと現代の色と形を合わせ持つようなバラを、交配によって作り出そうとしていた」（p. 98［九五頁］）。ダニエル自身がそうであるような、自然と技術、都会の知識と農村の知恵、過去と現在の完全無欠の融合、つまり総合、言い換えれば、匂いが秘める郷愁と結びついたより古い時間性の感覚的な快楽と価値が、現在の見た目のデザインに――現在としての視覚そのものに——溶け込んでいく。妻のマルティーヌと異なってダニエルはうまく近代化していくだろう。たった一世代のうちに、ダニエルは遺産を相続され得ないものに変えることになる。すなわち、ダイナミズム、技術的能力、達成への気力といった若いカードルを新たに定義する特徴である。

クロゾンが述べる。「エンジニアは幻想からではなく、後れをとる人びとに容赦しない効率的な世界の力から生まれたのである」(23)。エンジニアは、ファノンの「新しい人間」が脱植民地化の主体的行為者であると同時にその産物でもある（「脱植民地化は新しい人間の真の創造なのである」[p. 36〔三七頁〕]）のとまさに同じように、資本主義の近代化の主体的行為者であると同時にその産物である。カードルという同じ語が、このようなまったく異なる未来の原型を記述するのに用いられた事実は、二人の人間が歴史的必然性の力を具体化する以上の何かを共有していることを示すものである。カードルという言葉そのものが示唆するように、二人の人間は組織のなかで完全に重なり合う。革命的指導者と若いカードルはともに「組織の人間」なのである。

『アルジェの戦い』を見た者なら誰もが、有名な黒板の場面を忘れないだろう。この場面で、アルジェでの警察と尋問の職務を引き継いだばかりであるマシュー将軍は、部下と観客に民族解放戦線の厳密にピラミッド型をした階級制度を長々と説明する。「自分たちの新しい世界の鼓動」と、登場人物の一人が呼ぶものを喚起しようとする小説、アシア・ジェバール〔一九三六‐二〇一五年。アルジェリアの作家。小説、評論、戯曲などを手がけた〕の『新世界の子どもたち』（一九六二年）は、「自分たちの新しい世界の鼓動」と登場人物のある女性が呼ぶものを喚起しようとする小説であるが、その複雑かつ円環的な物語形式は、革命期に機能していた連帯と組織のネットワークについてまったく異なったかたちで証言している。物語の円環性、すなわち、登場人物の経験や観点を広大な革命の網の目に包み込むことは、フランス当局による彼女の尋問と収監を待ち望む別の登場人物が結論づけるものを反映している。その結論とは、つまり「鎖の輪になることは良いことだ[24]」というものである。チェ・ゲバラによる革命的指導者の定義が示すところによると、革命的指導者とは組織の理想的な仲介人である。

組織の仲介人は、中央権力から発せられる広汎な指令の数々を解釈し、それらの指令を自らのものとして、大衆への指針として伝えることができる。（中略）集団的議論と個人的意志決定の責任の原則を実行する方法を熟知しており、（中略）自分で考えることができる（中略）イデオロギー的・行政的規律を有するひとかどの人物は、そうした性質によって、必要な決断を下し、規律に抵触しないように創造的な仕方で教示できるのである[25]。

若いカードルに関して言えば、一九六〇年代初頭の社会におけるその台頭はまさに、戦後フランス企業の官僚制における古く家父長的であったり高圧的であったりするスタイルから、より柔軟でアメリカの影響を受けた経営管理の実践への変化に成功したことを示していた。

ボルタンスキーが明らかにしたように、経済機構の近代化は純粋な技術的活動ではなかった。それはまず、より広い社会秩序の安定化（原則的には、とりわけ一九四七年から四八年にかけてのストライキの波以

（23） Closon, *Un homme nouveau*, p. 10.
（24） Assia Djébar, *Les enfants du nouveau monde* (Paris: René Julliard, 1962), p. 291.
（25） Che Guevara, "Cadres: Backbones of the Revolution," in *Che Guevara and the Cuban Revolution: Writings and Speeches of Ernesto Che Guevara*, ed. David Deutschmann (Sydney: Pathfinder, 1987), pp. 170–171.

降にフランス共産党が勢力を増大させることを封じ込めるもの）に、次にアメリカ企業の風土に似た企業「風土」の創出に、最後にエンジニアや重役個人のメンタリティの変化に依拠する。これら三つの活動水準のすべてにアメリカは手を貸した。ＣＩＡはＣＧＴ〔フランス労働総同盟〕に潜入し、資金援助を行い、この組織の分裂を画策することで、労働者の組織と政治的有効性を実質的に低下させたのだった。アメリカ式の「合理的な」組織様式とアメリカからの「ヒューマン・エンジニアリング」のような社会心理的技術の輸入は、「信頼の風土」とその新しい行為者たる若いカードルの創出を促進した。

チャールズ・キンドルバーガーは、「新しい人間」と題された節を含む一九六三年の定評あるフランス経済研究のなかで、フランス経済の基本的な変化とは「人びとと態度の変化である」と結論づけた。指揮をとった「新しい人間たち」は、拡張主義的な考えと消費に対する新しい態度を持ち合わせ、ある種、成長の有効性を普遍的に信じる人びとだったのである。[26] 企業内ではカードルは雇用者と労働者階級の間に立つ媒介者であり調停者である。したがって、理論上、カードルは新しい種類の社会的協力と企業的結束を作り出す人であった。ダニエル・モテが述べるように「カードルは工場と労働力の両利害を守る者である。（中略）それゆえカードルは同時に上司であり、労働者であり、技術者である」[27]のである。消費を通したカードルのステータスと自己規定の重要性は、カードルの中間的位置に由来する。カードルは労働者を「支配」あるいは管理する。しかし、カードル自身、賃金契約に従属する者でもある。ステータスによってカードルは自律性を規定することができるのである。

企業構造におけるこうした曖昧な立場――クラカウアーであれば「イデオロギー的な故郷喪失」と呼んだであろう――によって、若いカードルには、精神的な柔軟性と心理的な順応性を高い水準で保持することが求められる。ちなみに、思いがけないところに若いカードルや新しい組織の様式に関する素晴らしい解説があるのだが、その点は指摘しておくべきだろう。それはジャック・タチの作品である。タチの主要な三作品すべてにビジネスマンが出てくる。『ぼくの伯父さんの休暇〔原題「ユロ氏の休暇」〕』（一九五三年）では、背景音をなすラジオにビジネスニュースや「成功をもたらす書類鞄」のような製品の広告がつねに含まれている。ユロは子どもと一緒に遊ぶ。その子どもの父親はビジネスマンであり、重要な案件でかかってくる国際電話を受けるのに忙し過ぎて、息子に構うことができない。この場面は『ぼくの伯父さんの休暇』では短いエピソードでしかない。

しかし、『ぼくの伯父さん』では同じような場面が劇的な関係全体に拡大される。子どもは、工場の所有者である父親よりもエキセントリックで陽気な伯父さん（ユロ）を好む。『プレイタイム』（一九六七年）では、こうした単純な対立は急速に進む近代化によって無意味なものにされる。古いパリが消え去って、映画全体がプレハブの産業空間から成る茫漠とした空港のような敷地を舞台に展開する。どう見てもユロという登場人物は（少なくとも最初の二作品では）会社人間や組織人の「他者」の役割を果たしているのだが、他方で彼はそれと同程度に（それ以上とまでは言わないが）組織人の分身でもある。分身というのは、カードルに期待される新たな状況を前にして、精神的な柔軟性の代わりに、身体的な柔軟性――道化師の自由自在な体――を利用するからである。この点は、近代化の初期に出てきた道化師、『モダン・タイムズ』のチャップリンと比較するとはっきりする。チャップリンの作品と差異化を図りたいと考えたタチ自身が、二人の道化の主たる相違点を指摘している。タチによれば、ユロは自らが直

（26） Charles Kindleberger, "The French Economy," in *In Search of France* (Cambridge: Harvard University Press, 1963), pp. 118-158.
（27） Daniel Mothé, *Militant chez Renault* (Paris: Seuil, 1965), p. 88.

図 4-1 『プレイタイム』

面するいかなる状況でも、シャルロ［フランスでのチャップリンの愛称］とは異なって、率先して行動することはない。『ぼくの伯父さんの休暇』でユロがうっかり葬列に巻き込まれるシーンを例に挙げながら、タチは次のように述べている。

> 墓地のシーン、枯葉で作られた花輪を例として挙げると、ユロはただ車のタイヤを替えようとして、それだけをしながらも、葉っぱがタイヤにはまって葉の輪が作られます。もしシャルロに同じことが起きたら、彼は葉っぱを輪にするために入念にタイヤに葉っぱを並べ、そうして礼儀正しく墓地を立ち去ることができるでしょう。ユロは立ち去らないで、終わりまでそこに留まり、皆と握手するのです(28)。

言い換えれば、二〇世紀初頭の歴史的契機を舞台とするチャップリンの道化師は、まだ一種のエネルギーや行動力を発揮することが可能である。道化師は笑いを生み、最終的には自らが解き放った力を宿す機械の世界に対して自力で勝利を収める。ユロは、終始自分を打ちのめすような力を解き放つことはないが、こうした力が発生するときには、滑稽な柔軟性でもって反応する。彼はいかなる周囲の状況にも柔軟に順応し、シャルロと違って、自らの行動が他人から多少なりともおかしく見えているかもしれないということに気づかないふりをしている。ロイ・アームズが指摘しているように、こうした性質によって、彼は、作品内の他の登場人物たちと同じ水準で存在することができる。これは単独で行動する英雄のシャルロができない方法である。実際に、『プレイタイム』の頃には、中心的な登場人物としてのユロは完全に機能しなくなり、レアリスム的に観察される短いカットに取って代わられ、ただユロはそこを通るだけである。タチの初期作品における「伝統的」パリと「近代的」パリの先鋭的な対立が平準化していくことで、徐々にユロも「平準化」していく。ユロという登場人物が次第に『プレイタイム』に「組み入れられていく」のは、フランスの日々の生活が次第に標準化していくことが物語の水準で反映されているからである。

革命的指導者と若いカードルの生活様式

それゆえ、若いカードルと革命的指導者のアイデンティティは、それぞれの所属組織と切り離すことはできない。しかし、「ライフスタイル」として知られる消費実践をめぐってこそ、革命的指導者と若いカードルのより馴染み深い対立が見られるのである。革命的指導者や武装レジスタンス組織のライフスタイルは、『新世界の子どもたち』のような小説、『アルジェの戦い』のような映画、数え切れない選挙記録のなかで描かれ、ホーチミンの著作からチェ・ゲバラの日記および『キューバにおける社会主義と人間』を経て、毛沢東の『犠牲について』に至るまで理論化されてきたが、それは必然的に禁欲的で、余計なものがなく、さっぱりとしたものである。

(28) ジャック・タチの言葉。以下より引用。Roy Armes, *French Cinema since 1946*, vol.1 (New York: A. S. Barnes, 1966), p. 147.

ゲバラによれば、ゲリラは連帯を強めることを目的とする犠牲の倫理によって定義される。「こうした長所だけでは十分ではなく、偉大な犠牲の精神を付け加えなければならない。それも偉大な英雄的な日々のためというだけでなく、つねにそうでなければならない。同志が宿題をしたり、学校での勉強を終えるのを手伝ったり、何らかの方法で自らを変えることができるように、些細なことであれ同志を支援するために自らを犠牲にしなければならない。周囲の人びとにつねに注意を向けなさい」[29]。人間は自らの様々な社会関係全体のなかで定義され、集団的規律は人格の発展にとって不可欠である。ゲリラの宣誓書は、軽装で旅をし、「自己と闘う」という指示にしたがって、山中に所有物を少しずつ放棄していく話を展開する。所有物の放棄は身体的な力の増大によって補われる。毛沢東が指摘しつづけたように、身体を鍛えることは革命的再生に必要な基礎であった。スパルタ的かつ禁欲的な訓練を通じて身体を鍛錬することは正しい革命的感情を強化し、情熱を制御し支配する重要な部分となった。

アシア・ジェバールと『アルジェの戦い』のポンテコルヴォの二人は、アルコールと売春に対するアルジェリア革命の継続的な闘争を表象している。このような変革の困難、緊張と緩和を併せもった体制の必要性は、ホーチミンによる次の格言によって表現され得る。「竹の反った部分を真っ直ぐにするためには、その部分を反対の方向に曲げて、しばらくその状態にしておかなければならない。そうすれば、手を離したときには、反った部分は自ずとゆっくりと真っ直ぐになる」[30]。当然ながら、軽装で旅することもまたイデオロギー的な重荷から逃れることにある——ちなみに旅は革命の性別労働分業によって促進される。この分業のなかでは、ジェバールの小説が詳述するように、村に取り残された女性たちが伝統的な記憶と連続性を引き受けるのに対して、男性たちは一時的にこうした重荷から解放され、そのとき男らしく故郷など失い、荒々しく新しいことを進めることができる。

他方、たしかに若いカードルは、一九世紀でいう実直なブルジョワよりも軽装で旅をし、熱心に働く。結局のところ、一九世紀のブルジョワがなによりもまず働かないという単純な事実によって定義されたのに対し、若いカードルは他の誰よりも熱心に働くのである。カードルはまた、かつてのブルジョワのように、家族で豪華な食事をとるという儀礼のために毎週日曜日は五時間食卓につくという習慣もない。そうではなくカードルはもっと手軽で、手早く済ませられる料理を好む（『レクスプレス』は従業員のために、飛行機の食事に着想を得て、出来合いのトレー・ランチを作った）。しかし、カードルの余暇と言えば大部分が、先述のように、実際上あるいは想像上の熱狂的に獲得されたものや蓄積されたもの、とくに住宅の快適さへの崇拝に占められる。男らしい苦行生活は若いカードルのイメージにおいて何の役割も果たさない（実際、クリスティアーヌ・ロシュフォールを信じるなら、新中間層のビジネスマンに必要とされる性質――無抵抗な態度、役に立つ感じ、親しみやすい性格とも似た、そして変わった感じがまったくない漠然とした順応性――は紛れもない男らしさの喪失を意味した）。

こうした歴史的契機においては、二種類のカードルを分ける隔たりは地理的である必要はない。フランスのカードルは（旧）植民地に、革命的指導者はフランスの都市に見られるものだったからである。実際、カードルと革命的指導者の相違がもっとも巧く描かれているのは、小説に登場する二組のカップルがパリの都市空間と築く典型的な関係である。果てしないウィンドー・ショッピングで都市をさまよい歩く『物の時代』のジェロームとシルヴィーにとっては、「パリ全体が絶え間のない誘惑であった」

(29) Guevara, *Le socialisme et l'homme*, pp. 45–46.
(30) 以下より引用。Eric Wolf, *Peasant Wars of the Twentieth Century* (New York: Harper and Row, 1969), p. 192.

（p. 28［二一頁］）。他方、『エリーズまたは真の人生』の民族解放戦線の主催者アレズキと恋人エリーズは、一緒でいられる場所がどこにもなく、「安全」と見なされるエリアがきわめてわずかな場所に制限されていたため、夜間外出禁止令にもかかわらず、夜中に通りを歩く誘惑に駆られており、ゆえに二人にとって「パリは危険が待ち伏せている場所であって、そこを私たちは滑稽なほどの警戒心をもって通り過ぎたのだった」（p. 188［二二〇頁］）。

不動の時間

ルフェーヴルによる構造主義およびテクノクラシーへの批判

こうした相違に比べれば、若いカードルと「構造的人間」ははるかに共通する部分が多い。両者は逮捕や警察による威嚇を恐れることなく、アルジェリア戦争中も日没後のパリを自由に歩くことができた。両者ともに新中間層の構成員であり、新中間層は名声を得ることが次第に容易になった階層である。また、この階層の快楽のためにフランスの消費と都市空間は首尾よく組織され、方向づけられていった。両者ともに同じマガジンを購読した。『レクスプレス』である。一九五〇年代前半、初期の『レクスプレス』の読者は主に教師、学生、ある種の自由業を営む者のような「古典的な」知識人であったが、とりわけ「ニューズマガジン」に変わった後は若いカードルの雑誌にもなった。同じ号で、経営管理技術の記事と構造主義の新展開の記事が特集されているのである。[31] さらにそこで両者は同じ言葉遣いをしていたように思われる。技術と効率性に関する衛生的な言葉遣いである。

アンリ・ルフェーヴル（構造主義をもっとも明確に批判した同時代人）によれば、両者は事実上、互換可能であった。構造主義はテクノクラート的思想が知的領域に注入されたものに他ならなかった。構造主義による「人間」や「人間主義」の危機は、なによりもまず、資本主義社会によってもたらされた現実的かつ歴史的な危機なのである。資本主義社会では歯止めが利かない官僚制の肥大化は、医療、教育、研究といった諸制度でもはや人間が最優先されなくなったことを意味していた。物が人より重要で、自動車が人の生きる方法を規定する社会において、「人間」のステータスが傷つけられないですむことがあろうか。しかし、構造主義は、こうした社会を分析することなく（ましてや変革のために方針を提示することもなく）、資本主義的近代化の下で人間の価値低下を正当化する根本的なイデオロギーとしての役割を果たしたのだった。構造主義は歴史的なものの精算を理論化するというよりも、その精算を実行に移し、正当化した。

結局、構造主義の関心は種々の物事を整理することであって、その物事の働きを批判することではない。社会が行為者不在の構造によって成立するという考えは、人びとのなかに募る次のような感覚を強めることになった。未来は自らの手にあるのではないという感覚、未来にはゆっくりと石化するように行き着くのだという感覚、人びとの生活が、生きた感じも意味もなく、誰かに支配されているのでもない不変の官僚的構造によって規定されるという感覚である。同時代の別の批評家、カストリアディスは次のように表現する。「［構造主義は］人びとが科学の名の下でますます虐げられる時に、科学に絶対的な優位性を与える言説である。構造主義が人びとに説き伏せようとしているのは、人は無であり、科学こそがすべてであるということである」[32]。構造主義は若いカードルに代表される身分階級や社会階層を

（31） Pascal Ory and Jean-Francois Sirinelli, *Les intellectuels en France* (Paris: Armand Colin, 1992), pp. 206-207.

イデオロギー的に支えるものであった。つまり、カードルをイデオロギー的に正当化し、知的に仕立てあげたのである。

　ルフェーヴルは異なる方法でこの立場を論じた。問題にアプローチするにあたって、同時代の政治的言説を支配する用語から議論を始めることもあった。その用語とはテクノクラシーである[33]。まずテクノクラシーという用語は、第一次世界大戦後直後のアメリカにおいて、物理学の合理的構造に着想を得た経済生活の組織システムを示すために作られた。フランスでは、この用語は第二次世界大戦後の「専門家たちの支配」を示すために漠然と使われた。重大な決定を担う教育を受けた専門家、すなわち知を想定された主体で、いわゆるグラン・コールをカードルの最上位とする身分階級である。テクノクラートの行政能力は、政党が持つ欠点から国家を守ることが目的であったが、実際、その優位はヴィシー政権とともに始まった。テクノクラートの優位はマンデス＝フランスとフランスの「テイクオフ」を望んだ若者の下、熱烈な支持を得た。それがとくにはっきりしたのは一九五八年以後のことである。このときドゴールは再び就いた政権を初めてテクノクラートたちの大臣というエリートで知られた側近で固めたのである。

　ルフェーヴルによれば、テクノクラシーはその行動よりも、テクノクラシーが社会に投げかけるそれ自体のイメージにこそ害がある。そうしたイメージ、つまりイデオロギー——成熟した合理性による至高の支配——は、最小の努力で最大の成果を約束する究極的な効率性の崇拝というだけにとどまらない。成熟した合理性としてのテクノクラシーのイデオロギーは世界を二つに分断する。「通じている」者たちは大人であるが、他のすべての者は子どもである。それゆえこのイデオロギーはすべての社会的対立を「未熟」と規定し、第三世界の側が政治的に未熟であると決めつける。時間とともに、このイデオロギーは社会的対立を大部分、人為的現象として規定する。とどまることを知らない効率性の向上が、情報技術によって提供される最適化された組織に支援されながら、大量の消耗品を増大させ、それを公正に分配することですべての社会的困難を解決するので、社会的矛盾は過去のものとなる。たとえテクノクラートたちはいくつかの集団や社会システムを意図的に優遇したとしても、変わらずこうした優遇措置をコンセンサスという風に処理してしまうのである。よく知られているように、コンセンサスは合理的な同意のもとで達せられる。コンセンサスの程度がもっとも高くなると、最高度に成熟した合理性の神話が哲学の装いを身にまとうようになる。すなわち構造主義の哲学の装いである。

したがって、ルフェーヴルにしてみれば構造的人間とは、結局、詐欺師のことであった。というのも、哲学者のふりをしながら、構造的人間は自分たちの社会の理論的思考や批判的言説を何も提供しなかったからである。構造主義はあたかも社会に関する理論的言説や社会的なるものの知識であるかのように振る舞ったが、実際には構造主義は、こうした社会から生まれた言説であった。つまりテクノクラシーの雑談、またはその雑談の延長、イデオロギー的な強化に過ぎなかった(34)。構造的人間は哲学者ではなく

---

(32) Cornelius Castoriadis, *La société française* (Paris: 10/18, 1979), p. 226.

(33) 一九五〇年代後半から一九六〇年代にかけて、ルフェーヴルは構造主義に関する一連の論文を執筆し、それらの論文は『構造主義をこえて』という著作に集成された。Henri Lefebvre, *Au delà du structuralisme* (Paris: Anthropos, 1971)〔(訳者:翻訳は以下の二冊である) 西川長夫・小西嘉幸訳『革命的ロマン主義』福村出版、一九七六年;西川長夫・中原新吾訳『構造主義をこえて』福村出版、一九七七年。〕さらに、これらの論文は『構造主義イデオロギー』というタイトルの下で再編集されている。Henri Lefebvre, *L'idéologie structuraliste* (Paris: Anthropos, 1971).〔(訳者:この著作は原書『構造主義をこえて』の後半部分を出版し直したものである)『構造主義をこえて』前掲書〕

テクノクラートである。すなわち、『ソフィーに宛てられた詩』に登場する計画立案者のように、均衡の取れた構造の維持を究極の目的としながら、機能的なシステムを分解しては再構成することに専心する存在のことである。

実際、レヴィ＝ストロースも構造的人間が哲学者ではないことに同意していた。しかしながら、レヴィ＝ストロースは、テクノクラートというイメージの代わりに、より懐古趣味的に、控えめかつ穏当なイメージを用いた。もっとも頻繁に用いられたのがブリコルールのイメージである。また、ときにはブリコルールと類縁関係にある職人のイメージを用いることもあった。「［構造主義は］（中略）哲学を基礎づけようとすることを自らに禁じる。むしろ、私たちは人間の情熱をかき立てるにはあまりにも些細な現象に過ぎないものに没頭し、労苦多い職人たちの姿に自らをなぞらえる。しかし、こうした水準でしか捉えられてこなかった職人たちに価値があるのは、職人たちがいつか厳密な知の対象になりうる可能性を秘めているからである」[35]。

しかし、ルフェーヴルが指摘しようとしていたのは、構造主義者たちの側の厳密さ（ルフェーヴルはそれを死後硬直と呼んだ）への訴えそのもの——厳密さのレトリックは、構造主義者に繰り返し用いられることで、構造主義の世界を超えて、ポール・ド・マンによってなされたような「読み」をめぐる多様なポスト構造主義的な学問分野にまで拡大されることになる——が、それ自体、知の対象と行為がいつも合理的に同じものとして現れるように、テクノクラートから取り入れられたものであるということである[36]。ルフェーヴルは構造主義を社会学的な現象と見なした。つまり、資本主義的近代化の歴史における特殊な一時期に——政治的な事なかれ主義とシステムの強化に特徴づけられる時期に——特有の社会的なものの論理と見なしたのだった。構造主義に対する批判は資本主義的近代化に対する根本的批判の一局面でしかない。

構造主義に対するサルトルの闘いは、かなりの程度、ルフェーヴルの闘いと重なっていた。サルトルとルフェーヴルは哲学と歴史が構造主義者による被害を受けたと考えた。同時に構造主義に対立する批判――両者の批判のように――が生じなければならない二つの場としても考えた。ルフェーヴルと同様、サルトルの意見では、新しい産業国家におけるテクノストラクチャーの出現、哲学の消滅、主体を否定する反歴史的な教義の成功の間には、直接的な照応関係が存在するのであった。「テクノクラート的な文明において、言うまでもなく哲学が自らを専門技術に変えるのでなければ、もはや哲学のための余地は存在しないのです。アメリカにおいて起きたことをご覧ください。哲学は社会科学に置き換えられたのです」[37]。

当時、知識人の名声という点でサルトルを乗り超え始めていた多くの構造主義者たち（ラカン、アルチ

(34) したがって、構造主義に対するルフェーヴルの批判は、『理論の貧困』(London: Merlin, 1978) でのE・P・トンプソンの批判とは本質的に異なる。トンプソンは、従来のプラグマティズムが強いブリティッシュ・レフトの立場から構造主義や「理論」の容認を批判した。他方で、ルフェーヴルは、構造主義が理論的に不十分であり、現代フランスの理解と変革のために必要な「疎外」のような政治概念を追い払ったことを批判するのである。

(35) Claude Lévi-Strauss, "Du bon usage du structuralisme," *Le Monde* (January 13, 1968).

(36) それゆえレヴィ＝ストロースは、政治的大義や運動への参加について尋ねられたとき、こう答えた。「いや、私に知的な権威というものが仮にあるとしてですが、それはもっぱら私の学問的業績の全体および学問的厳密さと正確さに基づくものです」。*De près et de loin* (Paris: Odile Jacob, 1988), p. 219.［竹内信夫訳『遠近の回想』みすず書房、二〇〇八年、二八二頁。］

(37) Jean Paul Sartre, "Jean-Paul Sartre répond," *L'arc*, 30 (1966), p. 94.

ユセール、ブルデュー、レヴィ＝ストロース）は、サルトルと同じく、哲学専攻の出身である。こうした構造主義者が自らの受けた教育とは異なる方向に向かったのは、サルトルの目には、ある意味で学問的のみならず政治的な裏切りのように映った。さらに、言語に関する彼の哲学が言語の終点や目的（「言語の目的はコミュニケートすることにある」）に焦点を合わせたのに対して、構造主義はコミュニケーションを一般的な環境とし、言語を言語そのものに関する、また言語そのものにおける一つの目的――数えられる単位、音素、形態素において測定可能なもの――にした。

とはいえ、一九五〇年代から六〇年代にかけて、構造主義はなによりもまず一般的には歴史思想に対して、なかでもマルクス主義的な弁証法的分析に対して正面攻撃を仕掛けることでのし上がったのである。さらに、一九五六年以後、構造主義が多くの左翼知識人を魅了した理由は、スターリンの犯罪の暴露や同年末のソ連によるハンガリー侵攻につづく、フランス共産党やマルクス主義内部の危機によって重層的に規定されるものであった。このような複雑な歴史的出来事の後、構造主義の汚れなき科学的説明は一種の安らぎを与えた。一九五六年以後のマルクス主義から構造主義への流れを記述するある批評家は、構造主義の機能主義を強調し、その際、衛生と近代化の間の必然的な関係を前面に押し出した。「構造主義は一種の儀礼的な虐殺だった。（中略）。それによって、しっかりと汚れを落とし、拭い去ることが可能となり、深呼吸し、衛生処置を施すことが可能になった。デオドラントや洗浄剤は、しばしば不快な臭いを発つので、かならずしも好まれないが、それでもきれいにはなる」[38]。

ロラン・バルトの不潔さからの退却

一九五〇年代におけるロラン・バルトの知的経歴の変遷は格好の例である。おそらく誰よりもよくバルトの経歴が示しているのは、この時期にマルクス主義と構造主義が共有していたものである。すなわち、事物への関心である。しかし、マルクスは、商品のフェティシズムの理論で、物そのものを理論や批判の核心に据えていたのに対し、構造主義は分類学に、つまり世界とその数々の物を分類し整理することに向かった。バルトはけっしてマルクス主義者ではなかったが、『現代社会の神話』（一九五七年）は、彼が後に述べるように、サルトル、マルクス、ブレヒトという三人の庇護のもとに書かれた[39]。

今日から振り返ってみると、『現代社会の神話』は二つの異なる著作に分けられる。同書の結論に置かれた「今日における神話」は、バルトがソシュールの発見後に執筆した長い方法論的試論である。そして、この論文は、同書の本論となっている一九五〇年代初頭に執筆した短い雑誌記事の集成で、それら一般的な理論を提供する試みである。実際、こうした短い記事は同時代の出来事（政治的宣言、展覧会、三面記事）や一九五〇年代初頭の重要人物（バルドー、プジャード）、そしてもっとも印象深いことに、自動車や洗剤などの物の支配と新しい消費主義の出現に対する応答であったのである。この著作の快楽は、各記事の簡潔さと扱う対象の不潔さ、そして、脂っこいフレンチ・フライにつづいてグレタ・ガルボが来るという具合に物、人、事件などの混在に由来している。

少なくとも雑誌記事で構成された前半部が歴史的レアリスムの作業であると考えれば、『現代社会の

（38）　ルネ・ルローの言葉は次の文献で引用されている。Dosse, *Histoire du structuralisme*, vol. 1, p. 202.［『構造主義の歴史（上）』前掲書、二三八頁。］

（39）　以下を参照。Roland Barthes, *Roland Barthes* (Paris: Seuil, 1975); trans. Richard Howard as *Roland Barthes* (New York: Hill and Wang, 1977), p. 145.［石川美子訳『ロラン・バルトによるロラン・バルト』みすず書房、二〇一八年、二一八頁。］

神話』が知的にはサルトル、マルクス、ブレヒトに関係づけられるというのは理にかなう。戦後の知的舞台を支配した「状況」というサルトルの概念と『現代社会の神話』における身振り、行為、物、テクストの分析は、「状況づけられた」知に関連する試みとして、共通の社会的かつ歴史的状況の構築として読むことができる。生き生きとした現代的レアリスムの可能性の擁護者としてのブレヒトの役割は、ブレヒトの戯曲と同程度にルカーチとの議論で担った立場によっても強固なものとされる。マルクスに対するバルト自身の関心は、ブレヒト的マルクス主義と呼べるようなものに分類できるほど、ブレヒトの影響を受けている。マルクスに関して言えば、デレク・セイヤーが指摘するように、おそらくレアリストとして、すなわち、いかなる一般的な理論やモデルも個別の歴史的出来事、過程、社会を分析するときには、限界があることを認識していた人物として理解されるのが最適だろう。[40] マルクスと同様、『現代社会の神話』のバルトによれば、物質的生産は、したがうべき枠組みを提供するのであり、その枠組みにおいてバルトは経験的研究を行う。数々の経験的現象があらゆる分析の出発点である。

　バルト自身もレアリストの立場をとっているように思われる。『現代社会の神話』の最後の文章は、言語とその対象の間の和解という一種のレアリスム的な計画への呼びかけとなっている。「それにもかかわらず、以下のものこそがわれわれが探求しなければならないものである。すなわち、現実的なものと人間との和解、記述と説明との和解、対象と知との和解である」(p. 159〔三八一頁〕)。彼は後に本書を、現実のフランスを対象とする「社会的な神話学」の取り組み、すなわちミシュレの企てと同種のものとして説明することになる。[41]「ミシュレのなかでバルトが気に入ったものは、フランスの民俗学の確立であり、さらには、顔、食べ物、衣服、肌の色といった、おそらくこのうえなく自然なものとされた対象を歴史的に——すなわち相対的に——問いかけようとする欲望と技量である。(中略)『現代社会の神話』

では、民俗誌として研究されるのはフランスそのものである[42]」。

次にバルトは自らの著作と一九世紀の偉大なレアリスム的な宇宙創成説の間の類縁性を打ち立てようと議論をつづける。「さらにまたバルトは、小さな社会にきわめて密接してもいる、偉大な小説的宇宙開闢説（バルザック、ゾラ、プルースト）をつねに愛していた。このために、民俗学的な著作のなかには、彼の愛する書物のもつ魅力のすべてが備わっているのだ。それは現実のすべてを、もっとも些細で、もっとも肉感的な側面でさえも、記録し分類するような百科全書なのである。（中略）最後に、すべての学習された言説のなかでも、民俗学的言説が「小説」にもっとも近くなっているように思われる[43]」。

新たな三組の類縁性ないしは同一化がサルトル、ブレヒト、マルクスという最初の三組に付加されている。すなわち、バルトは、歴史家（ミシュレ）志望であると同時にレアリストの小説家（バルザック）であり、なおかつ民俗学者なのである。これら三つの像すべてがある共通の目的を目指しているように思われる。すなわち物の世界の社会的な歴史分析である。ほんの数年後に、バルトが「科学性への多幸症的な夢」と呼ぶものに陥り[44]、『記号学の原理』（一九六五年）では非言語的な材料を放棄し、分析を「言語対象」のみに限定する。また、ファッションに関する著作『モードの体系』（一九六七年）では、バルトは、当時の別の偉大な民俗学者クロード・レヴィ＝ストロースの私的な助言にしたがう決意をして、

（40） 以下を参照。Derek Sayer, *The Violence of Abstraction*（Oxford: Blackwell, 1987), pp. 12-13 and p. 151n.
（41） Barthes, *Roland Barthes*, p. 148.［『ロラン・バルトによるロラン・バルト』前掲書、二二八頁。］
（42） Ibid., p. 84.［一一五～一一六頁。］
（43） Ibid., pp. 84-85.［一一六頁。］
（44） Roland Barthes, "Réponses," *Tel quel* 47（Autumn 1971), p. 97.

物としての「衣服」を断念し、代わりに「書かれた衣服」のみを扱ったのであった[45]。

しかし、『現代社会の神話』を締めくくる理論的試論である「今日における神話」が受けた批判によっても、バルトは物の世界を放棄するように促す圧力を感じていたにちがいない。今日読み直すならば、この試論は、一種のハイブリッドな移行期の資料として立ち現れる。フィリップ・ロジェが指摘するように、試論は取るに足らない。つまり、試論は、それに先立つ神話学的直観を説明しようと試みているのだが、そうするにはあまりにも言語学的である。しかし、物やイメージなど非言語的なものにあまりにも開かれ過ぎており、言語学者を満足させることはできない。

バルトは、一九五七年の『現代社会の神話』の出版直後、初期の構造主義の研究にくわえて、公表された一連の論文においてロブ＝グリエとヌーヴォー・ロマンを擁護する役割を担い始めた。ロブ＝グリエについての論文をひとまとめにして捉えると、もっとも印象的なのは、小説の形式を「きれいにしようとする」ヌーヴォー・ロマンの試みを支持するという課題に、バルトが自らの課題を同一化させようとする熱の入れようである。彼によれば、ヌーヴォー・ロマンは、それが主題、登場人物、動機、プロット、通時的行為といった陰鬱な敵たちが連なる長いリストから自らを衛生的に浄化する限りにおいてのみ、成功を収めたのである。こうして、ロブ＝グリエの『覗くひと』は「物語の形式そのものを消毒ないしは殺菌[46]」したという理由で、バルトから絶賛される。浄化に対するバルトの熱狂は、洗浄するという衝動を理解していたロブ＝グリエ当人さえをも驚かしたようである。バルトの死後、一九八〇年代に、ロブ＝グリエは次のように書く。「バルトは私の著作を清掃活動として必要としたに過ぎない[47]」。事実、ロブ＝グリエは、自らをもっとも情熱的に擁護した批評家がディリジスムであったと非難する。つまり、バルトが自らの心理的・知的・倫理的目的のために、ヌーヴォー・ロマンをいかなる文学もかつて到達したことがない厳密な否定という水準に留めておこうとしたことを非難するのである。

何を拭い去るというのか。ロブ＝グリエの所見が正しいとすれば、バルトによるヌーヴォー・ロマンの称賛（しかし称賛という言葉はあまりにも喜びを含意しすぎている。むしろヌーヴォー・ロマンの倫理的な擁護ということにしよう）は、一種の禁欲的な清掃、すなわち脂っこいフレンチ・フライの楽しみと現実的なものにある不潔さからの撤退に対応している。『現代社会の神話』で記述されたプチブル的な「現実」の俗っぽい物の数々は、バルトに貧民街を訪れるような多様な満足感を与えた。それらは快楽を与えるものであるが、同時に不潔なものでもあった。結局、これらはバルトに多少なりとも吐き気を催させるものとなった。『現代社会の神話』の構成要素は、「私のうちに平均的なもの、中途半端なもの、俗悪なもの、凡庸なもの、そしてなによりもステレオタイプの世界全体への嘔吐を催させるすべて」だった。[48]

ヌーヴォー・ロマンや構造主義への転回とは、俗悪さからの退却であり、歴史ではなく厳密な科学に頼りながら批評活動を位置づけることであり、そして小説家や歴史家ではなくエンジニアに自らを重ね合わせることである。[49] そして厳密さは、つねに禁欲主義的な倹約であり、唯一の正当な技術を注意深く選択することであり、主人の厳格な眼差しの下で用いられる正確な方法である。しかし、厳密さの体制

（45） 以下を参照。Philippe Roger, *Roland Barthes, roman* (Paris: Editions Grasset & Fasquelle, 1986), p. 90.

（46） Barthes, *Essais critiques*, p. 70.［『ロラン・バルト著作集5』前掲書、一〇二頁。］筆者による訳。

（47） Alain Robbe-Grillet, *Le miroir qui revient* (Paris: Editions de Minuit, 1984), p. 69.［芳川泰久訳『もどってきた鏡』水声社、二〇一八年、九三頁。］

（48） バルトの言葉。引用は次の文献による。Dosse, *Histoire du structuralisme*, p. 102.［『構造主義の歴史（上）』前掲書、一二一頁。］

下でさえ、かつての快楽（バルザックの「愛読」書、事物の感性に訴えてくる物質的な感触）がいつの間にか広がる。バルトが一九六〇年代初頭に読んだヌーヴォー・ロマンの作家の文章すべてから彼に残ったように思われるものは、多分にノスタルジーもあるとはいえ、眼鏡、消しゴム、コーヒーメーカー、プレハブ式のサンドイッチパネル、タバコといった事物の数々である。(50) 当然ながら、事物は「あらゆる人間的な意味作用から浄化されて」いる。しかし、実際、事物は『現代社会の神話』の内容を占めていた物とそれほどかけ離れていない。一連の論文を埋め尽くす事物の長いリストは、もっともきれいで無駄のないものでさえ残したにちがいない、『現代社会の神話』の「痕跡」に関するバルトの認識の無意識的な備忘録の役目を果たす。「マルクスとともにこう答えることができよう。もっとも自然な事物でさえ、どんなにかすかで薄められていたとしても、政治的な痕跡を含んでいる。かつてそれを生産し、整備し、使用し、従わせたり、捨てたりした人間の行為の、多少なりとも記憶に残るものを含んでいるのだと(p. 143-144〔三六二頁〕)」。

第二次世界大戦後における学問領域の再編

歴史的思考それ自体に攻撃が及ぶにつれて、歴史記述の領域に、つまり当時の歴史が描かれる方法や歴史家を巻き込んだ議論に、もっとも顕著に構造主義の影響力が見られるのではないだろうか。過去と未来の相互関係としての歴史的言説の役割そのものがこの時期に不安定になる。このことを説明するためには、歴史記述の歴史や技術の手に委ねられる歴史分析の運命を検討するだけでなく、学問領域を組織および保証し、そのヒエラルキーを決定するフランスの諸制度もまた考察しなければならない。さらに、冷戦期におけるアメリカのより巨大なヘゲモニーを無視することはできない。この点について、サルトルは、フランス人が、好むと好まざるとにかかわらず、選んだライフスタイルを提示する実験所として、アメリカを参照するようなとき手短に言及している。

構造主義が人文学を支配したもっとも直接的な背景は、計量を基礎とした社会科学が急激かつ壮大に確立されたことにくわえて、終戦直後の短期間のうちに社会科学を定着させ、実行に移すために要請された諸制度ができたことにあった。一九四六年、パリに社会学研究センター（CES）が創設され、同時にその学術誌『カイエ・アンテルナシオノー・ソシオロジー』［「国際社会学雑誌」という意味］も創刊された。学者も計画立案者も、多くの刺激的な発展の恩恵を得た。たとえば、ヴィシー政権によってその基盤が作られた信頼できる新しい統計機関を利用できるようになったことがある。一九四六年四月に創設されたフランス国立統計経済研究所（INSEE）がそうである。新たにスタートした統計学にその対を成す人口学が加わった。人口学は制度的な本拠地を得る。一九四五年一〇月、フランス国立人口統計学研究所（INED）が創設され、また、その翌年、『ポピュラシオン』［「人口」という意味］が創刊された。同時に、象徴的に労働省と人口省の二つの省庁の主導のもとに位置づけられる国立移民局（O

（49）エンジニア［技術者］は〈ヌーヴォー・ロマン〉の理想的な語り手を構成していた。実際、一九五八年に、北アフリカのあまり知られていない山岳地帯における道路網の建設を請け負った鉱山技術者を主人公としたクロード・オリエの『演出 *La mise en scène*』(Paris: Editions de Minuit, 1958) は、メディシス賞を獲得した。

（50）とりわけ、以下を参照。"Littérature objective," "Littérature littérale," "Il n'y a pas d'école Robbe-Grillet," and "Le point sur Robbe-Grillet." これら四つの批評「対物的文学」、「字義通りの文学」、「ロブ＝グリエ派など存在しない」、「ロブ＝グリエに関する現状分析？」はすべて『批評をめぐる試み』に収められている。［『ロラン・バルト著作集5』前掲書。］

NI）が創設されたが、それは次のことを保証するためであった。すなわち、戦争で減少した人口と新たな産業のため労働力の優先的要請から必要になった移民を、人口学という新しい科学に応じて組織化するということである。[51]

一九四七年、心理学の分野は一九四七年に専門的な「教育免許」を取得することで、大学における独立を勝ち取った。しかし、おそらく終戦直後でもっとも重要な制度の誕生は、同じく一九四七年に創設された国立行政学院（ENA）であった。この国立行政学院の出身者――エナルクと呼ばれる――は、やがて上級公務員や行政官といったテクノエリート、すなわち上級カードルとなるのだった。国立行政学院の名声は、国家エリートの教育を業務としていた「伝統的」機関たる高等師範学校の名声と張り合い、ときにそれを超えるものであった。ここでフランスの社会科学の導入に関する諸制度のリストに国立行政学院の創設を記すのは、両者が相互補完的なものだからである。国家による計画化は社会科学が提供する知を必要とし、その知は直接的かつ頻繁に利用された。[52] そして、人口学、経済学、社会心理学を取り入れた新しい研究機関や学部で教育を受けた新しい知識人が現れ、公共部門か民間部門かを問わず、多くの場合契約を結んで、企業にその知をすぐにでも伝えようとした。

近代化の目的と社会科学が提供する知識の結びつきは、その後、十年にわたって社会科学の制度的保証や威信がどれほど強まったのかを測ることで判断することができる。とくに社会学の事例がそうである。というのも社会学は、アメリカの社会学の方法や言葉に強い影響を受けた分野だからである。一九五五年の時点では社会科学の研究所はフランスにはわずか二〇しか存在しなかった。しかし一九六五年にはその数は三〇〇以上になった。一九五八年に、レイモン・アロンの指導の下、社会学の学士号と「第三課程」「博士課程」が設置され、社会学は大学で完全に認可されることになる。国立科学研究センター（ＣＮＲＳ）における社会学部門の研究者は一九六〇年の五六人から六四年の九〇人になる[53]。
したがって、今日、慣れ親しまれているフランスの社会科学は戦後の発明であり、戦後フランスの近代化のあらゆる側面と同様、その優位はアメリカの経済的介入と関係していた。この種の研究への転換は、知識人にとっての一種のマーシャル・プランとして、ある程度、アメリカによる資金提供を受け、促進されたのである。ある文献に関する論評は次のような説得力のある主張をする。すなわち、当時のもっとも重要なアメリカの輸出品はコカ・コーラでも映画でもなく、社会科学の優位であると。一九四六年一〇月、ロックフェラー財団の社会科学部門の理事は述べている。「新しいフランス、新しい社会は占領下の廃墟から立ち上がる。復興活動のなかでも最良のものは素晴らしいが、しかし、問題は山積みである。フランスでは、共産主義と西洋民主主義の間で抗争するのか、あるいはどちらを採用するのかという問題があり、それがもっとも精鋭化した様相を呈している。フランスはこの問題をめぐる戦場ないし実験場なのである[54]」。

---

(51)　国立移民局の方針は明らかに、文化的に同化可能と見なされたヨーロッパ出身の家族の「定住」を促進する方針だった。アルジェリア人たちは、法的にフランス人と考えられていたので、この部局の管理を受けずにすんだ。実際の移住が主として北アフリカ出身の独身男性の移住であることが明らかになった一九五四年以降、ヨーロッパ出身の家族が流入してくるという夢は消えた。

(52)　「都市計画家は、社会学者に、経済計画にそこからこぼれ落ちるものを加えるように要請する」。Claude Gruson, "Planification économique et recherche sociologique," *Revue française de sociologie* 5, no. 4 (October-December 1964).

(53)　以下を参照。François Dosse, *L'histoire en miettes: Des "Annales" à la "nouvelle histoire"* (Paris: La Découverte, 1987), pp. 99–101.

ヨーロッパに社会科学を普及することによって、アメリカは世界におけるマルクス主義の進歩を封じ込めようとした。経験的かつ計量的な社会学――すなわち反復の研究――は、出来事の研究としての歴史学との対抗で設置されたのである。一九四七年のロックフェラー財団の助成金は、歴史家リュシアン・フェーヴル率いる高等研究実習院第六部門の創設を後押しした。フェーヴルは、ジョルジュ・ギュルヴィッチ［一八九四－一九六五年。社会学者。法研究を経て社会学理論を発展させた］が率いていた社会学者のライバル集団から主導権を勝ち取ったのである。一九六〇年代初頭にフランソワ・フュレの本拠地となるこの機関は、フランスの社会科学の未来を中心的に担うことになる。一九六二年、フェーヴルの後継者、フェルナン・ブローデルがカルティエ・ラタンに分散していた様々な研究所をすべて集中させて、ラスパイユ通りの人間科学研究所に移したとき、フォード財団が資金面においてその移管作業を支援した。一九七五年に、今度は高等研究実習院第六部門が高等研究実習院から独立し、大学の地位と学位授与の権限を備えた社会科学高等研究院（ＥＨＥＳＳ）となった。(55)

社会科学と歴史学

二〇世紀でもっとも著名な二人の歴史家、フェーヴルとブローデルは、社会科学において積極的な役割を果たしたはずであるが、そう言うには説明を要する。それを押し寄せる計量的な学問の波から戦前の歴史学の優位を守ろうとするにつれて、歴史学そのものの内部に生じた変化の痕跡と考えることもできるだろう。構造主義の脅威に対して、アナール学派として知られるようになる歴史家の集団が採用した主な戦術はカニバリズムの戦術である。つまり、敵を支配する手段として敵を包囲して受け入れるのである。終戦直後、アナール学派の学術誌は意義深い名称の変更を行った。『社会経済史年報』から『年報——経済・社会・文明』（通称『アナール』）へ。一九二九年に創刊されたそもそもの学術誌は歴史研究についての幅広い学際的な考えの推進にすでに関わっていた。しかし、改訂された名称から「歴史」という語が消えたことは、別の社会科学、とりわけ人口学や経済学を積極的に取り入れようとする意志が新しい次元に入ったことを示している。ただ、こうした自己消去の身振りの裏には、不在ないしは不可視の主人として大きな力をもとうとする絶えざる意志が潜んでいた。

一九五八年に『アナール』に掲載された「長期持続——歴史と社会科学」という有名な論文のなかで、フェルナン・ブローデルは、レヴィ＝ストロースが歴史学に向けた直接的な攻撃に応答した。レヴィ＝ストロースによれば、歴史家は資料において観察可能なもののみに制限されているという。さらに歴史学の知は経験的であり、それゆえに社会を統治する「深い構造」に到達することができない。他方で、レヴィ＝ストロースは、人間精神の根本的な機能様式、すなわち、人間文化のあらゆる表面的な多様性の基礎となる不変の要素を明らかにする方法を規定したと主張したのである。

ブローデルは、論争を巻き起こしたこの論文の導入部で、二つの学問領域間に闘いを設定する。一つは「あらゆる人文学のなかでももっとも構造化されていない科学」としての歴史学、もう一つは歴史学に多くのことを教えたとブローデル自身認める社会科学という隣接領域である。[56]ブローデルは、共有された企画の下、異なる分野すべてをつなぎ合わせられる地平に「共同市場」のわずかな光を発見する。

（54）　J・H・ウィリィットの言葉。引用は以下の文献による。B. Mazon, "Fondations américaines et sciences sociales en France: 1920–1960," thesis, Ecole des hautes études en sciences sociales, 1985, p. 103.

（55）　以下を参照。Olivier Betourné and Aglaia Hartig, *Penser l'histoire de la Révolution* (Paris: La Découverte, 1989), pp. 135–136 and 145–146.

しかし、論文の最後には、こうした共同市場がブローデルの関心を引くのは、「持続の弁証法」たる歴史がその企ての支配者でありつづけるという条件においてのみであることが一目瞭然となる。「一瞬の時間とただゆっくりと流れ続ける時間との間にある、激しく、濃密で、無際限に繰り返される対立以上に重要で社会的現実の核心に近づくものはない。過去を扱うにせよ、現在を扱うにせよ、このような社会的時間の多様性に関する明晰な意識は、人文学に共通した方法論にとって、不可欠なことである」(p. 26〔一九四頁〕)。しかし、継続的な支配は法外な代償を払うことになる。実際、中心でありつづけるために、歴史は変わらなければならず、「不動の時間」として再組織されなければならない。

この論文の本論で、ブローデルは事件史の批判を提示し、代わりに三つの異なる歴史的時間性を区別する。つまり、出来事の時間（「物語（中略）が急展開し、劇的に、息もつかせぬほど慌ただしく過ぎ去る」ように語られる）と、変動局面の時間（ゆっくりとした経済的・社会的循環）、そして構造の時間（長期持続、あるいは果てしなく長い持続）である。彼がレヴィ＝ストロースに提案するのは、最後の時間、すなわち、「諸々の現実と社会的大衆との間の関係の組織化、すなわち一貫して的確に固定された関係の系列」として定義された時間である。彼は、当時、主導的立場にあった社会学者ジョルジュ・ギュルヴィッチと社会学の「現在の出来事」に対する関心をあからさまに拒否し、対等と見なす敵に対してはより深い敬意と用心深さを示した（彼はレヴィ＝ストロースを「私たちの案内人」と呼ぶ）。ブローデルは、歴史を構造の時間性の研究（長期持続）として再組織することによって、自分自身と歴史学の指導の下、レヴィ＝ストロースをより広い計画に統合する。社会科学は概念の中心に長期持続を据える共有された計画とともに「共同市場」に集まる。今後も持続、つまり歴史区分が問題――それがどれほどささいなものでも――となる以上、歴史学は君臨し続けるのである。

フランスの歴史記述の議論に関するこうした同盟が及ぼした広範囲にわたる影響は今日もなお感じ取れるものである。一九五〇年代および六〇年代、ブローデルやル・ロワ・ラデュリたちは、一九六二年以後は人間科学研究所に落ち着き、ブローデルが「移行がほとんど感じ取ることのできない歴史(中略)、あらゆる変化がゆっくりとなされ、恒常的に反復が生じ、絶えず繰り返されるサイクルのある歴史」[57]と呼んだものを生み出した。

歴史学の分野でブローデルたちがもっとも恐れる敵は近いところにいた。ソルボンヌにいるジョルジュ・ルフェーヴル、アルベール・ソブールといったマルクス主義的歴史家たちである。社会運動の研究を抹消して構造の研究を行うことで危機に晒されるのは、歴史における急激な変化ないしは変異の可能性、つまり革命という考えそのものである。フランス史における典型的な出来事を扱う旧いタイプの歴史家は、それぞれ一八九一年以後にソルボンヌに制定された革命史講座の教授職を順番に占めながら、完全に近代化され、潤沢な資金と設備(コピー機やコンピューター)を持つ近くの歴史家たちに不信の目を向けていた[58]。

---

(56) Fernand Braudel, "Histoire et sciences sociales. La longue durée," *Annales ESC*, no. 17 (December 10, 1958), pp. 725-753; reprinted in *Ecrits sur l'histoire* (Paris: Flam-marion, 1969); trans. Sarah Matthews as *On History* (Chicago: University of Chicago Press, 1980).〔山上浩嗣訳「長期持続」浜名優美監訳『ブローデル歴史集成II　歴史学の野心』藤原書店、二〇〇五年、一九一〜二二九頁。〕

(57) フェルナン・ブローデルの言葉は次の文献で引用されている。Peter Burke, *The French Historical Revolution: The Annales School 1929-89* (Stanford: Stanford University Press, 1990), p. 36.〔大津真作訳『フランス歴史学革命――アナール学派　一九二九 - 八九年』岩波書店、二〇〇五年、六八頁。〕

アナール学派の歴史家は、充実した設備があったにもかかわらず近代性について多くを語らず、近代化については程度の差こそあれ他のフランス人と同様、経験していたものなのに一切語らなかった。その代わりに、彼らは、経済、物質文明、心性の構造的水準に関連づけられるような封建主義やアンシャン・レジームの物語的な歴史を好んだ。ある意味では、彼らが近代以前のヨーロッパ文化に焦点を当てたことは、レヴィ゠ストロースがアメリカ先住民の「息絶えた」文化や死に瀕した文化を重点的に取り扱うのと同じ目的――いま・ここという現在やこうした身近な現在に至る条件を扱わないための口実としての目的――に適うものであった（同様の口実は系譜学というフーコーの概念によって与えられている。フーコーは現在について書きたいと述べる。しかし、この希望は系譜学の企てを正当化するのに用いられるが、その結果、彼が現在について語ることになったかは定かではない）。

しかし、歴史家たちが過去のリズムに、自分たちの「出来事不在の」時間性、すなわち揺るぎなく、時代を超えて展開する、自然化されたプロセスとしての近代化を投影していたということもあり得る。たしかに、歴史家たちが長期持続の名の下、封建的過去のうちに発見したコネクションやコミュニケーションという全能性を有するシステムは、幾分か歴史家自身を生み出す時間性や諸条件と関係していた。歴史家たちのほぼ同形的な複製である現代のテクノストラクチャーの自己再生産的性質が、時代を隔てた過去の地理的な結晶化を装って、再び現れていたのではないか。歴史家たち自身の時代――「歴史以後」という時代――の組織的な空間結合の経験が、近代以前の文明の表現や物語を規定していたのではないか。二つの世界大戦と厄介な脱植民地化の後で、出来事というのは不信の目が向けられることになったのである。長期持続が提供したのは無力さを投影する手段であり、あまりにも規模が大きいために人間の行動を些細なものにする何かへと因果作用を移し替える方法であった。長期持続では氷河期が尊重される。変化が起きるとすれば、それは地質学的な時間の尺度においてのことである。

以上で論じたのは、構造主義やアナール学派の歴史記述の方法といった一九五〇年代から六〇年代にかけての主たる知的生産は、資本主義の近代化のイデオロギーと切り離し得ないということである。このイデオロギーは、なによりも出来事を生み出す社会的矛盾を隠蔽することによって、重要な出来事の価値を貶めようとする。アナール学派は、心性や共有文化に焦点を当てながら、合意形成の結果を明示することに対する強力な傾向を示すことになった。さらにアナール学派は、規則性や反復、平均化と不動性の確立へと向かった。近代化はほぼ動くことのない自然で「空間化された」過程、つまり、不動性の連なりのようなもののうちに始まりと終わりを解消しようとする新しい歴史の説明を必要とした。それとまったく同様、アナール学派は、いわば、様々な学問領域間における共通の知的基盤、つまりあらゆる社会生活に共通する葬り去られた構造を跡づけるための「コミュニケーション」のネットワークを構築できるような記号のシステムを必要としたのである。

ある意味において、人文学、とりわけ文学研究による構造主義的方法論の採用は、ブローデルがレヴィ＝ストロースに闘いを挑んだのとまさしく同じ方法で、支配権の維持のために闘いを挑む試みだった。つまり敵を取り込むのである。近代化によって、フランスの人文学――歴史、文学、とりわけ哲学――は国家のエリート養成における伝統的役割を保持し続けることができたのかもしれない。今日、この役割は、高等師範学校に対する国立行政学院や同校出身の新たなテクノエリートの優位によってきわめて

(58) アナールとソルボンヌあるいはフュレとソブールの論争に関する有益な歴史として、以下を参照。Bétourné and Hartig, *Penser l'histoire de la Révolution*. この著作を読むように勧めてくれたリンダ・オーアに感謝したい。

危ういものとなっているとはいえ。「言語学への転回」は、人文学を合理化し、古めかしく孤立したままの状態から人文学を救出する方法を提供した――たとえば、フランス文学史の埃をかぶった狭隘なナショナリスト的な年表を学ぶような偏狭さから。それによって単なる鑑識眼以上の何かとして文学研究を理解することができるようになった。言語論的転回は、いまではより活発になった別の学問領域と人文学のコミュニケーションを成立させたのである。科学的方法によって秩序がもたらされ、体系的考察や健全な教育的伝達の基礎が築かれたのである。今日、研究は明らかに「コード変換可能」なものとなった。すべては言葉であり、知的領域における諸単位のそれぞれが、相互交換可能、変換可能、代替可能な広範囲の機能主義的なネットワークとなる。あるいは、タチの『ぼくの伯父さん』のアルペル婦人が、自分の超現代的な郊外住宅の接続空間を見せらつけられた訪問者に言い放つお気に入りの言葉のように。「すべてがコミュニケートする！」

「外部」の否認と「生きられた経験」

超近代的な郊外建築で送られるような生活に対するタチの批判と同時代的な知的活動の再編成の間にこうした結びつきがあったとしても、アルペル婦人の住居と構造主義の特徴がともに、標準化され、相互に連結された構成要素の集合としてそれぞれ存在していることを思い出すなら、それはさほど驚くべきことでもない。近代化された住居の「全体的な雰囲気」、つまり住居の使用価値の全体性を創出することは、「デザイン」の発展を通して資本主義的大量生産に改めて順応することである。機能主義的な美学は、構成要素を画一的なものや互換可能なものとし、ストーブ、シンク、冷蔵庫が滑らかな白いクロームメッキの設備のなかでまとまって淀みなく機能するようにし、物と背景が滑らかな雰囲気のなかで相互に強化し合うようにする。

同様に、構造主義として知られるようになったものと、それが生み出した記号に関する学問は、人類学、映画研究、文学といった何か一つの学問領域の発展としてというよりもむしろ、それが知の集合、諸制度、学問領域、意識の内容の間に確立したコミュニケーションや伝達においてこそ重要になってくる。ブローデルの表現を用いれば、構造主義は知の新たな領域横断的な平準化ないし共同市場を確立したのである。言語の目的はコミュニケートすることであると言うサルトルの見解のごとく「コミュニケーション」は、終極や目的と考えられるよりも、代わりに、魚にとっての水という意味で、生活にとっての雰囲気や環境に似た何かになった。「敵をもたない」イデオロギー、すなわち政治的イデオロギーの代替物としての「コミュニケーション」は、テクノロジーのおかげで、社会関係における一種の合意形成に関わる中立的な規範の導入を予告したのである。

しかし、第二の幻想がアルペル婦人によるテクノホームの滑らかな作業を統治する。その幻想とは何も残さないという徹底性である。これこそアルペル婦人が、家の出入りの度に、同時に衛生的な活動をしたくなってしまう理由である。具体的に言うと、鞄や車のバンパーなどに付着した埃を払うのである。カードルは自分を取りまく全体性を欲しがる。当時の広告は、そこに「完全豪華仕様」と打たれたものを提供するということで、この欲望を刺激する。機能主義的な豪華仕様、すなわち個々に取り上げるならば取るに足らないが、ひとつになると完全化を獲得する整数集合からなるトータルシステムである。あらゆるユートピアと同様、一種のパラノイア的な構築物であるカードルの住居は反転によって機能する。もし何も欠けていなければ、何も外的なもの——安全性の脅威——は侵入して来ない。カードルの住居の滑らかさと不浸透性（『ぼくの伯父さん』のなかで、そうしたことがきわめて効果的に表現されるのは、エキゾチックな格好をした隣人が呼び鈴を鳴らし、アルペル婦人がそれをカーペットのセールスマンとまちがえて追い払う愉快な場面や、排除の道具としての門にまつわる数多くの悪ふざけすべてにおいてである）は、構造主義が希求した影響範囲の全面化、すなわち、記号の研究の周囲にすべての人文学と社会科学を再編成するという夢と関係する。何も欠けているものはない。それゆえ、何も外的なもの――歴史、文脈、出来事、要するに非言説的なもの――は侵入することができない。

　何も欠けていないということは、それゆえに何も外的なものはないということである。自動車と同様に、構造主義の当初の魅力は、広い空間、すなわち別の学問領域、別の知に広く開かれているということだった。大衆による自動車の利用が、交通渋滞で一つの場所に閉じ込められるという経験を結果的にもたらしたのとまさに同じように、構造主義の影響範囲の広がりそのものが、一種のパラノイア的な袋小路に陥るはめになった。それは予想できないものや不確かなものの領域としての歴史の否認に始まり、言説の外部の否認が続き、最終的に外部そのものの否認に終わったのである。構造主義のヘゲモニーが頂点に達した一九五八年において、こうした外部はいくつかの形をとった。それはアルペル婦人の電化要塞の外に広がっていたものであった。すなわち、近代化された人から見れば、まさに空き地の向こう側に、「遅れをとり」、「人びとを堕落させ」、なおかつ衛生基準を欠いたあらゆるタイプのフランス人の非同期的で不均等な生きられた経験である。しかし、外部とは、なによりも、歴史を自らの手中に収めた人びと、反植民地闘争という試練を通じて形成された様々な暗く「新しい人間」のすべての経験である――「新しい人間」とは、同時代の現実の政治的矛盾を体現し、それゆえ「ヨーロッパの停滞」、そして歴史なき構造的システムの滑らかで確固たる機能とは現実的にまったく異なることを体現した人びとの経験であった。

図 4-2 『ぼくの伯父さん』

図 4-3　ゴダン、家庭用電化製品の広告、『エル』
（1954年10月）。

こうした時代の変動局面から引き出されたのは次のような奇妙な見解である。すなわち、アルジェリアの出来事を閉め出し、別の時間性に追いやり、アルジェリアの出来事と植民地主義をすべて瞬時に古めかしいものにしたという見解である。それはジャック・マルセイユたちが「近代主義的な運動」と名づけたもの、すなわち刷新され、改良されたフランス資本主義の勝利へと結びつけられた見解だったのである。「ある人びと集結した。この人びとによれば、多くの場合、数字の分析が政治的情熱を抹消し、その結果、フランスの力が帝国の所有――マルサス主義的な過去の痕跡と彼らが非難したもの――と同じことではなくなった[59]」。

このような見解がフランスの近代化への移行を支配したし、今日、進行中の社会形成に不可欠な団結を促す接着剤のような役割を果たしている。現代の支配的な見解では、植民地的過去は、「外部の」経験として、つまりフランス史を構成するものであるにせよ、本質的ではないものとして考えられている――つまり、そんな過去の話などきれいに終わったのだと。フランスはこうした出来事の話を止め、より大規模な高速道路、オール電化キッチン、欧州経済共同体へと向かう。しかし、エティエンヌ・バリバールが示唆するように、フランスが受けた経済的かつ文化的アメリカ化の過程が植民地化の隠喩であると把握され得たのは、それがフランスが自らを植民者として構成するアイデンティティの根強い基盤に介入したからである[60]。いかにしてフランスが植民地主義によって形作られてきたのか、そして形作られているのかを否認し、国民的遺産とは無関係な時代と見なすものからこの国を切り離すべきだと主張することは、今日の新人種主義的な合意形成の基礎を成すものである。移民の問い、ひいては移民に対する態度を支配するのは隔離と排除の論理だろう。排除の論理は資本主義の近代化のイデオロギーに、すなわち西洋を完成したモデルとして提示し、そうして偶然性や偶発性――一言で言えば歴史的なもの

——を外部へと追いやるイデオロギーに根を持つものである。「フランスがアフリカになってはならない」というような今日の右翼によるスローガンを理解するために、「アルジェリアはフランスである」時代に立ち返らなければならない。つまり、フランスが際限なく均等に発展していく可能性を心底信じた時代に立ち返らなければならないのである。

（59） Jacques Marseille, *Empire colonial et capitalisme français* (*années 1880-années 1950*), *histoire d'un divorce* (Paris: Albin Michel, 1984), p. 351.

（60） 以下を参照。Etienne Balibar, *Les frontières de la démocratie*, (Paris: La Découverte, 1992), pp. 57–65.

謝辞

戦後フランスの文化に関する筆者の考察は、アリス・カプランと共同編集した「日常生活」に関する『イエール・フレンチ・スタディーズ』の特集号に遡る。この計画の初期段階におけるカプランの支援およびフレドリック・ジェイムソン、フランコ・モレッティ、アン・スモックの支援に感謝する。さらに数々の有益な助言をくれた、デニス・エカード、ドゥニ・オリエ、リンダ・オーア、ダニエル・ランシエール、ジャック・ランシエール、エイドリアン・リフキン、そして、一九九二年秋の「ストライキ」セミナーの参加者、カリフォルニア大学サンタクルーズ校の大学院生に感謝したい。

本書の研究は、米国学術団体評議会とカリフォルニア大学総長基金による助成を受けて、フランスで行われた。また、カリフォルニア大学サンタクルーズ校の素晴らしい図書館相互貸借の職員の助力を得ながらカリフォルニアでも行われた。草稿の準備を手伝ってくれたＭＩＴ出版のジェニア・ワインレブに感謝したい。第二章の初稿は『オクトーバー』の第六七号（一九九四年冬）に公表されたことを付記しておく。

筆者が自動車に関する題材を扱い始めたとき、それを試してみるように勧めてくれたラトガース大学のシンディ・カッツとニール・スミスおよびカリフォルニア大学バークレー校のアン・スモックとレオ・ベルサーニ、進行中の研究に適したその他の議論の場を用意してくれたカリフォルニア大学サンタクルーズ校のカルチュラル・スタディーズ研究所に感謝したい。

ページ・デュボワ、アリス・カプラン、カーター・ウィルソンは草稿全体を読み、新たな見方を提供し、激励とともに議論してくれた。

最後に、完成に至るまでのあらゆる段階で本書を絶えず夢中に、しかし批判を忘れずに読んでくれたハリー・ハルトゥニアンに深い謝辞を捧げる。

訳者あとがき

本書は、Kritin Ross, *Fast Cars, Clean Bodies. Decolonization and the Reordering of French Culture,* The MIT Press, 1995の全訳である。翻訳にあたって、一段落が長い箇所については適宜改行したこと、日本語での読みやすさに配慮して小見出しをつけたことを断っておく。原書は、一九九五年に書評誌『サンフランシスコ・レヴュー・オブ・ブックス』による批評賞、九七年にはフランス文化研究協会のローレンス・ワイリー賞を受賞した著作である。また、同書はフランス語で全訳が、ドイツ語とスペイン語で抄訳があり、幅広い評価と読者を獲得していると言って良い。

クリスティン・ロスの著作は、すでに『六八年五月とその後——反乱の記憶・表象・現在（*May '68 and Its Afterlives*）』（箱田徹訳、航思社、二〇一四年）が日本語に翻訳されている。原書は難解な表現や論理が多く見られるが、正確な訳文によって、ロスの研究全体を貫くモチーフをよく理解できるようになっている。その他日本語で読めるものとして、「教師とは誰か——無知な教師」（松葉祥一・山尾智美訳、『現代思想』、二〇〇四年四月号）、「民主主義、売り出し中」（太田悠介訳、『民主主義は、いま？——不可能な問いへの八つの思想的介入』以文社、二〇一一年）、『六八年五月とその後』の第四章に該当する「同意は何を消去したか？——六八年五月の今を考える」（内野儀訳、『悍』、一号、二〇〇八年）、さらに、二〇一四年にロスが来日したときの講演録を基にした「一九六八年と権力の偶然性」（箱田徹訳、『ワセダアジアレビュー』、一七号、二〇一五年）を挙げることができる。また、ロスの詳しい研究や経歴に関しては、『六八年五月とその後』の「訳者あとがき」に紹介されているので、ここでは本書に関わる補足的な説明にとどめたい。

著書のクリスティン・ロスであるが、彼女は一九八一年にイエール大学（主専攻はフランス文学、副専攻は比較文学）で博士号を取得した後、同年からカリフォルニア大学サンタクルーズ校で教鞭をとり、九五年にニューヨーク大学比較文学部の教授に着任した。現在は名誉教授という肩書になっている。つまり、本書はロスがカリフォルニア大学サンタクルーズ校時代にまとめた研究成果ということになる。ロスにとってはこれが二作目の単著である。一作目は一九八八年に出版された『社会空間の出現——ランボーとパリ・コミューン（*The Emergence of Social Space: Rimbaud and the Paris Commune*）』であり、ここではアルチュール・ランボーの詩あるいは視線を通じて、パリ・コミューンの時期の文化運動を考察している。そして二作目が本書で、三作目が二〇〇二年の『六八年五月とその後』である。四作目は二〇一五年の『コミューンの贅沢——パリ・コミューンの政治的想像世界（*Communal Luxury: The Political Imaginary of the Paris Commune*）』で、そこで再びパリ・コミューンを対象として、とりわけこの時期を生き延びた者に焦点を当ててその影響力の測定を試みている。

このようにして、あくまで現時点での話であるが、ロスは、著作としてはパリ・コミューンから始まり、第二次世界大戦後のフランス文化を経由して、パリ・コミューンの考察へと戻ったのである。とはいえ、彼女によれば、パリ・コミューンと戦後フランス文化の再編成の間には多くの共通点があるのであって、その関心は一貫しているとみるべきだろう。それではロスの関心とは何なのか。様々な表現が考えられるが、一言で言えば、抗しがたい上からの社会変容のなかで、いかにして個人は自由を獲得し、自らを護ることのできる開かれた平等な共同体を維持することができるのか、ということである。そして、より限定した関心となると、こうした社会変動を生きた作家や思想家の言説に寄り添いながら、抵抗のエネルギーが、むしろ社会変動後にいかに波及していくのかを明らかにすることにある。そのために日常生活や都市空間の変化が分析の主たる対象とされる。

学問領域については、本書も含めて分類するのが難しい。もちろん、ロスは文学研究者であり、その意味では、本書も文学研究に分類されて良いだろう。しかし、いずれの著作も作家や作品の理解を目的としているというよりは、作品の分析を通じて社会変容における個人や集団の考察に焦点が合わされており、思想史的とも社会学的とも歴史学的とも言い得る内容になっている。また、謝辞にも言及があるように——あるいは当時の英米圏の学問潮流からして——カルチュラル・スタディーズに分類することも可能である。いずれにせよ、ロスの分析方法は関心と同様に全作通じて一貫しており、正史が構築されるなかで忘却された言説を再び掘り起こし、歴史化していくことに特徴がある。いわば大きな物語に回収されたミクロな抵抗の影響と可能性を再検討するのである。

『もっと速く、もっときれいに——脱植民地化とフランス文化の再編成』も以上のようなロスの関心や方法に基づいて書かれている。より具体的に言えば、本書の目的は、一九五〇年代後半から六〇年代前半にかけてのフランスの近代化の過程を文化的な側面から考察することである。そこで重要なテーマとなるのがアメリカ化と脱植民地化である。フランスと言えば、一方でアメリカ化に抗する屈強な国というイメージがある。他方、植民地支配の果てにアルジェリア戦争の交戦国であった過去などなかったかのごとく――実際、アルジェリア戦争が「戦争」として認められるには時間がかかった――華やかなイメージがある。しかし、ロスによれば、戦後フランスの近代化はアメリカ化とほとんど同義であり、また、アメリカ化は脱植民地化と密接かつ複雑な関係を築きながら進んでいった。本書の前提に、現代のフランスがアメリカ化とも植民地支配とも無縁であったかのような認識の広がりに対するロスの異議申し立てがあるのは明らかだろう。くわえて、一九五〇年代後半から六〇年代前半という時代は、六八年五月の前の時代であることも重要である。序文にあるように、ロスはこの時代に起きた近代化やそれに伴う社会変容こそが、六八年五月（五月革命）の素地を形成したと考えているのである。

さて、『もっと速く、もっときれいに』はそれなりに理解しやすい内容であるので、余計な解説は不要であると思われるが、本書の意義と論点を挙げておきたい。

まずは意義についてである。第一の意義は、単純であるが、文学作品や映画の紹介にある。本書では多くの文学や映画が取り上げられている。もちろん、個人差があるとはいえ、なかには記憶にとどめられていないものもあるだろう――そして先述のようにロスはそういうものを再発掘するのを得意としている。その点、本書は、いずれの作品に対しても批判的な視点を保ちつつも、その魅力を巧く伝えることにも成功している（幸いにして、多くの場合、日本語訳があるので参照されたい）。第二は戦後フランスの文化の理解を深化させた点にある。正確には一九五〇年代後半から六〇年代前半の文化であるが、本書は、第二次世界大戦後、すなわち四〇年代後半以降の文化を幅広く扱っている。政治体制で言うと第四共和政（一九四六年～五八年）から第五共和政（一九五八年～）の開始期が研究対象となっているのである。こうした時代設定自体が独創的で、そこから多くの興味深い議論やそれらの関係性が示されている。実際、個別の作家や作品は別として、この時期の文化――とくに大衆文化――を政治や社会との関係で考える試みはまだ不十分なはずである。たとえば、エドガール・モランやアラン・トゥレーヌのような社会学者、また、アンリ・ルフェーヴルやロラン・バルトらの思想家の分析について、その是非を問うのではなく、それらを一種の同時代資料として読解していくことは今後、よりいっそう求められるようになるだろう。第三は、第二の意義とも重なるが、ロスの問題提起の仕方である。本書のなかでは、様々な文学作品や映画を通じて、脱植民地化の問題、都市空間の変容、新中間層の形成、メディアの影響などのテーマが提示されている。複数の作品から当時の文化的特徴を批判的に抽出するロスの方法は、一次資料や統計に基づいた実証研究とは異なる文化史研究の可能性を示すものである。

次に論点であるが、これは多岐にわたるので、本書に「書かれていないこと」を軸にして提示しておきたい。一つは時代区分である。本書は一九五〇年代後半から六〇年代前半の一〇年を対象とするのだとしても、その時代を分けて分析することはしない。これはロスが、近代化の過程にはっきりとした始点や終点があるわけではないと考えると同時に、また、時代区分を設定することで、アメリカ化や脱植民地化が政治的・社会的出来事に回収されるかのような記述になるのを避けようとしているからである。「第四共和政」も「第五共和政」も言葉として用いられず、政治家や政党の記述も最小限にとどめられているのはそのためである。ある意味で、本書自体が、意図的に時間性を持たないような構成がとられているとも言える。もう一つは「結論」である。文字どおり、章立てとしての「結論」がない。これは第一の論点とも関係するが、しかし、それと同時にロスが未定の続編を想定したからであるように思われる。とくに第四章「新しい人間」では構造主義の出現や学問領域の再編など、簡単には論じきれない新しいテーマが出ており、完結させる方向には持っていかなかったのだろう。さらに言うと、ロスは六八年五月を念頭に置いていたはずで、その点を検討しないと結論は出せないという判断をしたのではないだろうか。以上を考慮すると、『六八年五月とその後』を本書の壮大な結論と位置づけることもできるだろう。

もっとも、以上のように広い射程を持つ同書の性格もあって、批判的な書評があったのもたしかである。とりわけ本書でも参照されているリチャード・キュイゼルの書評は相当に厳しいものである。キュイゼルと言えば、フランス経済史を専門とする著名なアメリカの歴史家で――翻訳がないのが残念であるが――、とくに本書が史料による裏付けや記述の根拠に乏しいことを指摘している（“*Kristin Ross, Fast Cars, Clean Bodies. Decolonization and the Reordering of French Culture,” The American Historical Review* 101 (June 1996)）。歴史研究の観点からすると、こうした指摘が出るのは当然のことのように思われる。たとえば、ロスは、一九六〇年に発表された「アルジェリア戦争における不服従に関する権利の宣言」、通称「一二一人の宣言」の署名者のなかに構造主義者の名前がないとして、彼らが「革命的かつ歴史的な変化のまっただなかにある社会から距離をとる、あるいは避けようとする」（本書二二二頁）と言う。たしかにアルジェリア戦争における知識人の政治参加を考えるとき「一二一人の宣言」は最重要の宣言である。しかし、当時、この宣言をきっかけに短期間のうちに様々な宣言が発表され、たとえば一〇月の教職員組合による「交渉による平和への訴え」にバルトは、モラン、モーリス・メルロ＝ポンティ、クロード・ルフォールらとともに署名している。さらに、知識人の政治参加と言っても、一口にまとめることはできず、所属している組織によっても、寄稿している新聞・雑誌の性質によっても変わってくる。したがって、「一二一人の宣言」の署名の有無から、知識人と社会との関係を考えるのは、多少早計であると言ってよい。

これは一例であるが、本書は少なくとも歴史記述についてはいくつかの指摘すべき点を含んでいる。

しかしながら、その一方で、今日でも本書は様々な分野で頻繁に参照され、広く戦後フランス文化を研究する者にアイデアを与えつづけている。それは本書が、ある事象と、まったく思いがけないまた別のある事象とを結びつけながら、自明と思われていた出来事に揺さぶりをかけ、読者に再考を迫ってくるからであろう。

本書の出版では人文書院の松岡隆浩氏にお世話になった。訳者の都合によって各局面で遅れが生じたが、それにもかかわらず、辛抱強く支えていただいた。お礼を申し上げたい。

また、プライベートなことではあるが、本書は、昨年亡くなった、もう一人の訳者の母親に捧げたいと思う。

中村　督

『男と女』]
Malle, Louis, *Ascenseur pour l'échafaud* (1957).［ルイ・マル『死刑台のエレベーター』]
Marker, Chris, *Le joli mai* (1962).［クリス・マルケル『美しき五月』]
Pontecorvo, Gilles, *La bataille d'Alger* (1967).［ジッロ・ポンテコルヴォ『アルジェの戦い』]
Preminger, Otto, *Bonjour tristesse* (1957).［オットー・プレミンジャー『悲しみよこんにちは』]
Resnais, Alain, *Muriel* (1963).［アラン・レネ『ミュリエル』]
Risi, Dino, *Il sorpasso* (1962).［ディーノ・リージ『追い越し野郎』]
Rouche, Jean, and Edgar Morin, *Chronique d'un été* (1961).［ジャン・ルーシュ、エドガール・モラン『ある夏の記録』]
Rozier, Jacques, *Adieu Philippine* (1962).［ジャック・ロジエ『アデュー・フィリピーヌ』]
Tati, Jacques, *Jour de fête* (1949).［ジャック・タチ『のんき大将 脱線の巻』]
Tati, Jacques, *Les vacances de M. Hulot* (1953).［ジャック・タチ『ぼくの伯父さんの休暇』]
Tati, Jacques, *Mon oncle* (1958).［ジャック・タチ『ぼくの伯父さん』]
Tati, Jacques, *Playtime* (1967).［ジャック・タチ『プレイタイム』]
Truffaut, François, *Jules et Jim* (1961).［フランソワ・トリュフォー『突然炎のごとく』]
Varda, Agnès, *Cléo de 5 à 7* (1962).［アニエス・ヴァルダ『5時から7時までのクレオ』]

フィルモグラフィ

Carné, Marcel, *Les tricheurs* (1958).［マルセル・カルネ『危険な曲がり角』］
Chabrol, Claude, *Le beau Serge* (1958).［クロード・シャブロル『美しきセルジュ』］
Chabrol, Claude. *Les cousins* (1958).［クロード・シャブロル『いとこ同志』］
Chabrol, Claude, *Les bonnes femmes* (1960).［クロード・シャブロル『気のいい女たち』］
Demy, Jacques, *Lola* (1960).［ジャック・ドゥミ『ローラ』］
Demy, Jacques, *Les parapluies de Cherbourg* (1964).［ジャック・ドゥミ『シェルブールの雨傘』］
Dhery, Robert, *La belle américaine* (1961).［ロベール・デリー『ミス・アメリカ』］
Godard, Jean-Luc, *A bout de sotiffle* (1959).［ジャン=リュック・ゴダール『勝手にしやがれ』］
Godard, Jean-Luc, *Une femme est une femme* (1961).［ジャン=リュック・ゴダール『女は女である』］
Godard, Jean-Luc, *Le mépris* (1963).［ジャン=リュック・ゴダール『軽蔑』］
Godard, Jean-Luc, *Bande à part* (1964).［ジャン=リュック・ゴダール『はなればなれに』］
Godard, Jean-Luc, *Alphaville* (1965).［ジャン=リュック・ゴダール『アルファヴィル』］
Godard, Jean-Luc, *Pierrot le fou* (1965).［ジャン=リュック・ゴダール『気狂いピエロ』］
Godard, Jean-Luc, *Masculin/féminin* (1966).［ジャン=リュック・ゴダール『男性・女性』］
Godard, Jean-Luc, *Made in U.S.A.* (1966).［ジャン=リュック・ゴダール『メイド・イン・USA』］
Godard, Jean-Luc, *Weekend* (1967).［ジャン=リュック・ゴダール『ウィークエンド』］
Lelouch, Claude, *Un homme et une femme* (1966).［クロード・ルルーシュ

1961); trans. Daniel Lee as *Modern Warfare* (New York: Praeger, 1964).
Triolet, Eisa, *Roses à crédit*, vol. 1 of *L'âge du nylon* (Paris: Gallimard, 1959). [戸田聰子・塩谷百合子・鍋倉伸子訳『幻の薔薇』河出書房新社、一九九九年。]
Truffaut, François, "Feu James Dean," *Arts* (September 26, 1956), p. 4.
Turner, Dennis, "Made in the USA: Transformation of Genre in the Films of Jean-Luc Godard and François Truffaut," Ph. D. dissertation. University of Indiana, 1981.
Vallin, Jacques, and Jean-Claude Chesnais, "Les accidents de la route en France. Mortalité et morbidité depuis 1953," *Population* 3 (May-June 1975), pp. 443-478.
Vian, Boris, *Chansons et poèmes* (Paris: Editions Tchou, 1960).
Vidal-Naquet, Pierre, *La torture dans la république* (Paris; Editions de Minuit, 1972); originally published as *Torture: Cancer of Democracy* (Harmondsworth: Penguin, 1963).
Vittori, Jean-Pierre, *Nous, les appelés d'Algérie* (Paris: Stock, 1977).
Weil, Simone, *La condition ouvrière* (Paris: Gallimard, 1951). [黒木義典・田辺保訳『労働と人生についての省察』勁草書房、一九八六年。]
White, Paul E., "'Immigrants, Immigrant Areas and Immigrant Communities in Postwar Paris," in *Migrants in Modern France*, ed. Philip Ogden and Paul E. White (London: Unwin Hyman, 1989), pp. 195-212.
Winock, Michel, *Chronique des années soixante* (Paris: Seuil, 1987).
Wolf, Eric, *Peasant Wars of the Twentieth Century* (New York: Harper and Row, 1969).
Zola, Emile, *Au bonheur des dames* (Paris: Gallimard, 1980); translated anonymously, with critical introduction by Kristin Ross, as *The Ladies' Paradise* (Berkeley: University of California Press, 1992). [吉田典子訳『ボヌール・デ・ダム百貨店――デパートの誕生』藤原書店、二〇〇四年。]

(Godalming, England: The Ram Publishing Company, 1979). [朝吹由紀子訳『愛と同じくらい孤独』新潮社、一九七九年。]
Sagan, Françoise, *Avec mon meilleur souvenir* (Paris: Gallimard, 1984); trans. Christine Donougher as *With Fondest Regards* (New York: Dutton, 1985). [朝吹三吉訳『私自身のための優しい回想』新潮社、一九八六年。]
Saint-Geours, Jean, *Vive la société de consommation* (Paris: Hachette, 1971).
Sartre, Jean-Paul, "Jean-Paul Sartre répond," *L'arc* 30 (1966).
Sayer, Derek, *The Violence of Abstraction* (Oxford: Blackwell, 1987).
Scardigli, Victor, *La consommation: Culture du quotidien* (Paris: PUF, 1983).
Schivelbusch, Wolfgang, *The Railway Journey: Trains and Travel in the 19th Century* (New York: Urizen, 1979). [加藤二郎訳『鉄道旅行の歴史――19世紀における空間と時間の工業化』法政大学出版局、一九八二年。]
Servan-Schreiber, Jean-Jacques, *Lieutenant en Algérie* (Paris: René Julliard, 1957); trans. Ronald Matthews as *Lieutenant in Algeria* (New York: Knopf, 1957).
Servan-Schreiber, Jean-Jacques, *Le défi américain* (Paris: Denoël, 1967); trans. Ronald Steel as *The American Challenge* (New York: Atheneum, 1968). [林信太郎・吉崎英男訳『アメリカの挑戦』タイムライフインターナショナル、一九六八年。]
Servan-Schreiber, Jean-Louis, *A mi-vie: L'entrée en quarantaine* (Paris: Stock. 1977).
Siritzky, Serge, and Françoise Roth, *Le roman de l'Express 1953-1978* (Paris: Atelier Marcel Jullian, 1979).
Stora, Benjamin, *La gangrène et l'oubli: La mémoire de la guerre d'Algérie* (Paris: La Découverte. 1991).
Sullerot, Evelyne, *La presse feminine* (Paris: Armand Colin, 1983).
Touraine, Alain, *L'évolution du travail ouvrier aux usines Renault* (Paris: Centre national de la recherche scientifique, 1955).
Touraine, Alain, "Travail, loisirs et société," *Esprit* (June 1959), pp. 979-999.
Touraine, Alain, *Sociologie de l'action* (Paris: Seuil. 1965). [大久保敏彦・石崎晴己・菅原猛・長沢孝弘訳『行動の社会学』合同出版、一九七四年。]
Touraine, Alain, *La société post-industrielle* (Paris: Denoël, 1969). [寿里茂・西川潤訳『脱工業化の社会』河出書房新社、一九七〇年。]
Trinquier, Roger, *La guerre moderne* (Paris; Editions de la Table Ronde,

Robbe-Grillet, Alain, *La jalousie* (Paris: Editions de Minuit, 1957); trans. Richard Howard as *Jealousy* (New York: Grove, 1959). [白井浩司訳『嫉妬』新潮社、一九五九年。]

Robbe-Grillet, Alain, *Pour un nouveau roman* (Paris: Editions de Minuit, 1963); trans. Richard Howard as *For a New Novel* (New York: Grove, 1965). [平岡篤頼訳『新しい小説のために』新潮社、一九六七年。]

Robbe-Grillet, Alain, *Le miroir qui revient* (Paris: Editions de Minuit. 1984). [芳川泰久訳『もどってきた鏡』水声社、二〇一八年。]

Rochefort, Christiane, *Les petits enfants du siècle* (Paris: Grasset, 1961); translated as *Children of Heaven* (New York: David McKay, 1962).

Rochefort, Christiane, *Les stances à Sophie* (Paris: Grasset, 1963).

Roger, Philippe, *Roland Barthes, roman* (Paris: Editions Grasset & Fasquelle, 1986).

Ross, Kristin, *The Emergence of Social Space: Rimbaud and the Paris Commune* (Minneapolis: University of Minnesota Press, 1988).

Ross, Kristin, "Watching the Detectives," in *Postmodernism and the Reinvention of Modernity*, ed. Francis Barker, Peter Hulme, and Margaret Iversen, (Manchester: Manchester University Press, 1992).

Rostow, Walt Whitman, *The Stages of Economic Growth: A Non-communist Manifesto* (Cambridge: Cambridge University Press, 1960). [木村健康・久保まち子・村上泰亮訳『経済成長の諸段階——一つの非共産主義宣言』ダイヤモンド社、一九七四年。]

Sagan, Françoise, *Bonjour tristesse* (Paris: René Julliard, 1954); trans. Irene Ash as *Bonjour tristesse* (New York: Dell, 1955). [朝吹登水子訳『悲しみよこんにちは』新潮社、一九五五年。]

Sagan, Françoise, *Un certain sourire* (Paris: René Julliard, 1956). [朝吹登水子訳『ある微笑』新潮社、一九五八年。]

Sagan, Françoise, *Aimez-vous Brahms ...* (Paris: René Julliard, 1959); trans. Peter Wiles as *Aimez-vous Brahms ...* (New York: Dutton, 1960). [朝吹登水子訳『ブラームスはお好き』新潮社、一九六一年。]

Sagan, Françoise, "La jeune fille et la grandeur," *L'Express* (June 16, 1960); reprinted in English in Beauvoir and Hamini, *Djamila Boupacha*.

Sagan, Françoise, *Réponses* (Paris: Editions Jean-Jacques Pauvert, 1974); trans. David Macey as *Réponses: The Autobiography of Françoise Sagan*

York: Columbia University Press, 1972).［渡辺和行・剣持久木訳『ヴィシー時代のフランス――対独協力と国民革命1940-1944』柏書房、二〇〇四年。］

Perec, Georges, *Les choses* (Paris: René Julliard. 1965); trans. David Bellos as *Things* (Boston; Godine, 1990).［弓削三男訳『物の時代・小さなバイク』文遊社、二〇一三年。］

Perec, Georges, "Georges Perec Owns Up: An Interview with Marcel Benabou and Bruno Marcenac," *The Review of Contemporary Fiction* 13, no. 1, (Spring 1993), pp. 17-20.

Poster, Mark, *Existential Marxism in Postwar France* (Princeton: Princeton University Press, 1975).

Poujade, Pierre, *J'ai choisi le combat* (Saint-Céré: Société générale des éditions et des publications, 1955).

Poulantzas, Nicolas, *Les classes sociales dans le capitalisme aujourd'hui* (Paris: Seuil, 1974); trans. David Fernbach as *Classes in Contemporary Capitalism* (London: New Left Books, 1975).

Rabinbach, Anson, *The Human Motor* (New York: Basic Books, 1990).

Rancière, Jacques, *La leçon d'Althusser* (Paris: Gallimard, 1974).［市田良彦・伊吹浩一・箱田徹・松本潤一郎・山家歩訳『アルチュセールの教え』航思社、二〇一三年。］

Régie nationale des usines Renault, *L'automobile de France*, text by Jules Romains, photos by René-Jacques (Paris: Régie nationale des usines Renault, 1951).

Rhodes, Anthony, *Louis Renault: A Biography* (New York: Harcourt, Brace and World, 1969).

Rifkin, Adrian, *Street Noises: Parisian Pleasure 1900-1940* (Manchester: Manchester University Press, 1993).

Rioux, Jean-Pierre, ed., *La France de la Quatrième République*, vols. 1 and 2 (Paris: Seuil, 1980-1983), trans. Godfrey Rogers as *The Fourth Republic 1944-1958* (London: Cambridge University Press, 1987).

Rioux, Jean-Pierre, ed.. *La guerre d'Algérie et les Français* (Paris: Fayard, 1990).

Rioux, Jean-Pierre, and Jean-Francois Sirinelli, eds., *La guerre d'Algérie et les intellectuels fiançais* (Paris: Editions Complexe, 1991).

翻訳委員会訳『マルクス資本論草稿集 1857-58年の経済学草稿（1）、（2）』大月書店、一九九三年。]
Maspero, François, *Les passagers du Roissy-Express* (Paris: Seuil, 1990).
Mattelart, Armand, *La communication-monde* (Paris: La Découverte, 1992).
Maurienne [Jean-Louis Hurst], *Le déserteur* (Paris; Editions de Minuit, 1960; reprint. Paris: Editions Manya, 1991).
Mazon, B., "Fondations américaines et sciences sociales en France: 1920–1960," thesis. Ecole des hautes études en sciences sociales, 1985.
Memmi, Albert, *Portrait du colonisé précédé du portrait du colonisateur* (Paris: Editions Corréa, 1957); trans. Howard Greenfield as *The Colonizer and the Colonized* (NewYork: Orion Press, 1965). [渡辺淳訳『植民地——その心的風土』三一書房、一九五九年。]
Meynaud, Jean, *La technocratie, mythe ou réalité* (Paris: Payot, 1964).
Morin, Edgar, "La vie quotidienne et sa critique," *La NEF* 17 (May 1958), pp. 82–86.
Morin, Edgar, *L'esprit du temps* (Paris: Grasset, 1962). [宇波彰訳『時代精神（1）——大衆文化の社会学』法政大学出版局、一九七九年。]
Morin, Edgar, "Préface," to French translation of D. Riesman's *The Lonely Crowd: La foule solitaire* (Paris: B. Arthaud, 1964).
Morin, Edgar, *Commune en France: La métamorphose de Plodémet* (Paris: Fayard, 1967). [宇波彰訳『プロデメの変貌』法政大学出版局、一九七五年。]
Mothé, Daniel, *Militant chez Renault* (Paris: Seuil, 1965).
Narboni, Jean, and Tom Milne, eds., *Godard on Godard* (New York: Viking, 1972). [奥村昭夫訳『ゴダール全評論・全発言（1）～（3）』筑摩書房、一九九八年。]
Naville, Pierre, *L'état entrepreneur: Le cas de la Régie Renault* (Paris: Anthropos, 1971).
Ogden, Phillip, and Paul White, eds.. *Migrants in Modern France* (London: Unwin Hyman, 1989).
Ollier, Claude, *La mise en scène* (Paris: Editions de Minuit, 1958).
Ory, Pascal, and Jean-Francois Sirinelli, *Les intellectuels en France: De l'affaire Dreyjus à nos jours* (Paris: Armand Colin, 1992).
Paxton, Robert, *Vichy France: Old Guard and New Order, 1940–1944* (New

Lefebvre, Henri, *Au delà du structuralisme* (Paris: Anthropos, 1971; reprinted as *L'idéologie structuraliste*, Paris: Anthropos, 1971). [西川長夫・中原新吾訳『構造主義をこえて』福村出版、一九七七年。]

Lefebvre, Henri, *La production de l'espace* (Paris: Anthropos, 1974); trans. Donald Nicholson-Smith as *The Production of Space* (Oxford: Basil Blackwell, 1991). [斎藤日出治訳『空間の生産』青木書店、二〇〇〇年。]

Lefebvre, Henri, *Le temps des méprises* (Paris: Stock, 1975).

Leulliette, Pierre, *St. Michel et le Dragon* (Paris: Editions de Minuit, 1961); translated as *St. Michael and the Dragon* (London: Heinemann, 1964).

Lévi-Strauss, Claude, *Tristes tropiques* (Paris: Librairie Plon, 1955); trans. John and Doreen Weightman as *Tristes tropiques* (New York: Penguin, 1973). [川田順造訳『悲しき熱帯 (1)、(2)』中央公論新社、二〇〇一年。]

Lévi-Strauss, Claude, *La pensée sauvage* (Paris: Librairie Pion, 1962); trans. George Weidenfeld as *The Savage Mind* (Chicago: University of Chicago Press, 1966). [大橋保夫訳『野生の思考』みすず書房、一九七六年。]

Lévi-Strauss, Claude, "Du bon usage du structuralisme," *Le monde* (January 13, 1968).

Lévi-Strauss, Claude, *De près et de loin* (Paris: Odile Jacob, 1988). [竹内信夫訳『遠近の回想』みすず書房、二〇〇八年。]

Lindon, Jerome, éd., *La gangrène* (Paris: Editions de Minuit, 1959); trans. Robert Silvers as *The Gangrene* (New York: Lyle Stuart, 1960).

Linhart, Robert, *L'établi* (Paris: Editions de Minuit, 1978), trans. Margaret Crosland as *The Assembly Line*, (Amherst: University of Massachusetts Press, 1981).

Lipietz, Alain, *Le capital et son espace* (Paris: La Découverte/Maspero, 1983).

Mallet, Serge, *La nouvelle classe ouvrière* (Paris: Seuil, 1969). [海原峻・西川一郎訳『新しい労働者階級』合同出版、一九七〇年。]

Mallet-Joris. Françoise, *Les signes et les prodiges* (Paris: Grasset, 1966).

Maran, Rita, *Torture: The Role of Ideology in the French-Algerian War* (New York: Praeger, 1989).

Marseille, Jacques, *Empire colonial et capitalisme français (années 1880-années 1950), histoire d'un divorce* (Paris: Albin Michel. 1984).

Marx, Karl, *Grundrisse: Foundations of the Critique of Political Economy*, trans. Martin Nicolaus (London: New Left Review, 1973). [資本論草稿

(Berkeley: University of California Press, 1993).
L'internationale Situationniste: 1958-69 (Paris: Champ Libre, 1970); ed. and trans. Ken Knabb as *Situationist International Anthology* (Berkeley: Bureau of Public Secrets, 1981).［木下誠（監訳）『アンテルナシオナル・シチュアシオニスト（1）〜（6）』インパクト出版会、一九九四〜二〇〇〇年。］
Laubier, Claire, ed.. *The Condition of Women in France: 1945 to the Present* (London; Routledge, 1990).
Lavadon, Pierre, *Nouvelle histoire de Paris: Histoire de l'urbanisme à Paris* (Paris: Hachette, 1975).
Leak, Andrew, "Phago-citations; Barthes, Perec, and the Transformations of Literature," *Review of Contemporary Fiction* 13, no. 1 (Spring 1993), pp. 57-75.
Lebrigand, Yvette, "Les archives du salon des arts ménagers," *Bulletin de l'institut d'histoire du temps présent* (December 1986), pp. 9-13.
Leenhardt, Jacques, *Lecture politique du roman* (Paris: Editions de Minuit, 1973).
Lefebvre, Henri, *Critique de la vie quotidienne*, 3 vols. (Paris: Arche, 1958-1981); Volume 1 trans. John Moore as *The Critique of Everyday Life* (London: Verso, 1991).［田中仁彦訳『日常生活批判——序説』現代思潮社、一九六八年；奥山秀美・松原雅典訳『日常生活批判　(1)』現代思潮社、一九六九年；奥山秀美訳『日常生活批判　(2)』現代思潮社、一九七〇年。］
Lefebvre, Henri, *La somme et le reste* (Paris: La Nef de Paris, 2 volumes, 1959; reprint, Paris: Méridiens Klincksieck, 1989).［白井健三郎・森本和夫訳『哲学の危機——総和と余剰（1）』現代思潮社、一九七〇年。］
Lefebvre, Henri, *Position: Contre les technocrates* (Paris: Gonthier, 1967).［白井健三郎訳『ひとつの立場』紀伊國屋書店、一九七〇年。］
Lefebvre, Henri, *Le droit à la ville* (Paris: Anthropos, 1968).［森本和夫訳『都市への権利』筑摩書房、二〇一一年。］
Lefebvre, Henri, *La vie quotidienne dans le monde moderne* (Paris: Gallimard, 1968); trans. Sacha Rabinovitch as *Everyday Life in the Modern World* (New York: Harper, 1971).［森本和夫訳『現代世界における日常生活』現代思潮社、一九七〇年。］

War," *The American Political Science Review* 58, no. 2 (June 1964), pp. 273-285.

Harvey, David, *The Condition of Postmodernity: An Enquiry into the Origins of Cultural Change* (Oxford: Blackwell, 1989). [吉原直樹監訳『ポストモダニティの条件』青木書店、一九九九年。]

Herzlich, Guy, "Adieu Billancourt," *Le Monde* (March 29, 1992), p. 25.

Hoffmann, Stanley, *Le mouvement poujade* (Paris: Armand Colin, 1956).

Hoffmann, Stanley, R. R. Bowie, C. P. Kindleberger, L. Wylic, J. R. Pitts, J.-B. Durosclle, and F. Goguel, *In Search of France* (Cambridge: Harvard University Press, 1963).

Hollifield, James F., and George Ross, eds.. *Searching for the New France* (New York: Routlcdge, 1991).

Jameson, Fredric, *Sartre: The Origins of a Style* (New York: Columbia, 1984). [三宅芳夫・太田晋・谷岡健彦・水溜真由美他訳『サルトル——回帰する唯物論』論創社、一九九九年。]

Jameson, Fredric, *The Ideologies of Theory*, vol. 1 (Minneapolis: University of Minnesota Press, 1988). [鈴木聡・篠崎実・後藤和彦訳『のちに生まれる者へ——ポストモダニズム批判への途 1971-1986』紀伊國屋書店、一九九三年。]

Jameson, Fredric, *Postmodernism, or the Cultural Logic of Late Capitalism* (Durham: Duke University Press, 1991).

Judt, Tony, *Past Imperfect: French Intellectuals, 1944-1956* (Berkeley: University of California Press, 1992).

Kaplan, Alice, and Kristin Ross, "Everyday Life," *Yale French Studies* 73 (Fall 1987).

Keefe, Terry, *Simone de Beauvoir: A Study of Her Writings* (London: Harrap, 1983).

Kracauer, Siegfried, *Orpheus in Paris: Offenbach and the Paris of His Time*, trans. Gwenda David and Eric Mosbacher (New York: Knopf, 1938). [平井正訳『天国と地獄——ジャック・オッフェンバックと同時代のパリ』筑摩書房、一九九五年。]

Kuisel, Richard, *Capitalism and the State in Modern France* (Cambridge: Cambridge University Press. 1981).

Kuisel, Richard, *Seducing the French: The Dilemma of Americanization*

Gabrysiak, Michel, *Cadres, qui êtes-vous?* (Paris: Editions Robert Laffont, 1968).
Gauron, André, *Histoire économique de la Vième république*, vol. 1 (Paris: Maspero, 1983).
Giroud, Françoise, *Françoise Giroud vous présente le Tout-Paris* (Paris: Gallimard, 1952).
Giroud, Françoise, "Apprenez la politique," *Elle* (May 2, 1955).
Giroud, Françoise, *Si je mens ...* (Paris; Stock, 1972); trans. Richard Seaver as *I Give You My Word* (Boston: Houghton Mifflin, 1974). [山口昌子訳『もし私が嘘をついたら――フランソーズ・ジルー、生きた歴史を語る』サイマル出版会、一九七六年。]
Giroud, Françoise, *Leçons particulières* (Paris: Livres de poche, 1990).
Godard, Jean-Luc, *Jean-Luc Godard par Jean-Luc Godard* (Paris: Editions Pierre Belfond, 1968). [奥村昭夫訳『ゴダール全評論・全発言 (1)～(3)』筑摩書房、一九九八年。]
Godard, Jean-Luc, *Introduction à une véritable histoire du cinéma*, vol. 1 (Paris: Editions Albatros, 1980). [奥村昭夫訳『ゴダール映画史：全』筑摩書房、二〇一二年。]
Godelier, Maurice, "Functionalism, Structuralism, and Marxism," foreword to the English edition of *Rationalité et irrationalité en économie* (Paris: Maspero, 1966): *Rationality and Irrationality in Economies* (London: New Left Books, 1972), pp. vii-xlii.
Goldmann, Annie, *Cinéma et société moderne: Le cinéma de 1958 à 1968* (Paris: Editions Denoël, 1971).
Gorz, André, *Critique de la division du travail* (Paris: Seuil, 1973).
Grall, Xavier, *La génération du Djebel* (Paris: Editions du Cerf, 1962).
Grégoire, Ménie, "La presse feminine," *Esprit* (July-August 1959), pp. 17-34.
Guevara, Ernesto Che, *Le socialisme et l'homme* (1967; reprint, Paris; La Découverte, 1987).
Hamon, Hervé, and Patrick Rotman, *Les porteurs de valises: La résistance française à la guerre d'Algérie* (Paris: Seuil, 1982).
Hamon, Hervé, and Patrick Rotman, *Génération: Les années de rêve* (Paris: Seuil, 1987).
Harrison, Martin, "Government and Press in France during the Algerian

Etcherelli, Claire, *Elise ou la vraie vie* (Paris: Editions Denoël, 1967); trans. by June Wilson and Walter Bcnn Michaels as *Elise or the Real Life* (New York: Morrow. 1969). [佐藤実枝訳『エリーズまたは真の人生』白水社、一九七五年。]

Eveno, Claude, and Pascale de Mezamat, eds., *Paris perdu: Quarante ans de bouleversements de la ville* (Paris: Editions Carré, 1991).

Evenson, Norma, *Paris: A Century of Change, 1878-1978* (New Haven: Yale University Press, 1979).

Fallaize, Elizabeth, *The Novels of Simone de Beauvoir* (London: Routledge, 1988).

Fanon, Frantz, *L'an V de la Révolution algérienne* (1959; reprinted as *Sociologie d'une révolution*, Paris: Maspero, 1968); trans. Haakon Chevalier as *A Dying Colonialism* (New York: Grove, 1965). [宮ヶ谷徳三・花輪莞爾・海老坂武訳『革命の社会学』みすず書房、二〇〇八年。]

Fanon, Frantz, *Les damnés de la terre* (Paris: Maspero, 1961), trans. Constance Farrington as *The Wretched of the Earth* (New York: Grove, 1968). [鈴木道彦・浦野衣子訳『地に呪われたる者』みすず書房、一九九六年。]

Fanon, Frantz, *Pour la révolution africaine* (Paris: Maspero, 1964), trans. Haakon Chevalier as *Toward the African Revolution* (New York: Grove, 1967). [北山晴一訳『アフリカ革命に向けて』みすず書房、二〇〇八年。]

Field, Belden, "French Maoism," in *The 60s without Apology*, ed. Sohnya Sayers, Ander Stephanson, Stanley Aronowitz, and Fredric Jameson (Minneapolis: University of Minnesota Press, 1984).

Fitzgerald, Sean. "The Anti-Modern Rhetoric of Le Mouvement Poujade." *Review of Politics* 32 (April 1970), pp. 167-190.

Forty, Adrian, *Objects of Desire* (New York: Pantheon, 1986).

Foucault, Michel, *Les mots et les choses* (Paris: Gallimard, 1966); translated as *The Order of Things* (New York: Random House, 1970). [渡辺一民・佐々木明訳『言葉と物』新潮社、一九七四年。]

Fourastié, Jean, *Histoire du confort* (published 1950 as *Les arts ménagers*, reprint, Paris: PUP, 1973).

Fridenson, Patrick, *L'histoire des usines Renault* (Paris: Seuil, 1972).

Fridenson, Patrick, "La bataille de la 4CV," *L'histoire* 9 (February 1979).

Crozier, Michel, "The Cultural Revolution: Notes on the Changes in the Intellectual Climate in France," *Daedalus* no. 2 (1964), pp. 514-542.

Daeninckx, Didier, *Meurtres pour mémoire* (Paris: Gallimard, 1981). [堀茂樹訳『記憶のための殺人』草思社、一九九五年。]

Daeninckx, Didier, *Le bourreau et son double* (Paris: Gallimard, 1986).

Dambre, Marc, Roger Nimier: *Hussard du demi-siècle* (Paris: Flammarion. 1989).

Debray, Régis, *A demain de Gaulle* (Paris: Gallimard, 1990).

de Grazia, Victoria, "Mass Culture and Sovereignty: The American Challenge to European Cinemas, 1920-1960," *Journal of Modern History* 61 (March 1989), pp. 53-87.

Deutschmann, David, ed., *Che Guevara and the Cuban Revolution: Writings and Speeches of Ernesto Che Guevara* (Sydney: Pathfinder, 1987). [選集刊行会編訳『ゲバラ選集 (1)〜(4)』青木書店、一九六八〜一九六九年。]

Djébar, Assia, *Les enfants du nouveau monde* (Paris: René Julliard. 1962).

Dosse, François, *L'histoire en miettes*: Des "Annales" à la "nouvelle histoire" (Paris: La Découverte, 1987).

Dosse, François, *Histoire du structuralisme*, vol. 1 (Paris: La Découverte, 1991). [清水正・佐山一訳『構造主義の歴史 (上)』国文社、一九九九年。]

Dresch, Jean, "Le fait national algérien." *La pensée* (July 1956).

Droz, Bernard, and Evelyne Lever, *Histoire de la guerre d'Algérie 1954-1962* (Paris: Seuil, 1982).

Dubois, Jean, *Les cadres dans la société de consommation* (Paris: Editions du Cerf, 1969).

Dubois, Jean, *Les cadres, enjeu politique* (Paris: Seuil, 1971).

duBois, Page, *Torture and Truth* (New York: Routledge, 1991).

Dubois-Jallais, Denise, *La tzarine: Hélène Lazareff et l'aventure de 'ELLE'* (Paris; Editions Robert Laffont, 1984).

Duchen, Claire, "Occupation Housewife: The Domestic Ideal in 1950s France," *French Cultural Studies* 2 (1991), pp. 1-11.

Durand, Robert, *La lutte des travailleurs de chez Renault racontée par eux-mêmes, 1912-1944* (Paris: Editions sociales), 1971.

Duriez, Bruno, "De l'insalubrité comme fait politique," *Espaces et sociétés* no. 30-31 (July-December 1979), pp. 37-55.

Borne, Dominique, *Petits bourgeois en révolte? Le mouvement poujade* (Paris: Flammarion, 1977).

Boudard, Alphonse, *La fermeture* (Paris: Editions Robert Laffont, 1986).

Braudel, Fernand, "Histoires et sciences sociales: La longue durée," *Annales ESC*, no. 17 (1958); reprinted in *Ecrits sur l'histoire* (Paris: Flammarion, 1969); trans. Sarah Matthews as *On History* (Chicago: University of Chicago Press, 1980). [山上浩嗣訳「長期持続」浜名優美監訳『ブローデル歴史集成Ⅱ 歴史学の野心』藤原書店、二〇〇五年、一九一～二二九頁。]

Burke, Peter, *The French Historical Revolution: The Annales School 1929-89* (Stanford: Stanford University Press, 1990). [大津真作訳『フランス歴史学革命――アナール学派1929-89年』岩波書店、二〇〇五年。]

Castoriadis, Cornelius, "Le mouvement révolutionnaire sous le capitalisme moderne." *Socialisme ou barbarie* 31-33 (December 1960; April and December 1961); trans. David Ames Curtis as "Modern Capitalism and Revolution," in *Political and Social Writings*, Vol. 2 (Minneapolis: University of Minnesota Press, 1988).

Castoriadis, Cornelius, *La société française* (Paris: 10/18, 1979).

Céaux, Jean, Patrick Mazet, and Tuoi Ngo Hong, "Images et réalités d'un quartier populaire: Le cas de Belleville," *Espaces et sociétés*, no. 30-31 (July-December 1979), pp. 71-107.

Césaire, Aimé, *Discours sur le colonialisme* (Paris: Présence Africaine, 1955); trans. Joan Pinkham as *Discourse on Colonialism* (New York: Monthly Review Press, 1972). [砂野幸稔訳『帰郷ノート・植民地主義論』平凡社、二〇〇四年。]

Chevalier, Louis, *L'assassinat de Paris* (Paris: Calmann-Lévy, 1977); trans. David P. Jordan as The *Assassination of Paris* (Chicago: University of Chicago Press, 1994).

Closon, Francis-Louis, *Un homme nouveau: L'ingénieur économiste* (Paris: Presses universitaires françaises, 1961).

Communica International, *De la 4CV à la vidéo 1953-1983: Ces trente années qui ont changé notre vie* (Paris: Communica International, 1983).

Crozier, Michel. *Le phénomène bureaucratique* (Paris: Seuil, 1963); translated by the author as *The Bureaucratic Phenomenon* (Chicago: University of Chicago Press, 1964).

Beauvoir, Simone de. *Tout compte fait* (Paris: Gallimard, 1972); trans. Patrick O'Brian as *All Said and Done* (New York: Putnam, 1974).［朝吹三吉・二宮フサ訳『決算のとき（上）、（下）』紀伊國屋書店、一九七三〜一九七四年。］

Beauvoir, Simone de, and Gisèle Hamini, *Djamila Boupacha* (Paris: Gallimard, 1962); trans. Peter Green as *Djamila Boupacha* (New York: Macmillan, 1962).

Becker, Jacques, "Enquette sur Hollywood," *Cahiers du cinéma* 54 (December 1955) pp. 71-76.

Benjamin, Walter, *Charles Baudelaire: A Lyric Poet in the Era of High Capitalism*, trans. Harry Zohn (London: New Left Books, 1973).［浅井健次郎編訳『ベンヤミン・コレクション (1)、(2)』筑摩書房、一九九五〜一九九六年。］

Bétourné, Olivier, and Aglaia Hartig, *Penser l'histoire de la Révolution* (Paris: La Découverte, 1989).

Birchall, lan, "Imperialism and Class: The French War in Algeria," in *Europe and Its Others*, vol. 2, ed. Francis Barker, Peter Hulme, Margaret Iversen, and Diana Loxley. (Colchester: University of Essex. 1985).

Bloch, Ernst, "Nonsynchronism and the Obligation to Its Dialectics," trans. Mark Ritter, *New German Critique*, no. 11 (Spring 1977), pp. 22-38.

Boltanski. Luc, "Accidents d'automobile et lutte des classes," *Actes de la recherche en sciences sociales* no. 2 (March 1973), pp. 25-41.

Boltanski, Luc, "Les usages sociaux de l'automobile: Concurrence pour l'espace et accidents," *Actes de la recherche en sciences sociales* no. 2 (March 1975), pp. 25-49.

Boltanski, Luc, "America, America ... le plan Marshall et l'importation du 'management,'" *Actes de la recherche en sciences sociales* no. 38 (1981), pp. 19-41.

Boltanski, Luc, *Les cadres: La formation d'un groupe sociale* (Paris: Editions de Minuit, 1982); trans. Arthur Goldhammer as *The Making of a Class: Cadres in French Society* (London: Cambridge University Press, 1987).

Borgé, Jacques, and Nicolas Viasnoff, *La 4CV* (Paris: Baltand, 1976).

Borhan, Pierre, and Patrick Roegiers, eds., *René-Jacques* (Paris: Editions La Manufacture, 1991).

Bair, Deirdre, *Simone de Beauvoir* (New York: Simon and Schuster, 1990).
Balandier, Georges, *Histoire des autres* (Paris: Stock, 1977).
Balibar, Etienne, *Les frontières de la démocratie* (Paris: La Découverte, 1992).
Balibar, Etienne, and Immanuel Wallerstcin, *Race, Nation, Classe* (Paris: La Découverte, 1988); trans. Chris Turner as *Race, Nation, Class: Ambiguous Identities* (London: Verso, 1991). [若森章孝・岡田光正・須田文明・奥西達也訳『人種・国民・階級――「民族」という曖昧なアイデンティティ』唯学書房、二〇一四年。]
Bardon, Jean-Pierre, *La révolution automobile* (Paris: Albin Michel, 1977).
Barthes, Roland, *Mythologies* (Paris: Seuil, 1957); trans. Annette Lavers as *Mythologies* (New York: Noonday, 1972); and trans. Richard Howard as *The Eiffel Tower* (New York: Noonday, 1979). [下澤和義訳『ロラン・バルト著作集 3 ――現代社会の神話』みすず書房、二〇〇五年。花輪光訳『エッフェル塔』みすず書房、一九九一年。]
Barthes, Roland, "La voiture, projection de l'égo," *Réalités* 213 (1963). [「自動車の神話」塚本昌則訳『ロラン・バルト著作集 4 ――記号学への夢』みすず書房、二〇〇五年、三三六～三四七頁。]
Barthes, Roland, *Essais critiques* (Paris: Seuil, 1964); trans. Richard Howard as *Critical Essays* (Evanston; Northwestern University Press, 1972). [吉村和明訳『ロラン・バルト著作集 5 ――批評をめぐる試み』みすず書房、二〇〇五年。]
Barthes. Roland, "Réponses," *Telquel* 47 (Autumn 1971).
Barthes, Roland, *Roland Barthes* (Paris: Seuil, 1975); trans. Richard Howard as *Roland Barthes* (New York: Hill and Wang, 1977). [石川美子訳『ロラン・バルトによるロラン・バルト』みすず書房、二〇一八年。]
Baudrillard, Jean, *Le système des objets* (Paris: Gallimard, 1968). [宇波彰訳『物の体系――記号の消費』法政大学出版局、二〇〇八年。]
Baudrillard, Jean, *La société de consommation* (Paris: Editions Denoël, 1970). [今村仁司・塚原史訳『消費社会の神話と構造』紀伊國屋書店、二〇一五年。]
Beauvoir, Simone de. *Les belles images* (Paris: Gallimard, 1966); trans. Patrick O'Brian as *Les belles images* (New York: Putnam. 1968). [朝吹三吉・朝吹登水子訳『美しい映像』人文書院、一九六七年。]

主要参照文献一覧

Ageron, Charles-Robert, "'L'Algérie dernière chance de la puissance française': Etude d'un mythe politique (1954–1962)," *Relations internationales* 57 (Spring 1989), pp. 113–139.

Aglietta, Michel, *Régulation et crises du capitalisme* (Paris: Calmann-Lévy, 1976); trans. David Fernbach as *A Theory of Capitalist Regulation: The U.S. Experience* (London: New Left Books, 1976).［若森章孝・山田鋭夫他訳『資本主義のレギュラシオン理論』大村書店、二〇〇〇年。］

Alleg, Henri, *La question* 1958; (reprint, Paris: Editions de Minuit, 1961, with after word, "La victoire," by Jean-Paul Sartre); trans. John Calder as *The Question* (NewYork: Braziller, 1958).［長谷川四郎訳『尋問』みすず書房、一九五八年。］

Amar, Marianne, and Pierre Milza, *L'immigration en France an XX siècle* (Paris: Armand Colin, 1990).

Anderson, Benedict, *Imagined Communities: Reflections on the Origin and Spread of Nationalism* (London: Verso, 1983).［白石さや・白石隆訳『想像の共同体』書籍工房早山、二〇〇七年。］

Angenot, Marc, 1889: *Un état du discours social* (Québec: Editions du préambule, 1989).

Armes, Roy, *French Cinema since 1946*, vols. 1 and 2 (New York: A. S. Barnes, 1970).

Aron, Raymond, *L'opium des intellectuels* (Paris; Calmann-Lévy, 1955); trans. Terence Kilmartin as *The Opium of the Intellectuals* (London: Seeker and Warburg, 1957).

Aron, Raymond, *France, Steadfast and Changing: The Fourth to the Fifth Republic* (Cambridge: Harvard University Press, 1960).

Aron, Raymond, *Les désillusions du progrès: Essai sur la dialectique de la modernité* (Paris: Calmann-Lévy, 1969).

Aron, Raymond, *Mémoires* (Paris: René Julliard, 1983).［三保元訳『レーモン・アロン回想録（１）、（２）』みすず書房、一九九九年。］

マ　行

ヤ　行

ラ　行

タ　行

ナ　行

ハ　行

人名索引

都市が壊れるとき

郊外の危機に対応できるのはどのような政治か

J・ドンズロ著　宇城輝人訳　二六〇〇円

街を揺るがした、「くず」どもの怒りの理由は何か。二〇〇五年におけるパリの暴動後に書かれた、フランス社会学の泰斗による迫真の分析。

老い　新装版（上下）

ボーヴォワール著　朝吹三吉訳　二八〇〇円／三〇〇〇円

老いとはなにか。人生の究極的意味とは。哲学者として、女性として、忍び寄る「老い」について考える。待望の復刊。

別れの儀式

ボーヴォワール著　井上たか子訳　二二〇〇円

ボーヴォワールが一九六六年から六七年に執筆し、二〇一三年に単行本化されて大きな話題をよんだ傑作小説。本邦初訳。

カリブ－世界論

植民地主義に抗う複数の場所と歴史

中村隆之著　四〇〇〇円

この島々を語りて、世界を戦慄せしめよ。大西洋の海底に刻まれた歴史から放つ、壮大なビジョン。

ISBN978-4-409-03102-5 C1010

もっと速く、もっときれいに
――脱植民地化とフランス文化の再編成

二〇一九年四月二〇日 初版第一刷印刷
二〇一九年四月三〇日 初版第一刷発行

著 者 クリスティン・ロス
訳 者 中村督・平田周
発行者 渡辺博史
発行所 人文書院
〒六一二-八四四七
京都市伏見区竹田西内畑町九
電話〇七五・六〇三・一三四四
振替〇一〇〇〇-八-一一〇三
印刷所 創栄図書印刷株式会社
装 丁 間村俊一

著者略歴

クリスティン・ロス（Kristin Ross）

1953年生まれ。ニューヨーク大学比較文学部名誉教授。専門はフランス文学・文化研究。邦訳に『68年５月とその後　反乱の記憶・表象・現在』（箱田徹訳、航思社、2014年）、「民主主義、売り出し中」（アガンベン他『民主主義は、いま？』収録、河村一郎他訳、以文社、2011年）など。その他の著作に、*The Emergence of Social Space: Rimbaud and the Paris Commune*（University of Minnesota Press, 1988）, *Communal Luxury: The Political Imaginary of the Paris Commune*（Verso, 2015）など。

訳者略歴

中村督（なかむら　ただし）

1981年生まれ。フランス社会科学高等研究院博士課程修了。博士（歴史学）。現在、南山大学国際教養学部准教授。専門はフランス近現代史。共著に『新しく学ぶフランス史』（ミネルヴァ書房、近刊）、『「1968年」再訪』（行路社、2018年）、共訳にル・ロワ・ラデュリ他『アナール1929-2010』第Ⅴ巻（藤原書店、2017年）など。

平田周（ひらた　しゅう）

1981年生まれ。パリ第８大学博士課程修了。博士（哲学）。現在、南山大学外国語学部准教授。専門は社会思想史、都市理論。共訳にルフォール『民主主義の発明』（勁草書房、2017年）、アガンベン他『民主主義は、いま？』（以文社、2011年）、アリギ『北京のアダム・スミス』（作品社、2011年）など。